Bausteine der Kinder- und
Jugendlichenpsychotherapie; Band 1

Herausgegeben von Prof. Dr. med. Franz Resch
und Prof. Dr. med. Michael Schulte-Markwort

Rieke Oelkers-Ax

Schmerz bei Kindern und Jugendlichen

Psychotherapeutische Verfahren

Mit 12 Abbildungen und 7 Tabellen

Ernst Reinhardt Verlag München Basel

Dr. med. *Rieke Oelkers-Ax*, Ärztin für Kinder- und Jugendpsychiatrie und -psychotherapie, betreut als Oberärztin in der Klinik für Kinder- und Jugendpsychiatrie der Universität Heidelberg seit vielen Jahren Kinder und Jugendliche mit rezidivierenden Schmerzen und leitet eine Forschungsgruppe zum Thema „Kinderkopfschmerz".

Coverbild: Schülerarbeit von der St. Martins-Schule, Bruckberg.
Der Verlag dankt Herrn Axel Pelzer, Schulleitung, für die Zurverfügungstellung dieser Monotypie.

Hinweis: Soweit in diesem Werk eine Dosierung, Applikation oder Behandlungsweise erwähnt wird, darf der Leser zwar darauf vertrauen, dass die Autoren große Sorgfalt darauf verwandt haben, dass diese Angabe dem Wissensstand bei Fertigstellung des Werkes entspricht. Für Angaben über Dosierungsanweisungen und Applikationsformen oder sonstige Behandlungsempfehlungen kann vom Verlag jedoch keine Gewähr übernommen werden. – Die Wiedergabe von Gebrauchsnamen, Handelsnamen, Warenbezeichnungen usw. in diesem Werk berechtigt auch ohne besondere Kennzeichnungen nicht zu der Annahme, dass solche Namen im Sinne der Warenzeichen- und Markenschutz-Gesetzgebung als frei zu betrachten wären und daher von jedermann benutzt werden dürften.

Bibliografische Information der Deutschen Bibliothek

Die Deutsche Bibliothek verzeichnet diese Publikation in der Deutschen Nationalbibliografie; detaillierte bibliografische Daten sind im Internet über <http://dnb.ddb.de> abrufbar.
ISBN 10: 3-497-01837-6
ISBN 13: 978-3-497-01837-6
ISSN 1862-3255

© 2006 by Ernst Reinhardt, GmbH & Co KG, Verlag, München

Dieses Werk, einschließlich aller seiner Teile, ist urheberrechtlich geschützt. Jede Verwertung außerhalb der engen Grenzen des Urheberrechtsgesetzes ist ohne schriftliche Zustimmung der Ernst Reinhardt GmbH & Co KG, München, unzulässig und strafbar. Das gilt insbesondere für Vervielfältigungen, Übersetzungen in andere Sprachen, Mikroverfilmungen und für die Einspeicherung und Verarbeitung in elektronischen Systemen.

Printed in Germany
Reihenkonzeption Umschlag: Oliver Linke, Augsburg
Satz: Fotosatz Reinhard Amann, Aichstetten
Druck und Bindung: Friedrich Pustet, Regensburg

Ernst Reinhardt Verlag, Kemnatenstr. 46, D-80639 München
Net: www.reinhardt-verlag.de E-Mail: info@reinhardt-verlag.de

Inhalt

Hinweise zur Benutzung des Buches 9
Vorwort der Herausgeber 11

1 Grundlagen 13

1.1 Schmerzwahrnehmung, Schmerzverarbeitung und
    Schmerzbewältigung 13
1.1.1 Definition von Schmerz 13
1.1.2 Funktionelle Grundlagen von Schmerz 16
1.1.3 Schmerztheoretische Modelle 21
1.1.4 Entwicklungsneurophysiologie von Schmerzwahrnehmung
      und Schmerzverarbeitung 25
1.1.5 Entwicklungspsychologie von Schmerzwahrnehmung
      und Schmerzverarbeitung 31
1.1.6 Schmerzbewältigung 44

2 Klinik 46

2.1 Kopfschmerzen im Kindes- und Jugendalter 46
2.1.1 Migräne 46
2.1.1.1 Migräne ohne Aura (IHS-Code 1.1) 47
2.1.1.2 Migräne mit Aura 50
2.1.2 Kopfschmerzen vom Spannungstyp 54
2.1.3 Sonstige Kopfschmerzen 56
2.1.4 Besonderheiten primärer Kopfschmerzen im Kindesalter 58
2.2 Rezidivierende kindliche Bauchschmerzen 59
2.3 Schmerzen wechselnder Lokalisation: Somatisierung,
    somatoforme Störungen, Somatisierungsstörung 61
2.4 Schmerz bei organischen Erkrankungen im Kindesalter 68

3 Epidemiologie 71

3.1 Kopfschmerzen im Kindes- und Jugendalter 71
3.1.1 Gelegentliche und häufige Kopfschmerzen 71
3.1.2 „Chronische" Kopfschmerzen 72
3.1.3 Psychiatrische Komorbidität bei Kopfschmerzen 73

3.2	Rezidivierende kindliche Bauchschmerzen	77
3.3	Muskel, Rücken- und Gelenkschmerzen	77
3.4	Somatoforme Störungen	78
3.5	Sozioökonomische Aspekte	79
4	**Ätiologie und Pathophysiologie**	**82**
4.1	Kopfschmerzen im Kindes- und Jugendalter	82
4.1.1	Migräne	82
4.1.1.1	Genetische Prädisposition	83
4.1.1.2	Vaskuläre und neurogene Modelle	84
4.1.1.3	Informationsverarbeitungsstörung	88
4.1.1.4	Familiäre Faktoren	96
4.1.1.5	Integratives Modell	98
4.1.2	Spannungskopfschmerzen	102
4.2	Rezidivierende kindliche Bauchschmerzen	103
4.3	Somatisierung	105
5	**Diagnostik und Differentialdiagnostik**	**111**
5.1	Schmerzmessung bei Kindern	111
5.1.1	Klinische Diagnostik	112
5.1.2	Skalen zur Schmerzmessung	116
5.1.3	Schmerztagebücher	118
5.1.4	Multiaxiale Klassifikationssysteme	120
5.1.5	Diagnostik psychiatrischer Komorbidität	121
5.2	Kopfschmerzen im Kindes- und Jugendalter	124
5.2.1	Kopfschmerztagebuch	127
5.3	Rezidivierende kindliche Bauchschmerzen	128
5.4	Somatoforme Störungen	130
6	**Indikation für psychotherapeutische Behandlung**	**134**
7	**Psychotherapeutische Behandlung**	**138**
7.1	Voraussetzungen	138
7.2	Möglichkeiten	140
7.2.1	Verhaltenstherapie	141
7.2.2	Tiefenpsychologie	142
7.2.3	Hypnotherapie	142

7.2.4	Systemische Therapie	143
7.2.5	Musiktherapie	144
7.3	„Best evidence"	145
7.3.1	Therapie von Migräne im Kindesalter	146
7.3.1.1	Akuttherapie	146
7.3.1.2	Prophylaktische Therapie	149
	Prophylaktische Medikation	150
	Nichtmedikamentöse Verfahren	151
7.3.2	Therapie von Spannungskopfschmerz	155
7.3.2.1	Akuttherapie	155
7.3.2.2	Nichtmedikamentöse Prophylaxe	156
7.3.3	Somatisierung	156
7.3.4	Sonstige Schmerzen	158
7.4	Einbeziehung des Umfelds	159
7.4.1	Familienberatung	159
7.4.2	Schule	163
7.5	Setting, Frequenz, Dauer	165
7.5.1	Kindlicher Kopf- und Bauchschmerz	165
7.5.1.1	Einzel- und Gruppenprogramme	166
7.5.1.2	Minimalinterventionen	173
7.5.2	Somatoforme Störungen	173
7.6	Verlauf	175
7.6.1	Allgemeines	175
7.6.2	Kindlicher Kopf- und Bauchschmerz	179
7.6.2.1	Basiselemente der Therapie	179
	Allgemeine Tipps	180
	Aufklärung über Diagnose und Krankheitskonzepte	184
	Kontrolle der Triggerfaktoren	185
	Entspannung und Stressmanagement	186
7.6.2.2	Kasuistik: Leo, elf Jahre, Migräne ohne Aura	188
7.6.2.3	Zusätzliche Therapieelemente	191
	Körperwahrnehmung	192
	Wahrnehmung von Stressanzeichen und -auslösern	195
	Arbeit am Symptom „Schmerz"	198
	Fokussierung von Aufmerksamkeit	198
	Ersetzen dysfunktionaler Kognitionen	199
	Externalisierung	200
	Förderung emotionaler Ausdrucksfähigkeit	203
	Transfer in den Alltag	205
	Begleitende Elternberatung	206
7.6.3	Somatoforme Störungen	207

7.6.3.1	Primärversorgung	208
7.6.3.2	Behandlungsbündnis, Krankheitskonzept	208
7.6.3.3	Weitere Besonderheiten für die Behandlung somatoformer Störungen	211
7.6.4	Kasuistik: Lisa, zehn Jahre, somatoforme Schmerzstörung	213
7.7	Prognose	216
7.7.1	Chronifizierung von Schmerz	216
7.7.2	Psychiatrische Komorbidität	219
7.7.3	Kopf- und Bauchschmerzen im Kindes- und Jugendalter	220
7.7.4	Somatoforme Störungen	223
7.8	Organisatorisches, Kassenanträge	224
8	**Synopsis**	228
9	**Ausbildung, Weiterbildung**	231
10	**Literatur**	233
11	**Anhang**	251
11.1	Adressen, Links	251
11.1.1	Spezielle Fachgesellschaften und Vereinigungen	251
11.1.2	Fachzeitschriften zum Thema Schmerz	252
11.1.3	Medizinische Institutionen	252
11.1.4	Sonstiges	253
11.2	Arbeitsmaterialien	254
11.2.1	Kopfschmerzfragebögen	254
11.2.2	Kopfschmerztagebücher	254
11.2.3	Minimalinterventionen: Leitfaden zur Beratung bei kindlichen Kopfschmerzen	255
Sachregister		258

Hinweise zur Benutzung des Buches

Zur schnelleren Orientierung wurden in den Randspalten Piktogramme benutzt, die folgende Bedeutung haben:

 Literaturempfehlung

 Begriffsklärung, Definition

 Vermeidbare Fehler

 Fallbeispiel

 Merksatz

Vorwort der Herausgeber

Schmerzsyndrome im Kindes- und Jugendalter stellen ein weithin unterschätztes Problem der Psychosomatik dieser Altersgruppe dar. Insbesondere die psychotherapeutischen Behandlungsmöglichkeiten bieten – bei guter Diagnostik und Indikation – eine große Chance, auch akute Leidenszustände zu mildern, Eskalationen vorzubeugen und chronische Schmerzentwicklungen rechtzeitig zu verhindern.

Schmerz ist nicht nur eine Domäne der somatischen Medizin: Dies kommt in der ausgewogenen, ausführlichen und integrativen Darstellung des Problems in diesem Buch klar zum Ausdruck. Unter präventiven Gesichtspunkten und auf der Basis eines interdisziplinären Standpunktes – der Psyche und Soma bei der Entstehung und Behandlung von kindlichen Schmerzen im Fokus behält – bietet die vorliegende Monografie eine Fülle neuer theoretischer und praktischer Einsichten. Die stringente und klare stilistische Aufbereitung erlaubt bei höchstem wissenschaftlichen Niveau eine gute Lesbarkeit auch für alle therapeutischen Kolleginnen und Kollegen, die nicht selbst in die entsprechende Forschungsmaterie eingedacht sind.

Wer Kinder und Jugendliche in ihren Leiden und Lebensfragen nicht nur behandeln und begleiten, sondern auch verstehen will, sollte der Erlebnis- und Ausdrucksform des Schmerzes in allen Schattierungen besonderes Augenmerk widmen.

Wir wünschen diesem Buch eine kritisch aufgeschlossene Leserschaft und geben unserer Hoffnung Ausdruck, dass es zu einer Verbesserung der therapeutischen Rahmenbedingungen von Kindern und Jugendlichen beitragen wird.

Franz Resch
Ordinarius für Kinder- und Jugendpsychiatrie der Universität Heidelberg, Leiter der Klinik für Kinder- und Jugendpsychiatrie des Psychosozialen Zentrums im Klinikum Heidelberg

Michael Schulte-Markwort
Professor für Kinder- und Jugendpsychiatrie, Direktor der Klinik und Poliklinik für Kinder- und Jugendpsychosomatik, Universitätskrankenhaus Hamburg-Eppendorf

1 Grundlagen

Neuere epidemiologische Untersuchungen widerlegen die alte Vorstellung, dass chronische Schmerzen erst ein Problem des Erwachsenenalters sind: Eher konservative Schätzungen Anfang der 90er Jahre gehen schon von einer Prävalenz von 15 bis 20 % bei Kindern und Jugendlichen aus (Goodman/McGrath 1991). Neuere groß angelegte Studien zeigen sogar, dass mehr als jeder vierte Jugendliche im Alter von 12 bis 13 Jahren unter Schmerzen leidet, die wöchentlich oder öfter auftreten (Gordon et al. 2004). Chronische oder rezidivierende Schmerzen einer solchen Häufigkeit behindern meist die Funktionsfähigkeit im Alltag und haben erhebliche emotionale und soziale Konsequenzen für das betroffene Kind oder den betroffenen Jugendlichen sowie seine Familie.

Chronische oder rezidivierende Schmerzen stehen in enger Wechselwirkung sowohl mit dem Körper – indem sie z. B. Verbindungen innerhalb des Gehirns neuroplastisch verändern können – als auch mit der Psyche (besonders sehr starke und häufige Schmerzen gehen oft mit psychischen Problemen wie z. B. Angst und Depression im Sinne einer psychiatrischen Komorbidität einher). Sie bergen das Risiko, in das Erwachsenenalter hinein zu chronifizieren und so in eine jahrzehntelange Leidens- und Patientenkarriere zu münden. Deswegen ist es wichtig, schon im Kindes- und Jugendalter chronische oder rezidivierende Schmerzen unter Berücksichtigung neurophysiologischer, pädiatrischer, entwicklungspsychologischer und psychotherapeutischer Gesichtspunkte angemessen zu diagnostizieren und zu therapieren.

1.1 Schmerzwahrnehmung, Schmerzverarbeitung und Schmerzbewältigung

1.1.1 Definition von Schmerz

Schon seit der Antike wird diskutiert, ob der Schmerz eher den Emotionen oder der somatosensorischen Wahrnehmung zugeordnet werden kann. Die Standarddefinition des Begriffs

„Schmerz" stammt von der *International Association for the Study of Pain* (IASP 1979) und umfasst beides:

Schmerz ist danach „ein unangenehmes Sinnes- oder Gefühlserlebnis, das in Verbindung mit tatsächlichen oder drohenden Gewebsschädigungen auftritt oder mit Begriffen einer solchen Schädigung beschrieben wird".

Schmerz = Nozizeption + Affekt

Das Phänomen „Schmerz" hat somit zwei Hauptmerkmale: a) eine körperliche Sensation und b) einen aversiven Affekt. Die somatosensorische Wahrnehmungskomponente (a) wird dabei auch als **Nozizeption** bezeichnet und basiert wesentlich auf der Aktivität von peripheren und zentralnervösen Neuronengruppen, die zu Schmerz führen kann. Diese (Sinnes-)Wahrnehmung wird dann in komplexer Weise weitergeleitet, bewertet und transformiert und beinhaltet schließlich als erlebtes Phänomen „Schmerz" unterschiedliche Qualitäten: sensorisch, kognitiv-evaluativ (Bewertung als bedrohlich oder harmlos) und affektiv-emotional-motivational (Erleben als angsterregend, schlimm, quälend etc.) (b).

Sensorische und affektive Komponenten der Schmerzwahrnehmung werden durch zwei unterschiedliche funktionelle Systeme vermittelt und treten daher auch zeitlich verschoben auf, was sich in Untersuchungen mit schmerzevozierten kortikalen Potentialen abbildet: Frühe Potentiale werden über schnell leitende Bahnen vermittelt und korrelieren mit der objektiven Reizintensität. Spätere Potentiale korrelieren mit der subjektiven Schmerzintensität und der aversiven Erlebnisqualität.

Die Schmerzdefinition der IASP betont den engen Zusammenhang des Phänomens „Schmerz" mit tatsächlichen oder drohenden Gewebeschädigungen und lässt damit anklingen, dass die wesentliche Urfunktion des Schmerzes der Schutz ist. Und wirklich leiden Menschen mit beeinträchtigter oder fehlender Schmerzwahrnehmung auf der Sinnesebene im Laufe ihres Lebens unter vielfachen Verletzungen bis hin zu zunehmenden Verstümmelungen, weil sie potentiell schädigende Reize (z. B. heiße Herdplatte) nicht spüren können.

Nun kann sich das Phänomen „Schmerz" auf eine Weise verselbständigen, dass der Zusammenhang mit einer Schädigung nicht (mehr) gegeben oder zumindest nicht mehr erkennbar ist. Eine zumindest potentielle Gewebeschädigung (Noxe) kann dem Phänomen „Schmerz" zugrunde liegen, muss dies jedoch nicht. Ebenso kann eine Schädigung ohne Schmerz auftreten. Ist eine auslösende potentielle Gewebeschädigung nicht oder nicht mehr vorhanden, spricht man z. B. von „zentralem", „neuropathischem" und „psychogenem" Schmerz. Zwischen diesen Begriffen gibt es Überlappungen, eine Trennung erscheint dennoch sinnvoll:

„**Zentraler**" Schmerz rührt von einer pathologischen Veränderung des Zentralnervensystems her, einer „primären" ZNS-Dysfunktion. „**Neuropathischer**" Schmerz geht mit strukturellen und/oder funktionellen Veränderungen des zentralen oder peripheren Nervensystems einher, während **„psychogener" Schmerz** als in der Psyche begründet und durch seelische Vorgänge verursacht aufgefasst wird.

In den Bereich der „psychogenen" Schmerzen fallen u. a. funktionale Schmerzsyndrome und Somatisierungsstörungen (s. Kap. 2.3). Aber auch in diesem Bereich, wo eine auslösende Schädigung nicht oder nicht klar zu erkennen ist, kann die Arbeitshypothese, dass der Schmerz eine Schutzfunktion hat („Schmerz als Freund"), einen (psycho)therapeutischen Ausweg eröffnen. Hierbei ist der Begriff „Schädigung" weiter zu fassen und kann eher als Metapher verstanden werden. Insgesamt hat die Erforschung so genannter „nichtnozizeptiver" Schmerzen (chronische Schmerzen, psychogene Schmerzen) neben physiologischen Mechanismen der Schmerzentstehung psychosoziale Faktoren als mögliche Ansatzpunkte therapeutischer Interventionen verstärkt in den Blick gerückt.

Schmerz als „Sinnes- und Gefühlserlebnis" ist mit einer Schmerzvorstellung als rein somatisches Geschehen und mechanistischen Erklärungsansätzen eines einfachen Stimulus-Response-Modells nicht vereinbar. Die ergänzenden Erläuterungen zur Schmerzdefinition der IASP werden denn auch mit dem prägnanten Statement eingeleitet:

„Schmerz ist immer subjektiv." Wenn die Betroffenen ihre Empfindungen als Schmerz erleben und entsprechend berichten, ist dies prinzipiell als Vorhandensein von Schmerz zu akzeptieren (IASP 1986, 217ff). Der Versuch, Betroffene zu „überführen" und ihnen zu „beweisen", sie hätten gar keinen Schmerz, beeinträchtigt das Vertrauensverhältnis zwischen Therapeut und Patient, vermittelt Letzterem, nicht ernst genommen zu werden und führt psychotherapeutisch in eine Sackgasse.

Auf der anderen Seite treten Schädigungen ohne Schmerzen auf: Noxische Reize bis zu einer Stärke, die ernsthafte Verletzungen verursachen, können ohne oder mit stark verminderter Schmerzempfindung einhergehen, z. B. beim Leistungssport, im

Krieg, aber auch in psychischen Ausnahmesituationen wie z. B. bei Fakiren.

Der durch einen noxischen Reiz ausgelöste Schmerz wird auch als „nozizeptiver" Schmerz bezeichnet: Ein gesunder, (funktionsfähiger) Nerv übermittelt Information über ein Trauma an das Zentralnervensystem. Doch auch für diesen Teilbereich des „nozizeptiven" Schmerzes greift ein Reiz-Reaktions-Modell zu kurz. Schmerz stellt eher eine aktive und multidimensionale Antwort des Organismus auf einen peripheren Reiz dar als eine passive und reflexartig durch Außenreize verursachte Reaktion (Jänig 1993). Die Schmerzwahrnehmung bildet nicht bloß externe noxische Reizmuster ab, sondern ist Produkt eines konstruktiven, also in gewissem Sinne schöpferischen Aktes unter Beteiligung von Kognition und Affekten. Damit ist der unidirektionale, monokausale Erklärungsansatz heute aufgegeben, der bis in die 60er Jahre hinein im Sinne eines reinen Reiz-Reaktions-Konzepts die Grundlage der physiologischen Schmerztheorien gebildet hat.

Ein weiterer kritischer und umstrittener Punkt ist die Beschränkung des Schmerzbegriffs auf bewusstseinsabhängige Wahrnehmungsphänomene in der IASP-Definition. Heute wird im Wesentlichen davon ausgegangen, dass der Schmerzbegriff hinsichtlich des Bewusstseins zu eng gefasst ist. Schmerz existiert nämlich als subjektiver Leidenszustand auch unterhalb der Schwelle bewusster Reflexionsfähigkeit. Prozesse der Schmerzreaktion sind nicht an ein waches und sprachbasiertes Bewusstsein gebunden, sondern finden sich auch z. B. im Koma, unter Vollnarkose, bei desorientierten Patienten sowie vor Spracherwerb, z. B. bei Säuglingen, Frühgeborenen und Feten. Im weiteren Sinne wird Schmerz als ein existentielles Bewusstseinsphänomen verstanden, das das Sein in seiner Gesamtheit beeinträchtigt (Bonica 1990).

1.1.2 Funktionelle Grundlagen von Schmerz

Nach dieser Einleitung soll zunächst der Weg beschrieben werden, auf dem die Information einer nozizeptiven Wahrnehmung in das Zentralnervensystem übermittelt wird, bis sie dort schließlich zu „Schmerz" wird – sowie die Modulations- und Einflussmöglichkeiten auf den unterschiedlichen Stufen:

„Nozizeption wird im Hinterhorn des Rückenmarks geboren, aber wir nennen es erst Schmerz, wenn es das Gehirn erreicht hat." (Kenneth L. Casey, at the IASP Conference, Vancouver, August 1996)

Die Nozizeptoren („Schmerzempfänger") sind mit Abstand die größte Gruppe von spezialisierten peripheren Rezeptorzellen des somatosensorischen Systems. Dabei handelt es sich um freie Nervenendigungen, die an zahlreichen Stellen im Bindegewebe von Haut und Unterhaut vorkommen, ferner in Muskeln, Knochen, Blutgefäßen und inneren Organen. Die sensorischen Reizimpulse werden zunächst im peripheren Nervensystem über afferente Fasern zum Hinterhorn des Rückenmarks geleitet:

peripherer Nerv

- Schnell leitende myelinisierte, d. h. mit Markscheiden versehene A-Delta-Fasern (Leitungsgeschwindigkeit 15 m/s) vermitteln den ersten „hellen" Schmerz (nach 0,5–1 s),
- dünne unmyelinisierte C-Fasern (Leitungsgeschwindigkeit 1 m/s) vermitteln den nachfolgenden „dumpfen" Schmerz, der länger anhält und weniger gut lokalisierbar ist.

Der erste Schmerz führt vorwiegend zu Fluchtreflexen, der zweite eher zu Schonhaltungen. Im Gegensatz zu anderen Rezeptorzellen adaptieren Schmerzrezeptoren bei lang andauernder Reizung nicht (tagelange Zahnschmerzen!), da eine andauernde Schädigung sonst schnell in Vergessenheit geriete. Eine Gewebeschädigung führt sogar zu einer erhöhten Empfindlichkeit vieler Nozizeptoren, deren Erregungsschwelle stark von den Umgebungsbedingungen abhängig ist: Über Erniedrigung des pH-Wertes und Freisetzung von biochemischen Botenstoffen wie z. B. Histamin, Bradykinin, Serotonin, Prostaglandinen, Substanz P, Thromboxan und Leukotrienen werden unmyelinisierte C-Fasern sensibilisiert, so dass ihre Reaktionsbereitschaft größer wird. Diese so genannte „periphere Sensitivierung" (im Gegensatz zur „zentralen Sensitivierung", die am Hinterhorn des Rückenmarks stattfindet) führt dazu, dass immer schwächere, auch normalerweise nichtschmerzhafte Reize als deutlich schmerzhaft empfunden werden (Allodynie, Hyperalgesie).

keine Adaptation

Im Hinterhorn des Rückenmarks erfolgt die Umschaltung über Rückenmarks-Interneurone auf Projektionsneurone, die die Schmerzimpulse zu höheren ZNS-Strukturen weiterleiten. Die Erregungsübertragung ist ausgesprochen komplex und bezieht diverse erregende und hemmende Nervenüberträgerstoffe

Hinterhorn des Rückenmarks

und Nervenzellverbindungen mit ein. Schon hier ist eine multiple Modulation der Informationsweiterleitung möglich, sowohl im Sinne einer Erregungsverstärkung, einer so genannten Sensitivierung (s.a. Kap. 1.1.4), z. B. als „wind-up", aber auch im Sinne einer Erregungshemmung.

Die Verstärkung der Erregung kann kurz anhaltend sein, beispielsweise durch verstärkte Aktivierung von Rezeptoren („wind-up") bei anhaltenden noxischen Reizen mit zeitlicher Summation. Sie kann jedoch auch länger anhalten und sogar strukturelle Veränderungen zur Folge haben. So kann z. B. veränderte Gen-Expression nicht nur die Produktion von Überträgerstoffen, sondern auch die Verbindungen zwischen Nervenzellen verändern. Extrasynaptische Ausbreitung von Überträgerstoffen kann zu lang dauernder Potenzierung („long term potentiation") führen, die wiederum längerfristig Erregbarkeit und Gen-Expression der Neuronen beeinflusst. Durch strukturelle Reorganisation kann weiterhin eine „abnormale" Ausbreitung des Schmerzes entstehen, indem ein primär vom Schmerzreiz nicht betroffenes Gebiet durch Miterregung aufsteigender Fasern ebenfalls überempfindlich wird.

Hemmende Modulation findet v. a. durch absteigende zentrale Bahnen, aber auch durch aufsteigende Fasern statt, die z. B. mechanische Reize transportieren, was in der „gate control"-Theorie von Melzack und Wall (1965) erstmals beschrieben wurde (s. Kap. 1.1.3). Außerdem findet im Hinterhorn eine Verschaltung der Schmerzimpulse auf Neuronen des somatomotorischen und sympathischen Systems statt, die automatische motorische (Flucht, wie z. B. Rückziehreflex) oder vegetative Reaktionen (Gefäßverengung, Schwitzen, Herzklopfen etc.) auslösen können.

aufsteigende Bahnen

Die vom Rückenmarks-Hinterhorn aufsteigenden Schmerzbahnen projizieren in verschiedene Hirnareale, die an den wichtigsten Dimensionen der Schmerzwahrnehmung beteiligt sind:

- Eine Rückenmarks-Thalamus-Bahn (Tractus spinothalamicus) projiziert über Teile des Thalamus in die somatosensorischen Projektionsfelder der Hirnrinde (SI und SII), d. h. die Regionen, in der jede Körperstelle an einem bestimmten Ort der Hirnrinde repräsentiert ist (so genannte Somatotopie). Diese Bahn ermöglicht die topische Zuordnung, d. h. die „Ortung" von Schmerzreizen, und ist mit der sensorischen Komponente des Phänomens „Schmerz" verbunden.

- Eine weitere Bahn (Tractus spinoreticularis) projiziert ebenfalls in Teile des Thalamus, wo die Informationen an viele verschiedene Hirnregionen weitergeleitet werden. Der Thalamus hat dabei eine Verteilerfunktion als „Tor zum Bewusstsein". Eine Weiterleitung erfolgt z. B. zum limbischen System, das als „Zentrum der Gefühle" vermutlich das physiologische Substrat der emotional-affektiven Komponente des Schmerzerlebens darstellt, und zum Hypothalamus-Hypophysen-System, das zuständig ist für die Regulation des endokrinen Systems, die Ausschüttung von Hormonen und Endorphinen. Der Tractus spinoreticularis trägt zur affektiven Komponente des Phänomens „Schmerz" bei und wird auch als „Leidensbahn" bezeichnet.

Außerdem projizieren verschiedene andere Bahnen über den Hirnstamm zu Hypothalamus und verschiedenen Teilen des limbischen Systems. Im Hirnstamm werden einerseits die eintreffenden Impulse mit der absteigenden Regulation vegetativer Vorgänge (z. B. Atmung, Kreislauf) koordiniert und andererseits das aufsteigende retikuläre Aktivierungssystem (ARAS) aktiviert, das zur Hirnrinde projiziert und Weck- und Aufmerksamkeitsreaktionen auslöst („arousal"). Schmerzen haben im Gegensatz zu anderen Sinnesreizen, die häufig eher neutral sind, einen starken Aktivierungseffekt.

Im Hirnstamm können die Informationen aus der Peripherie außerdem in bestimmten Kerngebieten (periaquäduktales Höhlengrau, Raphe-Kerne, Locus coeruleus) die absteigende Kontrolle aktivieren, die an Synapsen im Hinterhorn des Rückenmarks die Ausschüttung hemmender Überträgerstoffe auslöst (z. B. Serotonin, Noradrenalin, Dopamin, endogene Opioide). Durch dieses Kontrollsystem, welches seinerseits unter dem Einfluss von Hirnrinde und limbischem System steht, kann die Impulsübertragung der nozizeptiven Informationen im Hinterhorn des Rückenmarks gehemmt werden („gate control"). So wird eine sinnvolle Informationsselektion möglich und eine Überflutung der zentralen Strukturen mit nozizeptiven Informationen verhindert. Gestörte Funktion dieses Hemmsystems führt zu einer Sensibilisierung gegenüber Schmerzempfindungen, was möglicherweise mitbeteiligt ist bei der Entstehung von chronischen Schmerzsyndromen.

Psychischer und physischer Stress, der z. B. durch Schmerzempfindungen oder die Vorstellung von Schmerzen ausgelöst wird, kann zur Ausschüttung und Aktivierung körpereigener

absteigende Bahnen

Opioide (Endorphine = „endogenes Morphin") führen. Diese wirken erstens gezielt schmerzhemmend, indem sie an Opioidrezeptoren an verschiedenen Stellen des nozizeptiven Systems (in der Peripherie und im ZNS) binden. Zweitens vermitteln sie eine absteigende Hemmung im Rückenmarks-Hinterhorn (Angriff u. a. am Hinterhorn, Thalamus, periaquäduktalem Grau und anderen Kerngebieten des Hirnstamms, s. o.). Drittens greifen sie über Bindungsstellen an verschiedenen Stellen des limbischen Systems in die affektiv-kognitive Verarbeitung ein, können darüber z. B. euphorische Gefühle hervorrufen. Schmerzhemmung kann auf der Ebene des Rückenmarks, des Hirnstamms und des endokrinen Systems induziert werden:

- Durch Erregung von aufsteigenden myelinisierten A-Delta-Nervenfasern von Mechanosensoren der Haut wird im Rückenmarks-Hinterhorn die Erregung nozizeptiver Neurone segmental gehemmt. Diese Hemmung ist vermutlich nicht durch Endorphine vermittelt. Sie kann klinisch genutzt werden, z. B. durch leichte (nichtschmerzhafte) Stimulation der betroffenen Körperregion wie Streicheln („Heile, heile Segen ...") oder transkutane elektrische Nervenstimulation (TENS).
- Durch Erregung nozizeptiver Afferenzen anderer Körperregionen wird nach dem Phänomen der Gegenirritation eine Schmerzhemmung im Hirnstamm vermittelt. Diese Hemmung wird beispielsweise genutzt, wenn durch Auf-die-Knöchel-Beißen ein Schmerz an einer anderen Körperstelle unterdrückt wird. Möglicherweise wirkt auch die Akupunktur über das Phänomen der Gegenirritation.
- Bei starkem körperlichen oder psychischen Stress findet man eine verminderte Schmerzempfindlichkeit. Wahrscheinlich wird neben der (bzw. über die) CRH-ACTH-Glucocorticoid-Achse das Endorphin-System mitaktiviert.

„kortikales Schmerzzentrum"

Dieser Begriff ist in Anführungsstriche gesetzt, da es kein Schmerzzentrum der Hirnrinde gibt. Aufnahmen mit funktioneller Bildgebung (PET) während schmerzhafter Stimulation bei Freiwilligen zeigten vermehrte Aktivität in vielfältigen Arealen der Hirnrinde (sensorischer Kortex, motorischer Kortex, prämotorischer Kortex, andere Bereiche von parietalem und frontalem Kortex, Cingulum, Insula und Okzipitallappen) und tieferen Hirnregionen (Thalamus, Putamen, Nucleus caudatus, Hypothalamus, Amygdala, periaquäduktales Grau, Hippocampus, Nucleus ruber, Kleinhirnwurm; Wall 1996). Dieses Zusammenwirken von Hirnrinde und tiefer liegenden Regionen ermöglicht die Verarbeitung und Bewertung der einströmenden Informationen als „Schmerz" vor dem Hintergrund individueller Erfahrungen, Kognitionen und Bewältigungsmuster.

Im Gegensatz zu den Sinnesqualitäten Sehen oder Hören besteht in anatomischer und physiologischer Hinsicht kein eigentlicher „Schmerz-Sinn": Die Rezeptoren sind über den gesamten Organismus verteilt, aufsteigende Fasern verlaufen in den unterschiedlichsten Bahnen. Im Gehirn existiert kein „Schmerz-Zentrum", sondern große Teile der Hirnrinde und tiefer liegender Regionen sind in die Schmerzverarbeitung involviert. Eine Modifikation der Wahrnehmung ist auf verschiedenen Ebenen möglich und stellt Chance und Angriffspunkt auch für die Psychotherapie dar.

1.1.3 Schmerztheoretische Modelle

Um psychotherapeutisch mit Schmerzpatienten arbeiten zu können, ist es wichtig, die zentralen Prämissen der bedeutendsten schmerztheoretischen Ansätze verstanden zu haben.

„Gate control"-Theorie: Die von Melzack und Wall (1965) aufgebrachte „gate control"-Theorie leitete einen Paradigmenwechsel ein – von einer unidirektionalen physiologisch-mechanistischen hin zu einer systemischen und mehrdimensionalen Konzeptualisierung von Schmerz. Der Begriff „gate control" bezog sich dabei ursprünglich darauf, dass schon im Hinterhorn des Rückenmarks, also an einer sehr frühen Stelle von Schmerzweiterleitung, die synaptische Übertragung eines schmerzhaften Impulses abhängig vom Kontext, d.h. von zugleich bestehenden äußeren Einflüssen des jeweiligen Reizes, moduliert wird. Der Begriff des „gate control" wird heute nicht mehr in seiner historischen Form verwendet. Er bezeichnet die Veranschaulichung des Phänomens, dass bei noxischer Stimulation der periphere Impulsstrom durch einen neuronalen hemmenden Mechanismus im Rückenmarks-Hinterhorn („Pain Gate") gesteuert wird, der unter dem (absteigenden) Einfluss höherer zentralnervöser Instanzen („control") steht und auch von aufsteigenden Fasern mechanischer Reize beeinflussbar ist. Damit wurde erstmals eine Zugriffsmöglichkeit psychisch-mentaler Prozesse auf die primäre Weiterleitung von Schmerzreizen theoretisch fundiert. Diese

Prozesse können sowohl schmerzverstärkend als auch schmerzhemmend wirken.

Die „gate control"-Theorie stellt, obwohl nicht in allen Details empirisch belegt, ein Modell für die Subjektivität, aber auch für die Beeinflussbarkeit des Schmerzerlebens dar, das sich Patienten einfach und anschaulich vermitteln lässt.

Operante Schmerzmodelle: Die auf lerntheoretischen Ansätzen beruhenden operanten Schmerzmodelle fokussieren auf das beobachtbare Schmerzverhalten, d. h. den Ausdruck von Schmerzen (Klagen, Weinen, Stöhnen, Gestik, Mimik, Haltung), das Schonverhalten (Schonhaltung einzelner Körperteile, Inaktivität, sozialer Rückzug, Vermeidung von z. B. schulischen Anforderungen, Sonderrolle) sowie die Inanspruchnahme medizinischer Dienstleistungen (Krankenrolle, „doctor shopping", Medikation).

Verstärkung

Das Schmerzverhalten der Betroffenen unterliegt verstärkenden Einflüssen des sozialen Umfelds, die zu einer Chronifizierung der Schmerzen unabhängig von der organischen Schmerzursache führen können. Ein so genannter „sekundärer Krankheitsgewinn" entsteht dabei durch

- positive Verstärkung: Zuwendung der sozialen Bezugspersonen, die die Betroffenen (nur) bei Schmerz erlangen oder
- negative Verstärkung: Vermeidung unangenehmer Anforderungen oder Verpflichtungen, Rückzug aus unangenehmen Situationen. Bei Kindern kann sich diese Vermeidung auch auf objektive Überforderungssituationen beziehen.

Ein 10-jähriges Mädchen hat seit einigen Monaten stärkste Bauchschmerzen, für die Kinderärzte keine organische Ursache finden. Es kann seit dieser Zeit die Schule nicht mehr besuchen. Im Gespräch erzählt die Mutter, dass die Symptomatik zwei Wochen nach Übergang in die fünfte Klasse des Gymnasiums begonnen habe. Auf Nachfragen gibt sie an, dass ihre Tochter von den Lehrern eine Realschulempfehlung erhalten habe, sie dieser aber nicht gefolgt sei, „da man ohne Abitur doch keine Chancen im Leben" habe. Eine psychologische Testung ergibt eine intellektuelle Begabung des Mädchens im unteren Durchschnittsbereich der Altersnorm, außerdem Hinweise auf eine Rechenschwäche. Nach Umschulung des Mädchens auf eine Realschule und begleitender Dyskalkulieförderung und Elternberatung verschwinden die massiven Bauchschmerzen.

Kasten 1:
Einfluss von klassisch konditioniertem und operantem Lernen

Flor, Birbaumer und ihre Mitarbeiter (1992) konnten zeigen, dass Patienten mit chronischen Schmerzen ihre Muskeln schlechter entspannen können als gesunde Kontrollpersonen. Hierbei spielt neben dem klassisch konditionierten Lernen (das reflexhafte Erhöhen der Muskelspannung tritt dann nicht nur beim Reiz selbst, sondern allein bei den ihn sonst begleitenden Umständen auf) auch das operante Lernen durch Belohnung und Bestrafung beim Schmerz eine wesentliche Rolle. Wenn nämlich ein Betroffener seinen Schmerz deutlich ausdrückt, eine Schonhaltung einnimmt und dadurch von seiner Umwelt Aufmerksamkeit, Zuwendung und Schonung erwirkt, verfällt er häufiger in dieses Schmerzverhalten. Entsprechend fand die Arbeitsgruppe um Flor und Birbaumer, dass Patienten ihrem Schmerz nicht übermäßig Ausdruck gaben, wenn der Ehepartner Demonstrationen einer Missempfindung eher ignorierte und dafür auf gesundes Verhalten positiv reagierte (Flor et al. 1987). Ob das für Kinder und Jugendliche und ihre Eltern in gleichem Maße zutrifft, ist noch nicht erwiesen.

Negative Verstärkung kann v. a. dann zum Tragen kommen, wenn „über Schmerz" emotional negativ besetzte Situationen vermieden werden können und andere Möglichkeiten zur Vermeidung oder Änderung der unangenehmen Situation (z. B. Auseinandersetzung) nicht zur Verfügung stehen oder nicht genutzt werden. Operante Schmerzmodelle liefern damit einen wichtigen therapeutischen Ansatz, indem dieser sekundäre Krankheitsgewinn durch das soziale Umfeld möglichst minimiert wird. Bei Kindern ist das v. a. durch Beratung und Unterstützung der Eltern zu erreichen.

Biopsychosoziale Modelle: Bei biopsychosozialen Modellen stehen Wechselwirkungen und komplexe Beziehungen zwischen Faktoren biologischer, physiologischer, psychologischer und sozialer Ebenen im Zentrum.

Eine gute Erklärung von Chronifizierungsmechanismen bietet das psychobiologische Diathese-Stress-Modell der Arbeitsgruppe um Flor (Flor 1991). Das Modell wurde ursprünglich für

Diathese-Stress-Modell

chronische Rückenschmerzen entwickelt und umfasst folgende Komponenten der Schmerzentstehung:

1. Organische Disposition für pathophysiologische Reaktionen (Diathese)
2. Externe oder interne aversive Reize, die Reaktionen auf physiologischer, motorischer und subjektiver Ebene auslösen (Stress)
3. Inadäquate Bewältigungskompetenz
4. Schmerzreaktionen (emotionale und verhaltensbezogene Beeinträchtigung) und -konsequenzen (Verstärkerbedingungen, operante Konditionierung)

Die Beschreibung einer Interaktion biologisch-physiologischer mit psychologisch-sozialen Faktoren ist vor dem Hintergrund neuerer Forschungsergebnisse der Neurowissenschaften zur Neuroplastizität des nozizeptiven Systems (s. Kap. 1.1.4) von hoher Relevanz. Biopsychosoziale Theorien gehen noch einen Schritt weiter als die „gate control"-Theorie, indem sie einen theoretischen Rahmen dafür liefern, dass die soziale Umwelt sowie die Einstellungen des betroffenen Individuums indirekt Einfluss auf die Physiologie und ggf. Anatomie der schmerzverarbeitenden Systeme nehmen können.

Systemtheoretische Modelle: Das kybernetische Schmerzkonzept von Seemann und Zimmermann (1996) entwickelt diese integrative Sicht weiter und betont noch stärker das soziale System: Auf drei Regulationsebenen (physiologisch, psychisch und sozial) bestehen Regelkreise, die miteinander in Verbindung stehen. In jedem dieser Regelkreise können gelungene Regulationen und Entgleisungen vorkommen:

- So wird im physiologischen System (schnell wieder abklingender) Akutschmerz z. B. durch schützende motorische Aktivität (Hand von der Herdplatte ziehen) gegenreguliert. Bei Entgleisung kann es zu Aufschaukelungen kommen (z. B. Teufelskreis aus Muskelschmerz – Schonhaltung – Verspannung – mehr Muskelschmerz).
- Die Konzepte für die psychische Ebene fokussieren auf den Mitteilungscharakter des Schmerzes, durch den der Körper physiologische oder psychische (Stress, Überforderung, Konflikte) Störungen signalisiert. Eine gelungene Regulation besteht z. B. in einem „Verständnis" dieses Signals, das in hilf-

reichen Handlungen mündet (z. B. Ruhepause einlegen). Eine Entgleisung kann aus einer Fehlinterpretation des Schmerzsignals (z. B. Ignorieren, Fehlattribution als lebensbedrohliche Erkrankung) resultieren, die zu längerfristigen negativen Kognitionen (z. B. „Ich kann ohnehin nichts machen") und Affekten (z. B. Angst, Depression) führen kann.
- Auf der sozialen Ebene können im Rahmen einer gelungenen Regulation beispielsweise Eigenkompetenzen gestärkt werden (z. B. Selbsthilfegruppe). Bei einer Entgleisung kann sekundärer Krankheitsgewinn zu einer Verfestigung der Schmerzsymptomatik führen.

Dieser Ansatz bietet einen nützlichen Orientierungsrahmen für interdisziplinär und multidimensional orientierte Therapieansätze (Mühlig 1997, 16).

1.1.4 Entwicklungsneurophysiologie von Schmerzwahrnehmung und Schmerzverarbeitung

Bis in die 70er Jahre herrschte die Auffassung, dass Neugeborene und Säuglinge aufgrund ihres noch recht undifferenzierten Nervensystems gegenüber Schmerzen relativ unempfindlich seien (Mather/Mackie 1983). Dementsprechend wurde ihnen bei kleineren chirurgischen oder diagnostischen Eingriffen eine angemessene Anästhesie oder Schmerzmedikation oft vorenthalten (u. a. Bush 1991). Ein Grund für diese Fehlauffassung wird in der unterschiedlichen Reifungsgeschwindigkeit von sensorischem und motorischem Nervensystem gesehen: Während das im Verhalten sichtbar werdende motorische System nach der Geburt noch erhebliche Reifungsprozesse durchlaufen muss (z. B. Myelinisierung), sind die sensorischen Fasern von Anfang an (fast) voll funktionsfähig (Mühlig 1997, 46). Die Schmerzwahrnehmung des Säuglings ist also nahezu vollständig ausgeprägt, sein Vermögen, Schmerzen auszudrücken, jedoch nicht.

Das bedeutet, dass die Umstehenden mögliche Schmerzen des Säuglings schlecht wahrnehmen können, der Säugling selbst hingegen sehr wohl.

Es ist also genaueres Hinschauen nötig, um bei einem Neugeborenen Schmerzen wahrzunehmen, bzw. ein Wissen, wie Schmerzen in diesem Alter üblicherweise ausgedrückt werden. Untersuchungen mit Audio- und Videoaufzeichnungen haben das paraverbale (Schreianalyse) und mimische Ausdrucksverhal-

Haben Säuglinge Schmerzen?

ten standardisiert mittels des „Neonatal Facial Action Coding Systems" ausgewertet und festgestellt, dass schon Neugeborene Schmerzen durch spezifische mimische und Lautäußerungen kommunizieren (Johnston et al. 1993). Die Differenziertheit der motorischen Verhaltensreaktionen nicht nur von Neugeborenen, sondern auch schon von Feten auf aversive Stimuli belegt, dass es sich nicht um stereotype Reflextätigkeiten handeln kann (Mühlig 1997, 49).

> **Kasten 2:**
> **Erkenntnisse der Schmerzforschung für die Anästhesie**
>
> Die Anästhesisten der Pädiatrie haben mit den Erkenntnissen der Schmerzforschung Schritt gehalten und erkennen heute ausnahmslos an, dass auch Kleinkinder Schmerz empfinden können: Während in Großbritannien 1988 nur 10 % der Anästhesisten Opioide bei Neugeborenen einsetzten, waren es 1996 bereits 91 %. Die Anästhesisten, die auch 1995 noch keine Opioide einsetzten, gaben an, dass sie bei Kleinkindern andere regionale Betäubungsverfahren vor operativen Eingriffen verwenden. Alle Kleinkinder erhalten demnach vor Operationen Opioide oder eine Regionalanästhesie (de Lima et al. 1996).

Die schmerzleitenden spinothalamischen Bahnen bilden sich ab der 13. Schwangerschaftswoche (SSW) aus, die nötigen Synapsensysteme im Rückenmark sind ab der 20. SSW, die Weiterleitung vom Thalamus zur Hirnrinde ab der 22. SSW und entsprechende Überträgerstoffe (z. B. Substanz P, Endorphine) ab der 24. SSW nachweisbar. Es wird davon ausgegangen, dass spätestens ab der 22. SSW die anatomischen Voraussetzungen für die Weiterschaltung von Schmerzreizen zur Hirnrinde bestehen (Zimmermann 1994).

Obwohl die neuroanatomischen und neurophysiologischen Voraussetzungen v. a. der aufsteigenden Schmerzweiterleitung bei Geburt bereits vorhanden sind, werden affektive Schmerzreaktionen und Schmerzverhalten wahrscheinlich erst in einer frühen Entwicklungsphase erlernt. Dabei gilt das Prinzip der erfahrungsabhängigen neuronalen Plastizität. Nach diesem sind bestimmte neuronale Systeme während einer so genannten kritischen Phase auf sensorischen Input angewiesen, um sich adäquat entwickeln

neuronale Plastizität

zu können (Mühlig 1997, 48). Entsprechend wurde in verschiedenen Untersuchungen an Ratten gezeigt, dass unmittelbar nach der Geburt erlebte Schmerzerfahrungen zu überdauernden plastischen neuronalen Veränderungen des nozizeptiven Systems führen, die mit einer erhöhten Schmerzsensibilität einhergehen (Lidow 2002) und möglicherweise für chronische Schmerzerkrankungen im späteren Leben prädisponieren.

Die Modulationsmöglichkeiten innerhalb des schmerzverarbeitenden Systems unterliegen dabei einer Reifung in den ersten Lebensmonaten und -jahren. Erregungssteigerung durch „wind-up" auf Ebene des Rückenmarks kann schon bei Frühgeborenen beobachtet werden, die wiederholten schmerzhaften Prozeduren ausgesetzt sind. Sie kann dazu führen, dass primär nicht schmerzauslösende Manipulationen (wie z. B. Hochnehmen, körperliche Untersuchung etc.) als schmerzhaft erlebt werden. Im Gegensatz dazu sind die absteigenden hemmenden Systeme bei Früh- und Neugeborenen noch nicht voll funktionsfähig, was sie gegenüber schmerzhafter Stimulation noch anfälliger macht als ältere Kinder. *Reifung*

Für die Chronifizierung von Schmerz ist das Schmerzgedächtnis von entscheidender Bedeutung. Auf neuronaler Ebene spiegelt sich das Schmerzgedächtnis in erfahrungsabhängiger neuronaler Plastizität auf allen Ebenen des schmerzverarbeitenden Systems wider, wobei so genannten Sensivierungsprozessen eine Schlüsselrolle zukommt (z. B. Woolf/Salter 2000; Bolay/Moskowitz 2002). *Schmerzgedächtnis*

Unter **Sensitivierung** versteht man eine verstärkte Erregung der nachgeschalteten Nervenzellen durch Hochregulation („wind up") bei länger dauernder Erregung schmerzleitender Nervenzellen. Sensitivierung kann auf der Ebene der Rezeptoren, im Rückenmark und im Zentralnervensystem auftreten. Als neuronales Substrat dieser Sensitivierung gilt analog zu Lern- und Gedächtnisprozessen eine durch Langzeitpotenzierung infolge starker Aktivität dünner nozizeptiver C-Fasern induzierte Veränderung der synaptischen Übertragungsstärke von Hinterhornneuronen (Sandkühler 2000).

Im Zentralnervensystem konnten nach länger dauernder noxischer Stimulation ebenfalls langfristige physiologische und biochemische Veränderungen nachgewiesen werden, z. B. in Form langfristiger Erregbarkeitssteigerungen, die in Form eines „Schmerz-Engramms" (Gedächtnisspur für Schmerz) wirksam werden. Dabei kann es im Kortex zu einer „Kortikalisierung des *Schmerz-Engramm*

Schmerzes" mit Bahnung zum Schmerzgedächtnis kommen, d. h. Schmerzen können durch wiederholte kortikale Speicherung auch ohne peripheren Input entstehen.

Geschlechtsunterschiede

Wie bereits ausgeführt, gilt die zentrale Sensitivierung als ein wichtiger neuronaler Mechanismus der Schmerzchronifizierung. Neben genetischen Aspekten (Mogil et al. 2000b) werden Geschlechtsunterschiede (Mogil et al. 2000a) als wichtiger Faktor zur Erklärung interindividueller Unterschiede hinsichtlich Schmerzempfindlichkeit, aber auch der Aktivität schmerzhemmender Mechanismen oder der Entwicklung zentraler Sensitivierung diskutiert. Gut dokumentiert ist, dass gesunde Frauen im Vergleich zu Männern eine stärkere Schmerzsensibilisierung bei wiederholter Schmerzreizung zeigen (z. B. Sarlani/Greenspan 2002). Dies könnte Frauen zur Entwicklung eines chronischen Schmerzproblems prädisponieren und zu der bekanntermaßen höheren Prävalenz chronischer Schmerzen bei Frauen beitragen (Berkley 1997).

frühe Schmerzerfahrungen

Das psychobiologische Modell chronischen Schmerzes postuliert u. a. frühe bzw. traumatische Schmerzerfahrungen als einen wichtigen prädisponierenden Faktor für die spätere Entwicklung von chronischen Schmerzen, möglicherweise vermittelt über neuronale Schmerzgedächtnisprozesse. Da schmerzhemmende Mechanismen bei Geburt noch nicht voll entwickelt sind und einem Reifungsprozess unterliegen (Benrath/Sandkühler 2000), interferieren wiederholte und intensive schmerzhafte Erfahrungen möglicherweise mit der adäquaten Reifung schmerzhemmender Mechanismen. Eine vermittelnde Rolle spielen wahrscheinlich Stresshormone, denn frühe (nichtnozizeptive) Stresserfahrungen gehen mit einer verstärkten Stressreagibilität der Hypothalamus-Hypophysen-Nebennierenrindenachse einher (Ladd et al. 2000).

Andererseits haben Tierversuche ergeben, dass wiederholte Schmerzerfahrungen bei neugeborenen Ratten nicht zu einer erhöhten Stressreagibilität führen müssen, sofern die durch diese Schmerzerfahrungen ausgelösten Veränderungen mütterlichen Verhaltens die Auswirkungen dieser Schmerzerfahrungen abmildern (Walker et al. 2003). Frühe (nichtnozizeptive) Stresserfahrungen können jedoch u. U. die Schmerzverarbeitung langfristig verändern: So wurde bei Ratten, die nach der Geburt über zwölf Tage täglich mehrere Stunden vom Muttertier getrennt wurden, eine Schmerzüberempfindlichkeit der Eingeweide und eine verminderte Schmerzempfindlichkeit der Körperperipherie in Ruhe sowie eine verminderte endogene Schmerzhemmung unter Stress beobachtet (Coutinho et al. 2002). Diese Untersuchungen könnten als Modell für chronische Schmerzen bei Menschen interessant sein. Hier ist bislang nicht geklärt, wie sich frühe Schmerz- und/oder Stresserfahrungen bei Kindern in ihrem späteren Leben auswirken und ob sie z. B. für chronische Schmerzen oder für psychosomatische Beschwerden prädisponieren.

Auch die Erinnerungsfähigkeit für Schmerzreize ist wahrscheinlich schon im Mutterleib ausgebildet:

„Die potentielle Fähigkeit zur Schmerzwahrnehmung in der frühen Entwicklungsperiode wäre klinisch irrelevant, wenn die Schmerzereignisse nicht entsprechend repräsentiert und gespeichert werden könnten. Die Erinnerungsfähigkeit für Schmerzreize entwickelt sich offensichtlich schon vorgeburtlich und damit bewusstseinsunabhängig. Ein ausdifferenziertes Bewusstsein kann nach heutigem Erkenntnisstand nicht mehr als obligates Kriterium für Schmerz angesehen werden. Aus den neuropsychologischen Funktionsveränderungen nach durch Verletzung oder neurochirurgischen Operationen (z. B. Tumorentfernung) bedingten Hirnläsionen wurde geschlossen, dass bewusste Schmerzwahrnehmung bereits auf subkortikaler Ebene erfolgen kann (Zimmermann 1991), folglich auf einer einfachen Bewusstseinsebene, wie sie bei vorsprachlichen Kindern angenommen wird." (Mühlig 1997, 48)

Schmerz und Bewusstsein

Das bei Neugeborenen und Feten existierende Schmerzgedächtnis ist dabei wahrscheinlich ein präverbal kodierendes nondeklaratives Gedächtnis (Nelson et al. 1993). Das ausgereifte Erwachsenengedächtnis mit seinen bevorzugt deklarativen Abrufformaten kann auf die frühkindlich-impliziten Speicherungen nicht willentlich zugreifen, so dass die Inhalte nur als „unbewusste Gedächtnisspur" noch weiterwirken (Mühlig 1997, 65f). Aufgrund der noch extremen Plastizität des frühkindlichen Nervensystems sind die Folgen für ZNS-Entwicklung und Verhalten möglicherweise sowohl gravierend als auch langfristig.

Kasten 3:
Explizites vs. implizites Gedächtnis

Möglicherweise können sich in der fetalen und neonatalen Phase langfristige Schmerz-Engramme ausbilden, die zwar später nicht mehr bewusst abrufbar sind, jedoch klassisch konditionierte emotional-affektive Stresszustände (z. B. Angst, „Traumatisierung") reaktivieren können (Zimmermann 1994). Bei Erwachsenen wird akuter, z. B. durch medizinische Prozeduren hervorgerufener Schmerz v. a. im so genannten deklarativen oder expliziten Gedächtnis gespeichert, während chronische Schmerzen eher im prozeduralen oder impliziten Gedächtnis abgelegt sind.

Das deklarative Gedächtnis kann dabei Kognitionen und Affekte zu einem bestimmten Ereignis speichern. Es ermöglicht eine „Erinnerung an Emotionen", während das prozedurale Gedächtnis das „emotionale Gedächtnis" selbst ist. Die Unterscheidung in explizit und implizit bezieht sich meist auf die Art, wie Erinnerung aufgerufen wird: Auf das explizite Gedächtnis kann bewusst zugegriffen werden, indem man sich an zurückliegende Ereignisse oder gelernte Inhalte zu erinnern versucht. Das implizite Gedächtnis kann Einfluss auf Kognitionen und Affekte nehmen, ohne dass die Inhalte des impliziten Gedächtnisses selbst bewusst werden. Das heißt, es kann Bewertungen und Empfindungen „unterschwellig" beeinflussen. „Expliziter", d. h. bewusster, Zugriff ist auf das semantische Gedächtnis möglich (das unser Faktenwissen von der Welt speichert, welches sich nicht auf einen speziellen Kontext bezieht) und auf das – für das Phänomen „Schmerz" viel relevantere – episodische Gedächtnis. Im episodischen Gedächtnis werden kontextabhängige Erfahrungen (Situationen) aus dem eigenen Leben gespeichert. Schmerzhafte medizinische Prozeduren werden wahrscheinlich etwa ab dem Alter von drei Jahren im episodischen Gedächtnis gespeichert. Dabei werden sowohl äußere Eindrücke (Untersuchungsraum, Arzt) als auch Empfindungen (Schmerz) und Gefühle (Angst) erinnert.

1.1.5 Entwicklungspsychologie von Schmerzwahrnehmung und Schmerzverarbeitung

Ein für Kinder entwicklungspsychologisch adaptiertes Schmerzmodell liegt bislang leider nicht vor, obwohl sich Schmerzen bei Kindern in einigen wesentlichen Aspekten vom Phänomen „Schmerz" bei Erwachsenen unterscheiden. Nicht nur die anatomischen und physiologischen Voraussetzungen der Schmerzweiterleitung, -hemmung und -modulation reifen während des Kindesalters erst aus, sondern auch die Voraussetzungen für sensorische Wahrnehmung und motorischen Ausdruck. Schmerzbegriff, Schmerzverständnis und Schmerzbewertung sind darüber hinaus eng mit der allgemeinen kognitiven und emotionalen Entwicklung verzahnt.

Im Folgenden soll die Entwicklung des Schmerzkonzepts im Zusammenhang mit der kognitiven und emotionalen Entwicklung betrachtet werden. Die gesamte Modulationseinheit, die für Bewertung und Einordnung von Schmerz notwendig ist, entsteht erst allmählich im Verlauf der Kindheit. Auch ein Schmerzkonzept wird erst allmählich entwickelt, d. h. ein Verständnis des Kindes über Wesen, Ursachen und Behandlungsmöglichkeiten von Schmerzen und ein Bezugssystem zur Einordnung von Schmerzerfahrungen entsteht auf dem Boden der persönlichen Lebensgeschichte; und in Wechselwirkung mit beidem bilden sich Bewertungs- und Interpretationsvorgänge zur angemessenen Qualifizierung des Schmerzerlebens heraus. Auch das von außen beobachtbare Schmerzverhalten unterliegt einer Transformation: zum einen durch den Erwerb von Sprache und damit einer wachsenden Fähigkeit zur Kommunikation über Schmerzen, zum anderen wachsen eigene Bewältigungskompetenzen zum Umgang mit den Beschwerden sowie positive Erfahrungen zu Selbstwirksamkeit und -kontrolle.

Der Einfluss der kognitiven Entwicklung auf das Schmerzkonzept lässt sich besser verstehen, wenn man sich am Phasenmodell der sensomotorischen und kognitiven Entwicklung des Kindes nach Piaget (1969) orientiert. Auch wenn es verschiedene Kritikpunkte am Piaget'schen Phasenmodell gibt, lassen sich daran wesentliche Entwicklungsschritte erläutern. Die Kritik bezieht sich u. a. auf die klare Abgrenzung der Phasen sowie die angewandte Methodik bei der Befragung von Kindern: Es gilt mittlerweile als erwiesen, dass die kognitive Entwicklung nicht in klaren Phasen, sondern eher nach dem Modell überlappender Wellen verläuft, nach dem sich mit zunehmendem Alter die Auf-

Piaget'sches Phasenmodell

tretenswahrscheinlichkeit „reiferer" Alternativen erhöht. Ein Kind kann gleichzeitig für einen Lebensbereich die konkret-operationale Stufe erreicht haben, während es in einem anderen noch präoperational denkt. Unter Stress (oder „schmerzhaften" Krankheitsbedingungen) tendieren Kinder zu einer Regression auf eine „unreifere" Entwicklungsstufe (McGrath/Craig 1989).

Was die Methodik betrifft, so wird heute angenommen, dass Piaget das Wissen und Können von Kindern unterschätzt hat. Werden die Fragen dem Niveau des Kindes besser angepasst und z. B. anschaulicher formuliert, erreichen viele Kinder eine „höhere" Stufe der Intelligenz, als es ihrem Alter entspricht (Mietzel 2002). Generell entwickelt sich das Schmerzverständnis nicht als homogenes Konzept, sondern eher als Anhäufung von Erklärungsmustern, die sich jeweils auf spezifische Situationen und spezifische Schmerzen beziehen. Dabei sind akute, situationsbezogene und von außen kommende Schmerzen leichter zu verstehen und einzuordnen als chronische, aus dem Körper kommende Schmerzen. Je nach Schmerztyp können die kindlichen Erklärungskonzepte unterschiedlichen Entwicklungsstufen zugeordnet werden. So begreifen Kinder z. B. die Ursache, den Ablauf und den Zweck von prozeduralen Schmerzen (Venenpunktion) leichter als von spontan und unkontrollierbar auftretenden Kopfschmerzen (Harbeck/Peterson 1992).

Für das Verständnis des Einflusses der emotionalen Entwicklung auf die Entwicklung des Schmerzkonzepts sind die von Carlson und Hatfield (1992) beschriebenen Meilensteine hilfreich. Kognitive und emotionale Aspekte sind verbunden im Konzept der so genannten „Skripts" (Fischer et al. 1990). Im Folgenden werden wesentliche Phasen der Entwicklung unter Einbeziehung der genannten Modelle dargestellt:

Säuglings- und frühes Kleinkindalter (0–2 Jahre): Diese Zeit entspricht der sensomotorischen Phase nach Piaget. Es werden Sinnesfunktionen sowie die Fähigkeit zu koordinierten Bewegungen und einer einfachen Form der Sprache ausgebildet. Eine Diskriminationsfähigkeit für unterschiedliche noxische Stimuli (Schmerzart, -qualität, -lokalisation etc.) ist allein aufgrund der unausgereiften „hardware" noch nicht möglich und entwickelt sich erst mit der noch erfolgenden Reifung des Nervensystems (z. B. Myelinisierung). Ebenso ist eine Diskriminationsfähigkeit auf dem Gebiet der Affekte noch weit unterentwickelt: Der Säugling unterscheidet noch nicht zwischen verschiedenen aversiven Affekten – Schmerzen sind nicht nur gleichbedeutend mit körperlichem Unwohlsein, sondern auch mit seelischem Leiden, eine Abgrenzung zu Angst und Kummer wird noch nicht vorgenommen. Auch auf der Verhaltensebene ist es nahezu unmöglich, zwischen Komponenten des Schmerz- und Angsterlebens zu unterscheiden, weswegen manche Autoren beide Phänomene unter dem Begriff des „behavioral distress" zusammenfassen (z. B. Katz et al. 1980).

Der Schmerzausdruck durchläuft in dieser Lebensphase eine ausgeprägte Entwicklung: Während Neugeborene Schmerzen v. a. durch Grimmassieren und nur manchmal durch Schreien „äußern", sind im Alter von vier Monaten lang anhaltendes Schreien und ungezielte motorische Aktivität typisch. Das im Alter von etwa acht Monaten auftretende typische „Fremdeln"-Verhalten, das die Herstellung einer Bindung an die primären Bezugspersonen anzeigt – unterstützt das Konditionieren von aversiven Schmerzreizen und Umgebungsbedingungen. So kann der „weiße Kittel" dem Kind bei entsprechenden Erfahrungen drohenden Schmerz signalisieren. Kinder dieses Alters können drohende schmerzhafte Prozeduren von Ärzten voraussehen und entsprechendes antizipierendes (!) Abwehrverhalten zeigen (Craig et al. 1984).

Im Alter von 20 Monaten entwickelt sich die Wutäußerung zunehmend zu einer dominanten Komponente des kindlichen Reaktionsmusters auf Schmerz (McGrath/Craig 1989). Mit Verbesserung der motorischen Fähigkeiten wird das Abwehrverhalten immer gezielter und schließt, sobald Lokomotion möglich ist, ein Sich-Wegbewegen von der Schmerzquelle ein. Erste Schmerzbegriffe werden in diesem Alter als *Schemata* situationsabhängig und verhaltensnah bzw. durch Beobachtungslernen gebildet: Einzelne Worte werden mit spezifischen Schmerzsituationen im Sinne einer klassischen Konditionierung assoziiert. Unter Schemata versteht man dabei kognitive Einheiten, die ordnen und speichern, welche Aktivitäten bei welchen Reizen auszulösen sind.

Die Entwicklung dieser kognitiv-emotionalen Repräsentationen beginnt in der frühen Beziehung des Kindes zu seinen Eltern. Ein sicheres Gefühl, bedingt durch eine gute familiäre Bindung, ermöglicht es bereits dem Säugling, aber erst recht dem älteren Kind, in angstbesetzten, schmerzhaften Situationen eine hohe Schmerztoleranz zu beweisen (Lavigne et al. 1986a, b). Im Krabbelalter werden einfache Schmerztermini als mehr oder weniger passende Oberbegriffe für Schmerzerlebnisse oder Zustände von Unlust oder Unwohlsein gebildet (Mühlig 1997, 129).

Die Auslösung von Affekten ist in diesem Alter entweder direkt durch sensomotorische Empfindungen möglich, oder eine Handlung muss tatsächlich ausgeführt werden, damit der mit ihr verknüpfte Affekt entsteht (Dornes 1993). Emotionale Meilensteine dieser Phase sind u. a. Aufbau der Bindung zu einer (oder mehreren) primären Bezugsperson(en) bis zum Alter von etwa sieben Monaten und die Entwicklung einer intentional gesteuerten Kommunikation vom etwa dritten bis zum zehnten Lebensmonat. Dadurch wird eine einfache Kommunikation über Schmerzen mit den primären Bezugspersonen möglich (hinzeigen, „aua"), bei denen das Kind auch Schutz sucht, wenn es Schmerzen hat. Die Qualität dieser sensomotorischen Entwicklung ist dabei nicht zuletzt von der Qualität der frühen Interaktion mit der primären Bezugsperson abhängig. Denn die Fähigkeit, zwischen verschiedenen aversiven Reizen (Langeweile, Einsamkeit, Hunger, Schmerzen etc.) selbst zu diskriminieren und sie in der Folge auch unterschiedlich auszudrücken, erwerben Kinder in engem Zusammenspiel mit der primären Bezugsperson. Diese nimmt die Signale des Kindes empathisch auf, gibt sie mit veränderter Amplitude zurück und beantwortet sie angemessen („affect attunement").

„So kann die Mutter das rhythmische Schlagen eines Spielzeugs mit entsprechenden Ausrufen kommentieren oder das fröhliche Hochwerfen der Arme bei ihrem Kind mit spiegelbildlichen Bewegungen beantworten, dass daraus ein gemeinsames Spiel entsteht." (Resch 1996, 63).

Ihrem Säugling, der sich z. B. gestoßen hat, meldet eine Mutter bei gutem affektiven Tuning verbal und nonverbal zurück, dass sie weiß, dass er jetzt Schmerzen hat (z. B. durch entsprechende Kommentare wie „Du hast dich gestoßen, da hast du dich jetzt aber erschrocken", die Stimmlage oder eine „bekümmerte" Mimik). Sie würde ihm aber gleichzeitig bedeuten, dass er keine Angst zu haben braucht und es gleich wieder besser werden wird (z. B. durch Hochnehmen, Wiegen, Singen etc.).

Beide Komponenten der mütterlichen Reaktion sind dabei wichtig, sowohl die Validierung der kindlichen Gefühle, also die Botschaft „Ich erkenne, dass du Schmerzen hast", als auch eine beruhigende, umsorgende Antwort darauf („Ich bin bei dir, es wird alles wieder gut"). Das Kind lernt dabei nicht nur die Unterscheidung seiner eigenen Gefühle durch die Benennungen und Unterscheidungen der Mutter, sondern auch einen möglichen Umgang damit (z. B. sich wieder zu beruhigen).

Fehlt bei der Beispielsituation die erste Komponente, also die Validierung der kindlichen Wahrnehmung „Schmerz" (möglicherweise gepaart mit „Schreck"), z. B. durch die Botschaft „Es ist doch gar nichts passiert, du hast dir doch gar nicht wehgetan", erlebt das Kind einen Widerspruch zwischen seiner eigenen Wahrnehmung und der Botschaft der Mutter. So lernt es, seinen eigenen Gefühlen zu misstrauen, und wird, sollten sich solche Interaktionen häufen, später u. U. Schwierigkeiten haben, negative Gefühle bei sich selbst richtig wahrzunehmen.

Fehlt die zweite Komponente, das Getröstet-Werden, die Beruhigung, weil die Mutter durch den Schmerz des Kindes vielleicht selbst übermäßig in Angst versetzt wird, lernt das Kind, dass es mit negativen Gefühlen nicht umgehen kann, diese sogar so schlimm sind, dass selbst seine Mutter hilflos (und vielleicht sogar panisch) wird. Langfristig beginnt das Kind dann vielleicht, solche Gefühle mit sich selbst auszumachen, um seine Bezugspersonen zu schonen, oder es erlebt umgekehrt, wie es das ganze Familiensystem destabilisieren kann, indem es z. B. Schmerzen zeigt. Dies kann u. U. auch als operante Verstärkung im Sinne eines sekundären Krankheitsgewinns wirken, wenn durch Schmerz erhebliche Aufmerksamkeit der Bezugspersonen hervorgerufen werden kann.

Über gelungene soziale Mini-Interaktionen im Sinne des beschriebenen affektiven Tunings lernt das Kind weiterhin, sich auch selbst zu beruhigen. Ein gutes affektives Tuning mit der primären Bezugsperson, meistens der Mutter, ist also eine wichtige Voraussetzung dafür, dass in späterem Alter der Umgang mit negativen Gefühlen und mit Schmerzen gelingen kann.

Spätes Kleinkindalter (2–4 Jahre): Diese Zeit entspricht dem vorbegrifflichen Stadium der präoperationalen Phase nach Piaget. Diese Phase ist durch magische Vorstellungen, kausale Verknüpfungen von zeitlichen Zusammenhängen und egozentrisches Denken gekennzeichnet. Das Denken bezieht sich v. a. auf konkret Erfahrbares, was sich sehen, anfassen oder direkt beeinflussen lässt. Sowohl die Vorstellung über die innere Körperstruktur als auch die Beschreibung somatosensorischer Empfindungen ist noch sehr undifferenziert. Im Kleinkindesalter beginnt erstmals eine begriffliche Unterscheidung zwischen der affektiven Dimension eines Schmerzes und seinen sensorischen Merkmalen (Stärke, Lokalisation, Dauer etc.). Dabei erfolgt immer noch keine durchgehende Trennung von körperlichen und seelischen Schmerzen, und auch eine Lokalisation gelingt oft noch nicht klar. Es werden einfache Schmerzbegriffe als mehr oder weniger passende Oberbegriffe für Schmerzerfahrungen oder Zustände von Unlust oder Unwohlsein gebildet, z. B. „Bauchschmerzen" als Benennung für Bauch-, Kopf- oder Halsschmerzen sowie Unbehagen, „Kopfschmerzen" für Schwindel etc. Affekterlebnisse sind dabei jedoch nicht mehr, wie in früheren Lebensphasen, an die Sensomotorik geknüpft, sondern können auch durch Vorstellungen oder Phantasien in einer symbolischen Form ausgelöst werden (Resch 1996, 88).

Auffällig ist beim Schmerzkonzept in diesem Alter, dass die meisten Kleinkinder körperliche Schmerzen und Unwohlsein der unterschiedlichsten Lokalisationen und Ursprünge in den Bauch- oder Kopfbereich projizieren; dies geht wahrscheinlich auf die zentrale Bedeutung von Bauch und Kopf für das Körperschema des Kleinkindes zurück. Der Verdauungstrakt steht dabei wahrscheinlich im weiteren Sinne für Wohlfühlen und Unbehagen in der frühen Kindheit.

Unter bestimmten Bedingungen bleibt der enge Zusammenhang zwischen körperlichem und seelischem Unwohlsein bis in das Erwachsenenalter hinein bestehen, z. B. als körperliche Symptomatik bei einer majoren Depression oder bei einer Somatisierungsstörung. In diesen Fällen spricht man auch davon, dass der Prozess der „Desomatisierung" nicht ausreichend gelungen ist (s. Kap. 4.3).

Kausale Verknüpfungen werden von Kindern dieses Alters v. a. mit äußerlichen Merkmalen und unmittelbaren Wirkungen hergestellt: „Als Schmerzursache wird der reale Schmerzauslöser oder irgendein mit dem Schmerzreiz kontingent auftretender Umweltreiz interpretiert (respondente Konditionierung). Die Schmerzquelle wird grundsätzlich external attribuiert, d. h. außerhalb der eigenen Person lokalisiert" (Mühlig 1997, 119). Die Kinder machen also v. a. andere für ihre Schmerzen verantwortlich, denen sie häufig eine böswillige oder feindliche Absicht unterstellen. Das Denken des zwei- bis fünfjährigen Kindes ist magisch-animistisch: Das magische Denken hat einen starken Bezug zu Emotionen und szenischen Gedächtnisinhalten. Es ist zwar verglichen mit späteren Denkleistungen und „erwachsener" Logik noch fehlerhaft, jedoch

magisches Denken

„in der Lage, intensive Gefühlserlebnisse durch Erklärungskonstrukte und die Ermächtigung zu einer vermeintlichen Handlungsfähigkeit zu desaktualisieren. Magische Erklärungen vermitteln eine Geschlossenheit des Existierenden, ein Gefühl der prinzipiellen Überschaubarkeit des Lebenskreises. Durch magische Denkvollzüge können Ängste, Befürchtungen und Wut in einer Weise abgebaut werden, die ohne reale Auseinandersetzung mit den verursachenden Bedingungen auskommt." (Resch 1996, 112)

Das magische Denken führt dazu, dass die Verursachung von Schmerzen vorwiegend „Bösem" in der Außenwelt zugeschrieben wird. „Böse" in der Außenwelt können dabei sowohl Menschen (z. B. der Arzt mit der Spritze) als auch Dinge sein. Letzteres wird durch die animistische Denkform bedingt, die unbelebte Dinge belebt erscheinen lässt und ihnen eine Intention zuschreibt. So kann ein Stein, an dem sich das Kind stößt, als „gemein" erlebt werden.

Insgesamt sind die Kinder noch unfähig, einen anderen Betrachtungsstandpunkt als ihren eigenen einzunehmen („Egozentrismus"). Sie begreifen ihre Weltsicht nicht als eine unter vielen möglichen, sondern als die einzige und unbezweifelbar gültige. Daher sind die Kinder überzeugt, dass andere Personen ihre Schmerzen genauso wahrnehmen können wie sie selbst. Diese Überzeugung vergrößert bei andauernden Schmerzen eher ihre ohnehin schon vorhandene Wut, weil sie sich fragen, warum ihnen denn nicht geholfen wird, da alle anderen doch genau mitfühlen können, wie stark ihre Schmerzen sind. Ihre Belastung durch Schmerzen oder schmerzhafte Prozeduren wird weiter dadurch vergrößert, dass ihnen in diesem Alter eine genaue Zeitvorstellung fehlt. Somit können sie subjektiv kein Ende absehen, auch wenn man ihnen erklärt, dass es nur noch wenige Minuten dauern wird (Peterson et al. 1991).

Kinder repräsentieren ihre Umwelt in Form kognitiv-emotionaler Skripts, eine komplexere Form der schon im Säuglingsalter entstehenden kognitiven „Schemata". Skripts dienen dazu, Erfahrungen in wiederkehrenden Situationen gedächtnismäßig zu verankern. Dabei sind szenische Abläufe (einschließlich räumlicher Informationen und des zeitlichen Ablaufs) und der emotionale Gehalt sowie eigene Reaktionstendenzen in den Skripts enthalten. Zusätzlich benennen Skripts die üblicherweise beteiligten Personen und ihre Rollen. Die Schaffung von Skripts wird dabei erleichtert, wenn Situationen

Skripts

häufiger auftreten, immer ähnlich ablaufen und besondere Bedeutung für das Kind haben. Da schmerzhafte Ereignisse besonders herausgehoben sind, kann schon auf der Grundlage einer einzigen Erfahrung ein überdauerndes und „allgemein gültiges" Ereignisskript gebildet werden (Nelson 1986). Ab dem Alter von etwa zwei Jahren werden einfache Skripts gebildet. Schon vor dem Erreichen des zweiten Geburtstags können Kinder ihre Erfahrungen zwar noch nicht sprachlich beschreiben, aber mithilfe von Puppen szenisch nachspielen (Bauer/Dow 1994).

Bei Kleinkindern ist das Wiedererkennungsgedächtnis besser ausgeprägt als ihre Fähigkeit zum aktiven Erinnern, d. h. Erinnerungen an Schmerzen werden eher durch Erleben ähnlicher Situationen ausgelöst („implizites Gedächtnis") und weniger „explizit" durch bewussten Zugriff.

B „Auf die Frage, ob sie schon einmal eine Spritze bekommen haben und wie sie sich dabei gefühlt haben, kann sich die Mehrheit der zwei- bis fünfjährigen Kinder nicht spontan erinnern. Wird ihnen jedoch ein Behandlungsraum oder medizinisches Zubehör gezeigt, kommt die Erinnerung an die medizinische Prozedur in der Regel spontan zurück." (Petermann et al. 1994, 67).

Überhaupt können sich Kinder besser an affektive als an sensorische Aspekte des Schmerzgeschehens erinnern (Lander et al. 1992). Auch bei Erwachsenen ist die Erinnerung an ein schmerzhaftes Ereignis davon abhängig, in welchem Zustand der Schmerz ursprünglich erlebt wurde. Personen mit wenigen Ängsten erinnern sich genauer an die Schmerzintensität und die sensorische Qualität als an die affektiven Komponenten (Erskine et al. 1990). Dies könnte dafür sprechen, dass bei Kindern Schmerzen im Mittel von mehr Ängsten begleitet sind als bei Erwachsenen. Dies scheint insbesondere für medizinische Prozeduren zuzutreffen, bei denen Kinder auch noch wenig Einsicht entwickeln können.

Insgesamt ist es Kindern während dieser Entwicklungsphase noch nicht möglich, übergeordnete Ziele von schmerzhaften medizinischen Behandlungen zu realisieren und z. B. einzusehen, „dass ein schmerzhafter Nadelstich zu seiner Gesundung und letztlich zu seinem Wohlbefinden beitragen soll" (Mühlig 1997, 119).

Vorschulalter (4–7 Jahre): Diese Zeit wird auch als das perzeptuelle oder intuitive Stadium der präoperationalen Phase nach Piaget bezeichnet. In dieser Zeit beginnen die Kinder, statt des egozentrischen und magischen Denkstils einen stärker anschaulichen zu verwenden. Im Alter von vier bis fünf Jahren beginnen sie, zwischen veränderlichen und unveränderlichen menschlichen Eigenschaften sowie zwischen körperlichen und geistig-seelischen Merkmalen zu unterscheiden. Ab dieser Zeit verfügen sie auch über dualistische Denkkategorien, die zwischen innen und außen, lebendig und dinglich unterscheiden können. Damit können sie erstmals zwischen körperinternen Vorgängen und äußeren Ereignissen trennen. Sie können den Schmerz differenzierter beschreiben, über ihre Schmerzen sinnvoll kommunizieren (Harbeck/Peterson 1992) und z. B. Symbole oder Farben zu unterschiedlichen Schmerzstärken zuordnen (Jeans 1983). Ab dem Alter von etwa drei Jahren sind Vorschulkinder in der Lage, mithilfe verschiedener Schmerzerfassungsskalen (z. B. Schmerzthermometer, Gesichter, s. Kap. 5.1.2), Schmerzintensitätsstufen befriedigend zu unterscheiden (Belter et al. 1988).

Im Vorschulalter verfügen Kinder schon über komplexere Skripts und zeigen in Stresssituationen spezifische Emotionen und damit verbundene Verhaltenstendenzen (Fischer et al. 1990). Sie sind aber auch schon zur Regulation ihres Verhaltens fähig: So können sie z. B. die Konsequenzen eines Ereignisses vorwegnehmen und sich so emotional darauf einstellen. Wie effektiv das Kind dabei seine Emotionen regulieren kann, hängt in diesem Alter wesentlich von den Eltern ab (Mangelsdorf et al. 1989). Kinder, die mit Schmerzen schlecht umgehen können, stammen häufiger aus Familien, in denen es Vorbilder mit chronischen schmerzhaften Erkrankungen oder schmerzhaften Vorerfahrungen gibt (Lavigne et al. 1986a, b).

In das Vorschulalter fällt auch der Beginn der Moralentwicklung, die allerdings noch sehr materiell geprägt ist und sich unkritisch an den (v. a. familiären) Regeln orientiert. In dieser frühen Stufe gehen Kinder mit Regeln sehr starr um, beharren darauf, diese dürften auf keinen Fall geändert werden. Versucht man es dennoch, hat man mit Bestrafung zu rechnen. In dieser Entwicklungsstufe wird Schmerz daher häufig als Bestrafung für eigenes vorangegangenes Fehlverhalten interpretiert und mit Selbstbeschuldigungen verbunden (Gaffney/Dunne 1987). Diese Selbstbeschuldigung löst die externale Attribuierung von Schmerz auf im Außen befindliches „Böses" ab. Sie ist weniger leicht zu erkennen, da sie nur selten spontan berichtet wird. Die

Scham – eine Emotion, die auch im Vorschulalter auftritt, nachdem ein Minimum von sozialen Standards und Verhaltensregeln erworben wurde (Resch 1996, 93) – verhindert zumeist, dass das Kind über seine mit dem Schmerz zusammenhängenden Vorstellungen berichtet. Die schmerzbegleitenden Gefühle sind bei Kindern dieser Altersstufe daher oft nur indirekt zu erschließen, wenn es sich z. B. schon im Vorfeld schmerzhafter Prozeduren sträubt, über diese informiert zu werden.

! Es ist unbedingt ratsam, auch ein abwehrendes Vorschulkind altersgerecht über Ursache, zu erwartenden Verlauf etc. von Schmerzen aufzuklären und auch mögliche Schamgefühle indirekt anzusprechen, indem das Kind explizit von Schuld entlastet wird.

Die Frage, ob erlebte Schmerzintensität mit steigendem Alter generell eher zu- oder abnimmt, wird kontrovers diskutiert. Studien geben Hinweise auf eine altersabhängig abnehmende Schmerzintensität. So empfinden jüngere Kinder sowohl intensivere Schmerzen als auch größere Angst bei Venenpunktionen (z. B. Fradet et al. 1990). Andererseits wird immer wieder beobachtet, dass Kleinkinder nach operativen Eingriffen weniger schmerzbelastet wirken als ältere Kinder, weniger Symptome zeigen und schneller zum Spiel zurückkehren (Petermann et al. 1994). Eine mögliche Erklärung für diesen scheinbaren Widerspruch könnte sein, dass Angst, Unkalkulierbarkeit und Ausgeliefertsein in der Venenpunktionssituation in dieser Altersgruppe noch massiv schmerzverstärkend wirken. Dagegen werden eher „innere" Schmerzen ohne eine Umgebung, die schon in Schmerzskripts hinreichend kodiert ist, nicht so stark empfunden. Bei älteren Kindern, denen man Sinn und Dauer einer medizinischen Prozedur besser erklären kann, ist das Gefühl des Ausgeliefertseins und der Angst wahrscheinlich weniger stark ausgeprägt.

Grundschulalter (7–10 Jahre): In dieser konkret-operationalen Phase nach Piaget steht der Begriff der „Operation" im Mittelpunkt. Unter „Operation" versteht man dabei einen geistigen Prozess, der reversibel ist (wie z. B. eine Rechenoperation) und sich in eine strukturelle Ganzheit höherer Ordnung integrieren lässt. Die Ausbildung kategorialer Denkstrukturen ermöglicht die Einordnung von Wahrnehmungselementen oder Situationen in bestimmte Kategorien. Schmerz wird nicht mehr ausschließlich als durch äußere Ereignisse bedingt verstanden, Schmerzqualität und -lokalisation werden präziser beschrieben und können getrennt von begleitenden Affekten wahrgenommen werden.

Kinder im Schulalter können besser differenzieren und recht sicher „zwischen der Intensität und der Bedeutung eines Schmerzes unterscheiden: Ein Schmerz kann heftig, aber nicht schlimm sein (kleine Verletzung) oder aber weniger intensiv, aber schlimm, weil mit großer Angst verbunden, z. B. bei Operationen" (Savedra et al. 1982).

> Die Ausbildung des Schmerzwortschatzes wird dabei von den spezifischen Erfahrungen des jeweiligen Kindes geprägt. In einer Befragung an 314 Kindern (Savedra et al. 1982) nutzten Kinder mit Krankenhauserfahrung durchschnittlich 13 unterschiedliche Begriffe zur Schmerzbeschreibung, Kinder, die noch nie im Krankenhaus waren, dagegen nur fünf (Mühlig 1997, 129).

Ab dem Schulalter werden auch die sensorischen und affektiven Dimensionen des Schmerzerlebens differenzierter begriffen: Die körperliche Schmerzsensation kann external (Verletzung, Eingriff) oder internal (Kopfschmerz, Infektion) verursacht sein; die affektive Reaktion kann sich in allgemein erhöhtem Erregungsniveau (Aufgeregtheit) oder differentiellen Emotionen (Angst, Ärger, Niedergeschlagenheit) manifestieren (Fernandez/Turk 1992; Mühlig 1997, 113).

Etwa ab der Einschulung ist es meist gut möglich, mit einem Kind eine wirkliche Schmerzanamnese zu machen, d. h. von ihm ausreichend präzise Angaben zu Schmerzstärke, -qualität, -dauer, -lokalisation sowie Begleitsymptomen zu erhalten (s. Kap. 5).

In dieser Zeit sind schließlich auch die entwicklungspsychologischen Grundlagen für die Schmerzbewältigung günstiger: Die Ausbildung des reversiblen Denkens einerseits und einer sicheren Zeitvorstellung andererseits ermöglichen es, Schmerz als vorübergehenden Zustand zu begreifen (Alex/Ritchie 1992). Der kindliche Egozentrismus weicht der Fähigkeit zum sozialen Perspektivwechsel, so dass Ärzte und Schwestern in ihrer helfenden Funktion wahrgenommen und genutzt werden können. Die Ursachen von Krankheit und Schmerz werden zunehmend internal attribuiert, d. h. mit eigenen Verhaltensweisen in Beziehung gesetzt. Hierbei können sich noch Reste des „Bestrafungsdenkens" aus der vorigen Entwicklungsstufe finden. Andererseits ist die Fähigkeit, derart zu attribuieren, auch die Voraussetzung einer realistischen Eigenverantwortlichkeit mit Möglichkeiten der Kontrolle über Erkrankung und Schmerz im Sinne von „Selbstwirksamkeit".

In der Grundschulzeit erfolgt zumeist der erste Schritt aus dem Elternhaus in die Peergroup, soziale Regeln werden wichtig, das eigene Leistungsvermögen wird stark mit anderen verglichen. Die Höhe des Selbstwertgefühls hängt dabei nicht nur vom eigenen Leistungsvermögen in einem subjektiv als bedeutend empfundenen Bereich ab, sondern ebenso von der Anerkennung durch Eltern und Gleichaltrige (Mietzel 2002, 296). Dabei tendieren Kinder dieser Altersstufe dazu, nach außen ein angepasstes und den Umwelterwartungen entsprechendes Bild von sich zu vermitteln, d.h. sich im Sinne von „sozialer Erwünschtheit" zu verhalten. Haben sie Schmerzen, neigen sie dazu, offene Schmerzäußerungen zu unterdrücken (Hände zusammenballen, Zähne zusammenbeißen, rigides Stillhalten, Anweisungen widerspruchslos gehorchen), während sie innerlich unter dem physischen Schmerz stark leiden (McGrath 1990).

Mittleres Schulalter (11–14 Jahre): Ab der formal-operationalen Phase nach Piaget sind die wesentlichen Voraussetzungen gegeben, um Schmerz ähnlich wie im Erwachsenenalter physisch, psychisch und psychosozial zu beschreiben und Faktenwissen und Hypothesen aufeinander abzustimmen. In diesem Alter können die biologische Warn- und Schutzfunktion von Schmerz („Schmerz als Freund") erkannt und pathophysiologische Erklärungsmodelle ausgebildet werden. Diese vermögen die Wechselwirkung zwischen psychischen und physischen Faktoren zu berücksichtigen (multifaktorielle Ätiologiekonzepte). Kinder dieser Altersgruppe können schon differenziert über Krankheiten, Schmerzen und Therapiemöglichkeiten aufgeklärt werden. Sie sollten die Möglichkeit bekommen mitzubestimmen, um dem alterstypisch wachsenden Autonomiebedürfnis Rechnung zu tragen. Allerdings unterscheiden sie sich in Differenziertheit und Komplexität ihres Denkens und ihrer Erfahrungen noch deutlich von Erwachsenen. Auch können sie in unvorhergesehenen oder stressbelasteten Situationen ihr Verhalten schlechter steuern. Dies ist auf die noch unabgeschlossene Ausreifung der Gehirnfunktionen zurückzuführen, die als eine Art übergeordnetes Management die „Orchestrierung" unseres Verhaltens steuern (so genannte „exekutive Funktionen").

Neuere Befunde sprechen dafür, dass diese Funktionen teilweise im frühen Schulalter, teilweise jedoch auch erst in der Adoleszenz ausreifen. Dabei ist die Reifung wahrscheinlich erst im dritten Lebensjahrzehnt wirklich abgeschlossen (Welsh et al. 1991; Luna et al. 2004).

Jugendzeit und Adoleszenz (ab 14 Jahre): Jugendliche (ab ca. 14 Jahren) entwickeln zunehmend aktivere und selbständigere Bewältigungsformen, können auch einzelne Bewältigungstechniken identifizieren und bewusst einsetzen. Sie fühlen sich am besten in der Lage, schmerzhafte Ereignisse zu bewältigen, wenn sie sich ihre Strategien selbst aussuchen können (Weekes/Savedra 1988). Jugendliche sind zu komplexeren logischen Operationen fähig, können auch hypothetische Szenarien durchdenken. Dies ist nicht zuletzt auf eine Steigerung der Verarbeitungsgeschwindigkeit und eine Vergrößerung des „Arbeitsspeichers" zurückzuführen.

Jugendzeit und Adoleszenz stellen wichtige Entwicklungsaufgaben wie Identitätsfindung, Aufnahme gleichgeschlechtlicher (Paar-)Beziehungen, Ablösung von den Eltern. Insbesondere in westlich orientierten Gesellschaften neigen Jugendliche dabei dazu, mit ihren Eltern (und Autoritäten überhaupt) in Konflikt zu geraten. Sie erleben zumeist heftige Stimmungsschwankungen und neigen vor dem Eintritt in das Erwachsenenalter zu so genanntem Risikoverhalten. Diese Mischung hat Folgen für den Umgang mit Schmerz: Der Schmerzausdruck kann deutlich vermindert sein (weil es „uncool" ist, weil von den Eltern wahrgenommener Schmerz zu einer stärkeren Einschränkung oder Fürsorge, z. B. Zuhause bleiben, führen würde, was dem Jugendlichen „peinlich" wäre und seinem Autonomiebedürfnis entgegenstünde). Andererseits kann Schmerz von den Jugendlichen auch instrumentalisiert werden, um z. B. Aufmerksamkeit zu bekommen oder unangenehme Anforderungen zu vermeiden (sekundärer Krankheitsgewinn).

Die Neigung, zu Autoritäten in Opposition zu gehen, kann erforderliche Behandlungsmaßnahmen bei beispielsweise einer chronischen Erkrankung gefährden. Dabei kann eine eingespielte therapeutische Beziehung zu einem Arzt hart auf die Probe gestellt werden, weil der Arzt im Erleben des Jugendlichen auf Seiten der Eltern steht oder sogar ein Stück weit eine Elternfigur vertritt. Therapeutische oder diagnostische Maßnahmen, bei denen der Jugendliche über lange Zeit sehr gut mitgemacht hat, werden plötzlich verweigert, „vergessen" oder sind erst nach heftigem Widerstand möglich. Es ist dabei wichtig, eine Balance zwischen Anbindung, Strenge und Fürsorge auf der einen Seite und Gewähren von Autonomie mit „Coachen" des erwachsenen Teils auf der anderen Seite zu halten. Dabei muss das Hauptgewicht je nach Entwicklungsstand des Jugendlichen, vorliegender Krankheit und Gefährdung mal

Egozentrismus in der Adoleszenz

stärker auf die eine und mal stärker auf die andere Seite gelegt werden.

Im Jugendalter tritt eine zweite Phase der Egozentrik auf, die schon von Goethe beschrieben wurde: „Auch glaubt jeder in seiner Jugend, daß die Welt eigentlich erst mit ihm angefangen, und daß Alles eigentlich um seinetwillen da sey" (nach Eckermann 1836).

Der Jugendliche ist überzeugt, dass er stets im Mittelpunkt der Aufmerksamkeit anderer steht und seine Erfahrungen, Vorstellungen und Gefühle einmalig sind (Mietzel 2002, 339). Dabei überschätzt er schnell seine Einzigartigkeit und Besonderheit. Egozentrismus kann auch der Grund für Risikoverhalten sein – wenn sich damit nämlich der Glaube verbindet, vor Schaden besonders geschützt zu sein. Riskantes Verhalten kann sich auch auf den Umgang mit Krankheiten beziehen: Nötige Untersuchungen werden nicht mehr wahrgenommen, weil der Jugendliche nicht glaubt, dass ihm etwas passieren könne. Schmerzen werden ignoriert oder durch Alkohol/Drogen bekämpft. Eine zuverlässige Einnahme von Tabletten oder Durchführung anderer schmerztherapeutischer Maßnahmen (z. B. regelmäßige Entspannung) ist schwierig.

1.1.6 Schmerzbewältigung

Erst seit etwas mehr als zehn Jahren ist die Schmerzbewältigung im Kindesalter auch Gegenstand systematischer Untersuchung (Branson/Craig 1988). Ziel ist dabei, therapeutische Interventionen den Bedürfnissen und Fähigkeiten der Kinder besser anpassen zu können. Solange der entwicklungspsychologische Aspekt nicht berücksichtigt ist, besteht die Gefahr, dass Therapeuten die bei Erwachsenen gewonnenen Erkenntnisse auf das Kindesalter übertragen und damit bedeutende entwicklungsspezifische Unterschiede übersehen. So werden Kinder möglicherweise häufig mit Interventionsstrategien behandelt, die ihre Bewältigungskompetenzen überfordern oder an ihrem Unterstützungsbedürfnis vorbeigehen (Mühlig 1997, 131).

Schmerzbewältigungsverhalten wird definiert als Aktivität zur Eliminierung oder Reduktion des Schmerzgeschehens, die extern (Beseitigung der Schmerzursache durch aktives und problemlösendes Handeln) oder intern (mentale Unterdrückung des Schmerzempfindens durch emotionsregulierende und kognitive Maßnahmen) orientiert sein kann (Mühlig 1997, 131).

Eine entwicklungspsychologische Sicht fokussiert besonders auf den Umfang (Quantität) und die Formen (Qualität) von Bewältigungsmechanismen, die einem Kind in einem bestimmten Alter zur Verfügung stehen. Sowohl Quantität als auch Qualität nehmen mit steigendem Alter zu. Jüngere Kinder haben ein nur sehr begrenztes Handlungsrepertoire im Umgang mit Schmerzen und fühlen sich deshalb schmerzhaften medizinischen Prozeduren hilflos ausgeliefert.

Kinder und Jugendliche erwerben ihr persönliches Bewältigungsrepertoire offenbar sowohl durch Ausprobieren als auch durch Modelle ihrer sozialen Umwelt (v. a. Eltern). Während die Eltern sich selbst in der retrospektiven Einschätzung als Hauptvermittlungsinstanz für die Bewältigungskompetenz ihrer Kinder erleben, gibt nur etwa ein Fünftel der Kinder ihre Eltern als „Quelle" an (Branson et al. 1990). Es kann davon ausgegangen werden, dass die Jugendlichen den Einfluss ihrer Eltern unterschätzen – einmal, weil er im Jugendalter von den Jugendlichen selbst oft eher abgelehnt und verleugnet wird, zum anderen, weil die Übernahme der Bewältigungsmechanismen wahrscheinlich zu einem guten Teil unbewusst erfolgt. Jugendliche, deren Eltern selbst unter chronischen Schmerzen (z. B. Migräne) leiden, entwickeln ein quantitativ und qualitativ ausgeprägteres Bewältigungsrepertoire (Mühlig 1997, 133).

2 Klinik

2.1 Kopfschmerzen im Kindes- und Jugendalter

Kopfschmerzen im Kindesalter sind meist „primär", d.h. ohne zugrunde liegende Erkrankungen wie Kopftraumen, Missbildungen etc. Sie gehören in den meisten Fällen zum Formenkreis der Migräne oder der Spannungskopfschmerzen. Die Diagnose erfolgt nach den Kriterien der International Headache Society (IHS 2004) und berücksichtigt Kopfschmerzdauer, -stärke, -qualität, -lokalisation, Beeinflussung der Tagesaktivitäten, vegetative und neurologische Begleitsymptome. Voraussetzung für eine valide diagnostische Klassifikation ist ein beobachteter Verlauf über mindestens sechs Monate. Treten erstmals für Migräne- oder Spannungskopfschmerzen typische Kopfschmerzattacken auf, können sie nach der neuen IHS-Klassifikation als „wahrscheinliche Migräne" oder „wahrscheinlicher Spannungskopfschmerz" klassifiziert werden.

2.1.1 Migräne

Migräne wird in zwei Haupttypen unterteilt: **Migräne ohne Aura** ist ein klinisches Syndrom, das durch typische Kopfschmerzen charakterisiert ist. Diese treten zusammen mit definierten vegetativen Symptomen auf. Bei **Migräne mit Aura** stehen fokalneurologische Ausfälle im Zentrum, die üblicherweise kurze Zeit vor dem Kopfschmerz auftreten.

Einige Patienten erleben regelmäßig eine Prodromalphase, die Stunden bis Tage vor den Kopfschmerzen beginnt, manchmal auch eine Abklingphase im Anschluss. Beide Phasen sind durch intraindividuell sehr ähnliche, aber interindividuell unterschiedliche Symptome geprägt. Die typischsten davon sind Hyper- und Hypoaktivität, Depression, Heißhunger auf bestimmte Nahrungsmittel (häufig Schokolade) sowie wiederholtes Gähnen (IHS 2004).

2.1.1.1 Migräne ohne Aura (IHS-Code 1.1)

Diese Form der Migräne wurde früher auch als „einfache Migräne" oder „Hemicrania simplex" bezeichnet. Bei der typischen Form (wie sie sich bei Erwachsenen zeigt) kommt es attackenweise zu heftigen, typischerweise einseitigen und pulsierend-pochenden Kopfschmerzen, die bei körperlicher Betätigung schlimmer werden. Pulsierend meint dabei klopfend oder mit dem Herzschlag variierend. Normale Tagesaktivitäten können nur eingeschränkt oder gar nicht weitergeführt werden. Die einzelnen Attacken sind begleitet von Appetitlosigkeit (fast immer), Übelkeit (80 %), Erbrechen (40–50 %), Lichtscheu (60 %), Lärmempfindlichkeit (50 %) sowie Überempfindlichkeit gegenüber bestimmten Gerüchen (10 %). Die Dauer der Attacken beträgt unbehandelt zwischen 4 und 72 Stunden, bei Kindern treten auch kürzere Attacken auf. Die geltende zweite IHS-Klassifikation (2004; s. Kasten 4) trägt dieser Tatsache noch stärker Rechnung als die erste (1988). Eine Attackendauer von 1 bis 72 Stunden wird darin jetzt für Kinder gefordert.

Kasten 4:
Diagnostische Kriterien für Migräne ohne Aura (IHS 2004)

A. Mindestens fünf Attacken, die die Kriterien B-D erfüllen
B. Dauer der Kopfschmerzattacke 4– 72 Stunden (unbehandelt oder nicht erfolgreich behandelt), für Kinder 1– 72 Stunden
C. Für den Kopfschmerz treffen mindestens zwei der folgenden Kriterien zu:
   1. einseitig
   2. pulsierend
   3. mittlere oder starke Schmerzintensität
   4. Verschlimmerung durch körperliche Aktivität (z. B. Treppensteigen)
D. Während des Kopfschmerzes mindestens eines der folgenden Kriterien:
   1. Übelkeit und/oder Erbrechen
   2. Licht- und Lärmempfindlichkeit
E. Die Symptomatik kann nicht durch eine andere Grundkrankheit erklärt werden.

Im Gegensatz zu Erwachsenen werden kürzere Anfälle auch dann berücksichtigt, wenn das Kind dabei einschläft und kopfschmerzfrei erwacht. Bei Kindern sind die Kriterien Einseitigkeit und pulsierender Schmerzcharakter nur selten erfüllt, der Migränekopfschmerz wird häufig als beidseitig drückend beschrieben. Je jünger die Kinder sind, desto seltener findet sich die für Erwachsene typische Schmerzqualität. Mit zunehmendem Alter nimmt dabei die durchschnittliche Dauer einer Migräneattacke zu, einseitig pulsierender Schmerz, Licht- und Lärmempfindlichkeit werden häufiger. Dagegen tritt eine Verschlimmerung bei körperlicher Anstrengung seltener auf. Übelkeit und Erbrechen scheinen mit zunehmendem Alter ihre Häufigkeit nicht zu ändern (Wöber-Bingöl et al. 2004). Attacken können auch fast ausschließlich mit heftiger Übelkeit, Erbrechen und Schwindel einhergehen (Maytal et al. 1997).

Gerade für das Kindesalter wurden die Migränekriterien der ersten IHS-Klassifikation (1988) kritisiert, weil sie zwar sehr spezifisch, jedoch wenig sensitiv waren (Wöber-Bingöl et al. 1996), kindliche Migränen also häufiger nicht erkannten. Die (gegenwärtig gültigen) revidierten Kriterien von 2004 tragen diesem Kritikpunkt jetzt zumindest teilweise Rechnung. Das Kriterium D2 „Licht- und Lärmempfindlichkeit" wird dabei auch als für das Kindesalter möglicherweise „zu streng" diskutiert. Eine Änderung in „Licht- oder Lärmempfindlichkeit" für das Kindesalter wurde aber vorerst noch abgelehnt. Dafür wurde die Kategorie „wahrscheinliche Migräne" eingeführt, für die nicht alle Migränekriterien erfüllt sein müssen. Außerdem weisen die Anmerkungen zu den diagnostischen Kriterien explizit darauf hin, dass bei jüngeren Kindern Licht- und Lärmempfindlichkeit indirekt aus dem Verhalten erschlossen werden können. In der Praxis heißt dies, dass Vorschul- und teilweise auch Grundschulkinder direkte Fragen nach Licht- und Lärmempfindlichkeit verneinen, sich aber bei einer Kopfschmerzattacke ins dunkle Zimmer zurückziehen und laute Geräusche zu meiden suchen, also z. B. das Radio ausdrehen.

Generell kann davon ausgegangen werden, dass es sich bei schwerem und wiederkehrendem Kopfschmerz mit großer Wahrscheinlichkeit um eine Form von Migräne handelt, der daher auch auf antimigränöse Therapie anspricht (Lance 2000).

Die gegenwärtige IHS-Klassifikation unterscheidet auch nach der Häufigkeit der Kopfschmerzen in „episodisch" und „chronisch": Als chronisch werden Kopfschmerzen dann bezeichnet, wenn sie an mindestens 15 Tagen im Monat für mehr als drei Monate aufgetreten sind. Die „chronische Migräne" wird als eigene Diagnose kategorisiert und erfordert migränetypische Anfälle an mehr als 15 Tagen pro Monat (IHS-Code 1.5.1). Bei Erwachsenen birgt chronische Migräne eine große Gefahr, den Gebrauch akuter Schmerzmedikation immer weiter zu erhöhen, dadurch kann seinerseits dann medikamenteninduzierter Kopfschmerz entstehen (IHS-Code 8.2). Dieser ist im Kindesalter allerdings sehr selten, akute symptomatische Medikation wird eher zu selten und zu gering dosiert als zu häufig gegeben.

Migräne ohne Aura ist die häufigste Form der Migräne. Die Attacken treten im Allgemeinen häufiger auf als bei Migräne mit Aura, das Befinden wird insgesamt mehr beeinträchtigt.

B

Der elfjährige Leo wird von seiner Mutter in der Ambulanz angemeldet und kommt mit ihr zum ersten Termin. Die Mutter berichtet, seit seinem sechsten Lebensjahr habe er Kopfschmerzen, anfangs seien die Attacken selten gewesen (unter 1x/Monat), hätten aber v. a. in den letzten Monaten sehr zugenommen. Gegenwärtig habe Leo zwei bis vier Kopfschmerzattacken im Monat. Leo beschreibt diese Kopfschmerzen als beidseitig im Stirn- und Schläfenbereich. Den Charakter kann er nicht gut angeben, wählt schließlich aus verschiedenen vorgegebenen Adjektiven das Wort „drückend". Die Kopfschmerzstärke gibt er auf einer Zehner-Skala mit sieben an, die Schmerzen verschlimmerten sich, wenn er renne, Licht und Lärm seien ihm unangenehm. Meist sei ihm übel, einige Male habe er auch erbrechen müssen.

Gefragt, was er dagegen mache, antwortet er, meist müsse er sich hinlegen, ganz selten habe ihm die Mutter auch Schmerztabletten gegeben (Paracetamol). Die Mutter berichtet, sie selbst leide seit ihrer frühen Jugend unter Migräne, habe gegenwärtig etwa zwei bis vier Attacken im Monat. Auch der Vater habe in seiner Kindheit gelegentlich Kopfschmerzen gehabt, habe heute jedoch keine Probleme mehr. Leo wird von der Mutter als sehr ehrgeizig beschrieben. Er setze sich v. a. selbst unter Leistungsdruck und wolle in der Schule immer hervorragende Noten schreiben, schon eine „2" sei für ihn nicht mehr gut. Leo könne schlecht einschlafen, mache sich viele Sorgen, ob er den nächsten Tag schaffe, ob er genug gelernt habe etc. Er äußere auch immer wieder die Angst, den Eltern könne etwas Schlimmes zustoßen. Leo besuche die fünfte Klasse eines Gymnasiums, habe im letzten Zeugnis einen Notendurchschnitt von eins bis zwei gehabt. Er sei beliebt in der Schule und habe viele Freunde, mit denen er nachmittags gern etwas unternehme. Außerdem habe er verschiedene Hobbies, denen er zum Teil auch im Verein nachgehe. (Leo wird uns im Kap. 7: Therapie wieder begegnen.)

2.1.1.2 Migräne mit Aura

Bis zu 30 % der Migränepatienten erleben zumindest bei einem Teil ihrer Attacken so genannte „Auren" (Launer et al. 1999), d. h. reversible neurologische Symptome, die über mehrere Minuten progredient sind. Sie betreffen meist das visuelle System (Verschwommensehen, „blinde Flecken", Lichtblitze und gezackte Lichtlinien, so genannte Fortifikationen), sind seltener sensorischer oder motorischer Art (Taubheitsgefühle, Gefühlsstörungen, Lähmungen). Zusätzlich zu den Sehstörungen kann es zu Sensibilitätsstörungen, Paresen, Sprech- oder Sprachstörungen, Schwindel und Gleichgewichtsstörungen kommen. Die fokalneurologischen Symptome entwickeln sich typischerweise progredient über 5 bis 20 Minuten und halten weniger als eine Stunde an, oft treten verschiedene Symptome in Folge auf. Ein Kopfschmerz, der die Charakteristika eines Migränekopfschmerzes aufweist, beginnt meist nach Beginn der Aura. In seltenen Fällen tritt er ohne die migränetypischen Merkmale auf oder fehlt ganz. Früher wurde diese Migräneform als „Migraine accompagnée", „komplizierte" oder „klassische" Migräne bezeichnet. Auch Bezeichnungen, die die Art der neurologischen Ausfälle benannten, wurden verwendet: „Ophthalmische", „hemiplegische" oder „aphasische" Migräne. Die Migräne mit Aura wird von der IHS in mehrere Untergruppen eingeteilt:

Typische Aura mit Migränekopfschmerz (IHS-Code 1.2.1): Das ist die häufigste Form einer Migräne mit Aura, die typische Aura besteht dabei aus visuellen (z. B. Flimmern, Gesichtsfeldausfall) und/oder sensorischen (z. B. Kribbeln, Taubheit) und/oder sprachlichen Symptomen (häufig Wortfindungsstörungen). Typischerweise besteht eine Mischung aus „positiven", z. B. flimmernde Punkte oder Linien, und „negativen" Symptomen, z. B. Gesichtsfeldausfall – visuelle Symptome treten am häufigsten auf. Besonders typisch sind dabei flimmernde Zickzacklinien oder Figuren (so genannte Fortifikationen), die sich über Minuten hinweg über einen Teil des Gesichtsfelds ausdehnen. Oft sind sie halbkreisförmig und umschließen ein Gebiet von unscharfem Sehen oder Gesichtsfeldausfall. Die hierbei auftretenden Aurasymptome sind vollständig reversibel. Patienten finden es oft sehr schwierig, ihre Aurasymptome zu beschreiben. Es kann daher hilfreich sein, sie über die Aura aufzuklären und sie anzuleiten, die Art der Symptome und ihren genauen Ablauf in einem Auratagebuch festzuhalten. Durch Anamnese und Aura-/Kopfschmerztagebuch lässt sich meist die Diagnose einer Migräne mit typischer Aura ausreichend sichern.

Bevor der Patient weiß, worum es sich handelt, können Aurasymptome bei ihm sehr viel Angst auslösen, z. B. die Befürchtung, einen Hirntumor zu haben oder einen Schlaganfall zu erleiden. Aber auch, wenn der Patient schon wiederholte Auren hatte, selbst die Symptome genau kennt und sie gut einordnen kann, können die neurologischen Ausfälle subjektiv sehr unangenehm und mit viel Angst und Leidensdruck verbunden sein.

Typische Aura mit nichtmigränösem Kopfschmerz (IHS-Code 1.2.2): Fehlen dem Kopfschmerz die typischen Charakteristika einer Migräne, so ist eine sehr präzise Diagnose und Differentialdiagnose der Aura nötig – mit einer Abgrenzung von organischen Erkrankungen, wie z. B. transitorischen Ischämien oder epileptischen Anfällen. Diese Unterform tritt im Kindesalter weniger häufig auf.

Typische Aura ohne Kopfschmerzen (IHS-Code 1.2.3): Viele Patienten haben zu ihren Attacken mit Aura und typischem Migränekopfschmerz auch Attacken, bei denen der Aura ein nichtmigränöser Kopfschmerz folgt, oder – selten – der Kopfschmerz ganz fehlt. Mit zunehmendem Alter werden die beiden letztgenannten Möglichkeiten jedoch bei vielen Patienten häufiger. Eine reine Migräneaura ohne Kopfschmerzen ist ausgesprochen selten und tritt eher bei Männern auf. Bei Kindern und Jugendlichen ist diese Form nur extrem selten zu finden.

Familiäre hemiplegische Migräne (IHS-Code 1.2.4): Bei dieser Unterform schließt die Aura Symptome von motorischer Schwäche ein. Sie betrifft Patienten, von denen mindestens ein erst- oder zweitgradiger Verwandter ebenfalls von einer hemiplegischen Migräne betroffen ist. Untertypen der familiären hemiplegischen Migräne konnten genetisch charakterisiert werden (s. Kap. 4.1.1.1) Die wichtigste Differentialdiagnose der hemiplegischen Migräne ist die Epilepsie. Ist kein naher Verwandter betroffen, wird die Form als „sporadische hemiplegische Migräne" (IHS-Code 1.2.5) kodiert. Die sporadische Form tritt ähnlich häufig auf wie die familiäre, erfordert jedoch immer gründliche Ausschlussdiagnostik einer anderweitigen organischen Ursache (Bildgebung, Lumbalpunktion).

Migräne vom Basilaristyp (IHS-Code 1.2.6): Diese Migräneform ist mit Aurasymptomen assoziiert, die klar auf den Hirnstamm zurückgeführt werden können und/oder beide Hemisphären in gleicher Weise betreffen. Typische Symptome sind Dysarthrie, Schwindel, Tinnitus, Hörminderung, Doppelbilder, spiegelbildliche visuelle Symptome im linken und rechten Teil des Gesichtsfelds, Ataxie, Bewusstseinsstörung, beidseitige (spiegelbildliche) Missempfindungen. Migräne vom Basilaristyp betrifft meist junge Erwachsene, häufig bestehen gleichzeitig Attacken mit typischer Aura. Die Diagnose ist nicht immer leicht zu stellen, da einige der typischen Symptome auch unter Ängstlichkeit und Hyperventilation auftreten und so leicht fehlinterpretiert werden können.

Retinale Migräne (IHS-Code 1.4): Bei dieser Unterform einer Migräne mit Aura treten die visuellen Aurasymptome (gezackte Linien, Flimmerskotome, Gesichtsfeldausfälle etc.) nicht auf einer Seite des Gesichtsfelds *beider* Augen, sondern nur auf *einem* Auge auf. Außerdem bestehen migräneartige Kopfschmerzen. In der Praxis ist bei Kindern diese Unterform nur schlecht von einer Migräne mit typischer Aura zu unterscheiden, da für die Kinder der Unterschied zwischen rechter/linker Gesichtsfeldseite und rechtem/linkem Auge nur schwer fassbar ist. Bei dieser Unterform sollte in jedem Fall eine augenärztliche Untersuchung erfolgen, um andere Ursachen vorübergehender monokularer Blindheit (z. B. Opticusatrophie) auszuschließen.

B Die 16-jährige Elisabeth stellt sich auf eigene Initiative in einer neurologischen Ambulanz vor. Sie habe in der letzten Woche plötzlich schlecht gesehen, in der Folge starke Kopfschmerzen bekommen und sich auch erbrechen müssen. Auf Nachfrage berichtet sie, sie habe flimmernde gezackte Linien rechts unten gesehen, diese seien größer und größer geworden, schließlich habe sie in der Mitte gar nichts mehr sehen können. Sie sei mit einer Freundin im Café gewesen, habe deren Gesicht gar nicht mehr sehen können, an dieser Stelle sei einfach nichts gewesen. Sie habe sehr viel Angst gehabt. In der Folge habe sie Kribbeln an den Armen gehabt, sie wisse aber nicht mehr, ob beide oder nur ein Arm betroffen gewesen seien. Danach hätten starke Kopfschmerzen eingesetzt, die im Stirnbereich beidseits lokalisiert gewesen seien und „dröhnenden" Charakter gehabt hätten. Die Freundin habe sie dann nach Hause gebracht, dort habe sie sich sofort hingelegt. Sie habe wieder normal sehen können, ihr sei aber sehr schlecht gewesen und sie hätte auch die Schmerztabletten erbrochen, die sie von der Mutter bekommen habe. Sie sei jetzt sehr beunruhigt, dass sie vielleicht einen Hirntumor oder eine andere schlimme Erkrankung haben könne. Auch habe sie sehr viel Angst davor, dass diese Symptome erneut auftreten könnten. Bei ihr konnte eine organische Grunderkrankung ausgeschlossen werden. Die Diagnose „Migräne mit Aura" wurde ihr ausführlich erklärt, wodurch sie sehr beruhigt war.

Es scheint, dass Migräne mit Aura im Kindes- und Jugendalter insgesamt nicht wesentlich seltener ist als im Erwachsenenalter, sich jedoch (i) typischerweise einige Jahre später manifestiert als Migräne ohne Aura und (ii) häufig nicht diagnostiziert wird. Die Kinder berichten nämlich die aus ihrer Sicht „merkwürdigen" Symptome fast nie spontan, häufig jedoch auf gezielte Nachfrage.

Migränevorläufer: Bei kleinen Kindern, die ihre Beschwerden noch nicht artikulieren können, können motorische Unruhe und Reizbarkeit die einzigen beobachtbaren Anzeichen einer Migräne sein. Manchmal leiden Kinder – ohne erkennbare organische Ursache – an wiederkehrenden Bauchschmerzen. Bei der gegenwärtigen IHS-Klassifikation werden zyklisches Erbrechen und abdominelle Migräne innerhalb der „Periodischen Syndrome des Kindesalters" klassifiziert und als Vorläufer einer späteren Migräne angesehen (IHS 2004; „abdominelle Migräne" s. a. Kap. 2.2).

Transformierte Migräne: Dieser Begriff kommt nicht in der Klassifikation der International Headache Society vor. Er geht auf Silberstein und Lipton zurück, die auch diagnostische Kriterien für diese Unterform entwickelt haben (Silberstein et al. 1996). Von transformierter Migräne spricht man bei einem „chronischen" Kopfschmerz, also 15 oder mehr Kopfschmerztagen durchschnittlich pro Monat, wenn gegenwärtig eine Migräne besteht oder anamnestisch bestanden hat. Dabei müssen – im Gegensatz zur „chronischen Migräne" – nicht alle auftretenden Attacken die Migränekriterien erfüllen. Die meisten Erwachsenen, die die Kriterien einer „transformierten Migräne" erfüllen, erfüllen nicht die der „chronischen Migräne". Das liegt wahrscheinlich daran, dass während der Entwicklung einer „transformierten Migräne" die Attackenhäufigkeit zunimmt, während sich die typischen Migränecharakteristika immer schwächer manifestieren (Bigal et al. 2005).

2.1.2 Kopfschmerzen vom Spannungstyp

Der Kopfschmerz vom Spannungstyp ist die häufigste Form von primären Kopfschmerzen. Die Lebenszeitprävalenz in der Bevölkerung liegt je nach Studie zwischen 30 und 78 % (IHS 2004). Die Tatsache, dass Spannungskopfschmerz die Kopfschmerzdiagnose ist, die die höchsten sozioökonomischen Kosten verursacht, steht in krassem Widerspruch zur niedrigen Forschungsaktivität in diesem Feld.

Kopfschmerz vom Spannungstyp ist nach den Kriterien der IHS (2004; s. Kasten 5) charakterisiert durch einen meist bilateralen, dumpf drückenden bis ziehenden, nicht pulsierenden Schmerz leichter bis mittlerer Intensität. Er wird durch körperliche Aktivitäten nicht verstärkt und behindert Tagesaktivitäten möglicherweise, macht sie jedoch nicht unmöglich. Die Patienten beschreiben häufig ein Schraubstock-, Helm- oder Bandgefühl um den Kopf. Vegetative Symptome fehlen bzw. spielen im Gegensatz zur Migräne nur eine untergeordnete Rolle. Es erfolgt eine Unterklassifikation des Spannungskopfschmerzes nach Häufigkeit: gelegentlicher (bis zu 1 Tag im Monat), häufiger (1 bis 14 Tage pro Monat) und chronischer Kopfschmerz (mehr als die Hälfte aller Tage) vom Spannungstyp.

Kasten 5: Diagnostische Kriterien für Kopfschmerzen vom Spannungstyp („gelegentlich": IHS-Code 2.1, „häufig": IHS-Code 2.2., „chronisch": IHS-Typ 2.3; mod. n. IHS 2004)

A. Mindestens zehn Episoden, die über mindestens drei Monate die folgenden Häufigkeitskriterien und die Kriterien B-D erfüllen:

- „gelegentlich" (Code 2.1): im Durchschnitt seltener als an einem Tag pro Monat (d. h. an weniger als 12 Tagen im Jahr)

- „häufig" (Code 2.2): im Durchschnitt an mindestens einem, aber weniger als 15 Tagen im Monat (d. h. an mindestens 12 und weniger als 180 Tagen im Jahr)
- „chronisch" (Code 2.3): im Durchschnitt an mindestens 15 Tagen pro Monat (oder 180 Tagen im Jahr)

B. Kopfschmerzdauer zwischen 30 Minuten und sieben Tagen

C. Der Kopfschmerz erfüllt mindestens zwei der folgenden Kriterien:
1. beidseitig
2. drückender Schmerzcharakter (nicht pulsierend)
3. milde bis mäßige Schmerzintensität
4. Schmerz wird nicht verschlimmert durch körperliche Alltagsaktivitäten (z. B. Treppensteigen)

D. Beide folgenden Kriterien sind erfüllt:
1. keine Übelkeit oder Erbrechen (Appetitlosigkeit ist erlaubt)
2. nicht mehr als ein Symptom von Licht- und Lärmempfindlichkeit

E. Die Symptomatik kann nicht durch eine andere Grundkrankheit erklärt werden.

Früher wurde der Kopfschmerz vom Spannungstyp als im Wesentlichen psychogen bedingt angesehen, neuere Studien sprechen jedoch für eine neurobiologische Basis, zumindest bei den schwerer verlaufenden Subtypen des Spannungskopfschmerzes.

Die Unterscheidung nach Häufigkeit, die in einer einfacheren Form schon in die erste Version der IHS-Kriterien Eingang gefunden hatte, hat sich als sehr nützlich erwiesen, weil die psychosoziale Belastung klar mit der Häufigkeit zunimmt: „Gelegentlicher" Spannungskopfschmerz beeinträchtigt das Individuum kaum und ist daher auch fast nie Gegenstand ärztlicher Konsultationen. Der „häufige" Typ kann mit einer Beeinträchtigung einhergehen, die u. U. weitergehende therapeutische Interventionen (wie z. B. eine verhaltensmedizinische Therapie oder eine medikamentöse Prophylaxe) erfordern. „Chronischer" Spannungskopfschmerz schließlich ist eine schwere Erkrankung, die Lebensqualität und soziale Funktionen fast immer stark beeinträchtigt (IHS 2004). Der chronische Spannungskopfschmerz bei Kindern und Jugendlichen geht in fast allen

Fällen mit psychiatrischer Komorbidität einher (Guidetti et al. 1998) und kann daher möglicherweise als Somatisierung eines psychischen Problems aufgefasst werden.

Die Häufigkeit primärer Kopfschmerzen (unabhängig von der genauen Schmerzqualität und Diagnose als Migräne, Spannungskopfschmerz oder anderes) ist ein sehr wichtiger Indikator für das Ausmaß (und die Behandlungsbedürftigkeit) der Erkrankung. Ab einer Frequenz von etwa wöchentlich und öfter sind Kopfschmerzen ein sehr ernst zu nehmendes Symptom. Psychiatrische Komorbidität korreliert stark positiv mit der Kopfschmerzhäufigkeit (s. Kap. 3.1.3).

Patienten mit „häufigen" Kopfschmerzen vom Spannungstyp haben oft ebenfalls Migräneattacken ohne Aura. Mithilfe eines Kopfschmerztagebuches kann die Doppeldiagnose gut gestellt werden und die Patienten können lernen, beide Kopfschmerzformen zu unterscheiden. Dies ist wichtig, da sich (im Erwachsenenalter mehr als im Kindesalter) die Behandlungsoptionen für beide Kopfschmerzformen unterscheiden.

„Chronischer" Spannungskopfschmerz entwickelt sich meist schleichend aus den selteneren Formen heraus. Auch hier ist die Abgrenzung zu „chronischer Migräne" nicht immer einfach und sollte prospektiv mithilfe des Kopfschmerztagebuchs gesichert werden. Bei den chronischen Formen sollte insbesondere ein Medikamentenabusus ausgeschlossen werden, der seinerseits wieder medikamenteninduzierte Kopfschmerzen bedingen könnte.

Kopfschmerzen vom Spannungstyp gehen oft mit vermehrter Muskelanspannung einher, so dass diagnostisch unterteilt wird in Spannungskopfschmerz mit und ohne schmerzhafte perikraniale Muskelanspannung. Durch Abtasten der Muskeln im Kopf-, Hals- und Nackenbereich mit einem definierten Druck (z. B. mithilfe eines Palpometers) kann diese Unterscheidung leicht getroffen werden.

2.1.3 Sonstige Kopfschmerzen

Die überwältigende Mehrheit primärer Kopfschmerzen im Kindesalter kann nach der neuen IHS-Klassifikation als Migräne oder Spannungskopfschmerz klassifiziert werden. Bei der vorherigen Klassifikation entzogen sich noch ca. 30 % der kindlichen Kopfschmerzen einer Klassifikation nach IHS (Frankenberg/Pothmann 1999), was auf die Abweichungen im klinischen

Erscheinungsbild bei Kindern zurückgeführt werden kann. Die anderen Kategorien der IHS-Klassifikation spielen für das Kindes- und Jugendalter nur eine untergeordnete Rolle:

Cluster-Kopfschmerz: Der Cluster-Kopfschmerz, der früher als Bing-Horton-Syndrom bezeichnet wurde, tritt typischerweise zwischen dem 20. und dem 40. Lebensjahr erstmals auf und betrifft häufiger Männer. Bei Kindern ist er sehr selten. Typischerweise treten sehr kurze Schmerzattacken (je 15–180 Minuten) kurz hintereinander auf, mit freien Intervallen dazwischen (1–8-mal täglich). Die sehr heftigen Beschwerden werden streng halbseitig im Gesicht und im Bereich hinter dem Augapfel empfunden, die betroffene Gesichtsseite ist gerötet und der Nasengang geschwollen. Auge und Nasengang der betroffenen Seite können laufen. Typischerweise sind die Patienten während der Schmerzattacke ruhelos und agitiert, sie können sich nicht hinlegen. Der Schmerz wird als entsetzlich und unerträglich empfunden.

Symptomatische Kopfschmerzen: Im Kindes- und Jugendalter sind Erkältungskrankheiten, grippale Infekte, Angina und Nebenhöhlenentzündungen, aber auch nicht korrigierte Fehlsichtigkeit häufige Ursachen für symptomatische Kopfschmerzen. Diese Ursachen stellen im Allgemeinen jedoch keine differentialdiagnostischen Schwierigkeiten dar, da sich Begleitumstände und Kopfschmerzsymptomatik meist sehr gut von den „primären" Kopfschmerzen abgrenzen lassen. Bei Verdacht sollten entsprechende weiterführende Untersuchungen (z. B. augen- oder HNO-ärztliche Untersuchung) erfolgen.

Anhaltende Kopfschmerzen nach Schädel-Hirn-Verletzungen, wie man sie im Erwachsenenalter häufig findet, sind bei Kindern mit 10 bis 15 % eher selten. Kinder zeigen in der Folge eher posttraumatische Verhaltens- und Leistungsstörungen. Insbesondere nach schweren Hirnverletzungen, die bleibende neurologische Ausfälle zur Folge haben, klagen Kinder selten über Kopfschmerzen (Gascon 1984).

Symptomatische Kopfschmerzen sind jedoch eine häufige Begleiterscheinung von (insgesamt glücklicherweise sehr selten auftretenden) Hirntumoren. Diese Kopfschmerzen sind meist durch einen erhöhten intrakraniellen Druck bedingt, was sich klinisch in einer typischen Hirndrucksymptomatik äußert: Die Kopfschmerzen treten v. a. nachts und in den frühen Morgenstunden auf und sind von morgendlicher Übelkeit und Nüchternerbrechen begleitet. Eine solche Symptomatik sollte immer weitere diagnostische Schritte nach sich ziehen (z. B. Bildgebung).

2.1.4 Besonderheiten primärer Kopfschmerzen im Kindesalter

Je jünger die Kinder sind, umso schwieriger ist die Klassifikation primärer Kopfschmerzen als z. B. Migräne oder Spannungskopfschmerz. Dies hat verschiedene Gründe: Kleinere Kinder können die Symptome schlechter beschreiben (s. Kap. 1.1.4). Sowohl ein hinreichend differenziertes Körperschema (notwendig für die Beschreibung der Schmerzlokalisation) als auch Begrifflichkeiten, um Schmerzqualität zu beschreiben, entwickeln sich erst im Laufe des Kindergarten- und Vorschulalters. Die Manifestation primärer Kopfschmerzen ist bei kleineren Kindern weniger typisch und äußert sich nicht selten durch das Leitsymptom „Bauchschmerz" (s. Kap. 2.2). Selbst als „Kopf"-Schmerzen wahrgenommene Symptome unterscheiden sich von typischen Erscheinungsformen im Erwachsenenalter, sind häufiger drückend, bilateral und von kürzerer Dauer.

Die gegenwärtige IHS-Klassifikation trägt dieser Tatsache Rechnung, allerdings mit der Folge, dass die Kriterien von Migräne und Spannungskopfschmerzen unter Berücksichtigung der kindertypischen Besonderheiten weit überlappen: Beim (typischen) beidseitigen, drückenden, mittelstarken Kopfschmerz kann das Vorhandensein **eines** zusätzlichen Symptoms (z. B. Licht- oder Lärmempfindlichkeit) über die diagnostische Eingruppierung entscheiden. Mit steigendem Alter wird dabei die Kopfschmerzcharakteristik meist typischer und mehr IHS-Kriterien sind erfüllt (Zebenholzer et al. 2000). Insgesamt ist die Sensitivität für kindliche Migräne bei der gegenwärtigen IHS-Klassifikation viel höher als bei der von 1988. Dennoch können insbesondere während Kindheit und Jugend über die Jahre Kopfschmerzdiagnosen wechseln, d. h. Kopfschmerz vom Spannungstyp entwickelt sich zu Migräne und umgekehrt. Von einigen Autoren wird daher die Frage aufgeworfen, ob es sich bei Migräne und Spannungskopfschmerzen im Kindes- und Jugendalter um verschiedene diagnostische Entitäten handelt oder ob beide Erkrankungen unterschiedliche Punkte auf einem Kontinuum markieren (z. B. Schade 1997; Viswanathan et al. 1998).

2.2 Rezidivierende kindliche Bauchschmerzen

Hierbei handelt es sich – ähnlich wie bei den primären Kopfschmerzen – um Schmerzzustände, die keine erkennbare organische Ursache (z. B. Magen-Darm-Infekt) haben, nicht durch Fieber und Krämpfe begleitet werden, attackenartig immer wiederkehren und in ihrer Art gleichförmig verlaufen. Oft lässt sich ein zeitlicher Zusammenhang zu Stresssituationen herstellen.

„Rekurrierender Bauchschmerz" ist dabei ein Oberbegriff, hinter dem sich verschiedene Erkrankungen und funktionelle Syndrome verbergen. Sie werden im Englischen als „recurrent abdominal pain" (abgekürzt: RAP) bezeichnet und durch die Kriterien von Apley definiert (Apley/Naish 1958; s. Kasten 6).

rekurrierender Bauchschmerz

Kasten 6: Diagnostische Kriterien für den rekurrierenden Bauchschmerz nach Apley und Naish (1958)

- mindestens drei vorübergehende, abgrenzbare Attacken von Bauchschmerzen
- bei Kindern zwischen 4 und 16 Jahren
- während einer Zeit von mindestens drei Monaten
- mit Beeinträchtigung von Tagesaktivitäten und Schulbesuch

„Rekurrierender Bauchschmerz" ist eine Symptombeschreibung und keine Diagnose. Organische Erkrankungen sollten daher ausgeschlossen werden, obwohl sie eher selten die Ursache von rekurrierendem Bauchschmerz darstellen. Apley selbst fand nur in 5 % der Fälle eine organische Ursache (Apley/ Naish 1958). Ein Zusammenhang mit Helicobacter-pylori-Infektionen wurde intensiv diskutiert, eine Metaanalyse von 45 Studien konnte jedoch keine Assoziation nachweisen (Macarthur et al. 1995). In den meisten Fällen scheint der rekurrierende Bauchschmerz demnach funktioneller Natur zu sein. Häufig ist er Symptom einer Dyspepsie (einer nichtorganisch bedingten Verdauungsstörung mit Beeinträchtigung von Darmmotilität und -flora, die mit Blähungen und Bauchschmerzen einhergeht).

Funktionelle Bauchschmerzen werden heute mithilfe der so genannten Rom-Kriterien klassifiziert und bilden dort einen von

Rom-Kriterien

Tab. 1: Funktionelle Bauchschmerzen: Einteilung nach den Rom-Kriterien für Kinder und Jugendliche

Beschwerdekomplexe	Untergruppen
Erbrechen	Kindliche Regurgitation Rumination Zyklisches Erbrechen
Bauchschmerzen	Funktionelle Dyspepsie Reizdarmsyndrom Funktionelle Bauchschmerzen Abdominelle Migräne Aerophagie
Durchfälle	z. B. Durchfall des Kleinkindes
Defäkationsstörungen	Defäkationsstörungen des Säuglings und Kleinkindes Funktionelle Verstopfung Funktioneller Stuhlverhalt Funktionelles Kotschmieren

vier Beschwerdekomplexen. Diese sind für Kinder und Jugendliche nach entwicklungsorientierten Gesichtspunkten in Anlehnung an gleichnamige Kriterien im Erwachsenenalter Ende der 90er Jahre durch eine international zusammengesetzte Gruppe von Kinderärzten entwickelt worden (s. Tab. 1; Rasquin-Weber et al. 1999).

Eine Subgruppe der Kinder mit rekurrierenden Bauchschmerzen leidet unter abdomineller Migräne, einem periodischen Syndrom, das 1986 erstmals beschrieben wurde (Symon/Russell 1986). Es wird in der gegenwärtigen IHS-Klassifikation (s. Kasten 7) unter „Periodische Syndrome der Kindheit, die üblicherweise Migränevorläufer sind" klassifiziert. Der Bauchschmerz ist stark, typischerweise in der Körpermitte lokalisiert und begleitet von vegetativen Symptomen.

Kasten 7: Diagnostische Kriterien für abdominelle Migräne (IHS-Code 1.3.2; IHS 2004)

A. Mindestens fünf Episoden, die die Kriterien B-D erfüllen

B. Dauer der Bauchschmerzattacke 1 bis 72 Stunden (unbehandelt oder nicht erfolgreich behandelt)

C. Für den Bauchschmerz treffen alle folgenden Kriterien zu:
1. Lokalisation in der Körpermitte, in der Nabelgegend oder diffus
2. dumpfe Qualität
3. mäßige bis starke Intensität

D. Während des Bauchschmerzes mindestens zwei der folgenden Kriterien:
1. Appetitlosigkeit
2. Übelkeit
3. Erbrechen
4. Blässe

E. Die Symptomatik kann nicht durch eine andere Grundkrankheit erklärt werden.

Besonders gastrointestinale und renale Erkrankungen sollten ausgeschlossen werden. Der Schmerz ist – ähnlich wie bei der Migräne – so stark, dass Tagesaktivitäten zumindest beeinträchtigt, wenn nicht gar verhindert werden. Bei sehr blassem Gesicht finden sich häufig tiefe schwarze Schatten unter den Augen. Selten kann auch eine Gesichtsrötung auftreten. Die meisten Kinder mit abdomineller Migräne entwickeln später im Leben eine typische Migräne mit Kopfschmerzen.

2.3 Schmerzen wechselnder Lokalisation: Somatisierung, somatoforme Störungen, Somatisierungsstörung

Schmerzen sind die häufigsten körperlichen Symptome während Kindheit und Jugend – meist betreffen sie den Kopf, den Bauch oder den Bewegungsapparat (Campo/Fritsch 1994; Campo et al. 2001). Eine generelle Zunahme somatischer Beschwerden zeigt sich in der frühen Pubertät, nämlich zwischen dem Ende der Grundschulzeit und dem Alter von etwa 13 Jahren (Larsson 1991; Haffner et al. 2001). Ein Zusammenhang zwischen somatischen Beschwerden einerseits mit Angst und andererseits mit Depression wird in der Psychopathologie vielfach postuliert. Angst manifestiert sich bei Kindern häufig als Trennungsangst (Livingston et al. 1988). In der Folge kann es zu schulvermeidenden Symptomen wie z.B. einer Schulphobie kommen.

Mädchen und Frauen zeigen häufigere und schwerere somatische Beschwerden als Jungen und Männer (Larsson 1991; Egger et al. 1999; Masi et al. 2000). Bei Mädchen sind somatische Beschwerden mit internalisierenden, also emotionalen Störungen assoziiert, bei Jungen eher mit externalisierenden oder Verhaltensstörungen.

Unter **Somatisierung** versteht man die Neigung, auf (z.B. psychosoziale) Belastungen mit körperlichen Beschwerden und Symptomen zu reagieren. Wenn der Ausdruck (insbesondere negativer) Emotionen gehemmt oder blockiert ist, kann dabei ein körperliches Symptom wie z.B. Schmerz entstehen und/oder verstärkt wahrgenommen werden (zur Entstehung s.a. Kap. 4.3).

Die 14-jährige Anna ist wegen einer Somatisierungsstörung und dissoziativen (d.h. nicht organisch bedingten) Krampfanfällen für einige Wochen auf der Psychotherapiestation in der Kinder- und Jugendpsychiatrie. Als es ihr körperlich viel besser geht, nimmt sie an einem erlebnispädagogischen Kletterprojekt teil, bei dem sie unter Anleitung und angeseilt in einer Kletterhalle an einer nachgebauten Felswand nach oben klettert. Sie tut sich damit schwer, versucht es aber sehr tapfer. Gefragt, ob sie Angst habe in der Höhe oder es ihr sonst mulmig oder unangenehm sei, sagt sie: „Nein, ich habe keine Angst, es ist mir auch nicht mulmig. Es ist nur so, dass ich so sehr Schwindel bekomme hier oben und dass mein Herz so schnell klopft, dass ich es beinahe nicht aushalte." Sie erlebt also körperliche Sensationen und Symptome (Schwindel, Herzklopfen) anstelle negativer Gefühle (z.B. Angst). Gegen Ende des Aufenthalts äußert sie in den Visiten, dass sie sich schlecht **fühle** und sie sehr traurig sei. Ihre Eltern hätten vor, sich scheiden zu lassen, und das beschäftige sie sehr.

Zu dieser Zeit sind seit mehreren Wochen keine dissoziativen Krampfanfälle mehr aufgetreten, auch klagt sie nicht mehr über sonstige körperliche Beschwerden oder Schmerzen. Das heißt, ihre Gefühle werden von ihr wieder als Gefühle erlebt, sind „psychisiert" und manifestieren sich nicht mehr durch körperliche Symptome. Sie selbst erlebt den therapeutischen Fortschritt jedoch als „Schlechtergehen". Weitere therapeutische Begleitung kann sie nun bei der Auseinandersetzung mit negativen Gefühlen wie Trauer und Wut unterstützen.

Somatoforme Beschwerden stehen in einem engen Zusammenhang mit emotionalen und sozialen Reaktionen von Kindern und Jugendlichen und führen nicht selten zu schweren psychosozialen Funktionseinschränkungen. Nicht adäquate Inanspruchnahmen fachlicher Hilfen führen zu immensen Kosten in der Gesundheitsversorgung und fördern nicht selten die Chronifizierung der Symptomatik beim Ausbleiben einer fachspezifischen Behandlung. Die im Sinne der Klassifikationsschemata definierte somatoforme Störung stellt das Ende eines Kontinuums dar, das von einer vorübergehenden alltäglichen Schmerzsymptomatik zu unerklärbaren chronifizierten „funktionellen Symptomen" reicht (Fritz et al. 1997). Psychiatrische Kliniken sind häufig nur mit schweren Krankheitsverläufen konfrontiert. Dagegen stehen die ärztlichen Dienste der Primärversorgung sehr häufig dieser Störung gegenüber.

somatoforme Störungen

Entwicklungsbedingte Differenzen beeinflussen die klinische Präsentation der verschiedenen Symptome. Die Ausbildung eines typischen Krankheitsverhaltens („Illness Behavior") erscheint stark davon abhängig, wie sich elterliche Bezugspersonen, aber auch die in der Konsultation involvierten Ärzte verhalten. Wie Eltern beispielsweise auf rekurrierende körperliche Beschwerden reagieren (oder sie ignorieren), welche Bedeutung sie den Beschwerden zuschreiben, ob sie die Inanspruchnahme von ärztlichen Untersuchungen fördern oder den Umgang mit alltäglichen Anforderungen regulieren, erscheint sehr bedeutsam (Eminson 2001). Auch scheinen die kognitiven und verbalen Entwicklungsvoraussetzungen einen wichtigen Einfluss auf die Fähigkeit zu haben, emotionale Belastungen zu verbalisieren. Somatoforme Beschwerden gehen häufig früh mit einem Vermeidungsverhalten einher und tragen zum weiteren sozialen Rückzug bei, verbunden mit Peergroup-Verlusten und schulischen Leistungseinbußen (Bernstein et al. 1997).

Somatisierung ist eine Reaktionsweise, die sich bei allen Menschen im Laufe ihres Lebens in mehr oder weniger starkem Aus-

Desomatisierung

maß findet. Normalerweise ist der Reifungsprozess des Kindes ein fortlaufender Prozess der Desomatisierung: Zu Beginn des Lebens sind Gefühle immer unmittelbar körperlich. Während der gesunden Entwicklung lernt das Kind zunehmend, Gefühle zu erkennen und auszudrücken und sie von körperlichen Empfindungen zu unterscheiden.

Resomatisierung

Tritt eine (zumindest subjektiv) unbewältigbare innere oder äußere Gefahr auf, kann es in dieser Situation von Stress und Angst zur Resomatisierung kommen. Das heißt, (insbesondere negative) Gefühle werden nicht mehr als Gefühle, sondern als körperliche Symptome wahrgenommen.

Somatisierung ist also keine Diagnose. Tritt Somatisierung in starkem Maß auf, kann sie klinisch relevant als „Diagnose" erscheinen. In vielen Fällen wird dabei die Beteiligung psychischer Faktoren an der Diagnose nicht erkannt oder falsch eingeschätzt. In den Praxen primär „organmedizinisch" orientierter Ärzte werden sehr viele dieser Patienten unter den verschiedensten organischen Diagnosen geführt. Ein Fünftel aller Patienten, die häufig einen Arzt aufsuchen, hat organmedizinisch „unerklärbare" Symptome; die durch diese Patientengruppe hervorgerufenen Kosten sind erheblich (Reid et al. 2002). Wird eine deutliche (zumindest Mit-)Beteiligung psychischer Faktoren vermutet, werden psychische Störungen, wie z. B. eine (somatisierte) Depression oder somatoforme Störungen diagnostiziert.

„Somatoforme Störungen" sind in der ICD-10 ein Oberbegriff (F45), sie umfassen:

- Somatisierungsstörung (F45.0),
- undifferenzierte Somatisierungsstörung (F45.1),
- hypochondrische Störung (F45.2),
- somatoforme autonome Funktionsstörung (F45.3),
- anhaltende somatoforme Schmerzstörung (F45.4),
- andere somatoforme Störungen (F45.8) und
- nicht näher bezeichnete somatoforme Störung (F45.9).

Schmerzen sind v. a. bei der Somatisierungsstörung und der anhaltenden somatoformen Schmerzstörung wesentliche Symptome.

Die diagnostischen Kriterien sind dabei so streng (d. h. sie erfordern eine solch erhebliche Anzahl von Symptomen über längere Zeit), dass sie im Kindes- und Jugendalter nur selten erfüllt werden. Deswegen werden, obwohl gerade während der frühen Pubertät Somatisierung – als dimensionales Phänomen – verstärkt auftritt, nur selten die Diagnosekriterien einer (kategorialen) somatoformen Störung erfüllt.

Das gemeinsame Kennzeichen der somatoformen Störungen ist die wiederholte Präsentation von körperlichen Krankheitssymptomen, die eine medizinische Ursache nahe legen, aber in ihrem Ausmaß an körperlichen und seelischen Funktionseinschränkungen nicht oder nicht vollständig durch ein organisches Korrelat erklärt werden können (Dilling et al. 1993).

Das Ausmaß und die Schwere der somatoformen Beschwerdebilder treten entlang eines Kontinuums von unerklärten, vorübergehenden Symptomen bis hin zu lang anhaltenden schweren Schmerzsyndromen auf. So ist auch die Abgrenzung von rekurrierenden Schmerzen wie z. B. Bauch- oder Kopfschmerzen und einer „kindlichen Schmerzstörung" unscharf, die Übergänge sind fließend. Auch bei kindlichen rekurrierenden Bauch- oder Kopfschmerzen findet sich in den meisten Fällen kein im engeren Sinne organisches Korrelat. Die Diagnose „Migräne" geht zwar wahrscheinlich mit einer veränderten zerebralen Reagibilität im Sinne einer – wahrscheinlich genetisch mitbedingten – Vulnerabilität einher, hat aber auch kein mit Routineuntersuchungsmethoden einfach nachzuweisendes „organisches Korrelat". So entscheidet letztlich das Ausmaß der sozialen und interaktionellen Folgen – wiederholte Arztbesuche trotz der Versicherung, dass keine „schlimme" Erkrankung zugrunde liegt, veränderte Familieninteraktionsmuster, die Schonung und Rückzug über Gebühr favorisieren etc. – sowie die Bedeutung psychischer Faktoren für Aufrechterhaltung und Wiederauftreten der Schmerzen darüber, ob ein rezidivierender Kopfschmerz noch als reine „Migräne" oder schon als „Schmerzstörung" auf dem Boden einer Migräne aufzufassen ist. Klare Kriterien zur Abgrenzung fehlen bisher.

Im Folgenden soll auf zwei besonders das Leitsymptom „Schmerz" umfassende somatoforme Störungen eingegangen werden, die Somatisierungsstörung und die anhaltende somatoforme Schmerzstörung.

Die Somatisierungsstörung ist gekennzeichnet durch ein anhaltendes Muster von multiplen, wiederkehrenden und häufig wechselnden körperlichen Symptomen, für die keine medizinische Ursache trotz wiederholt durchgeführter Untersuchungen gefunden wurde. Die diagnostischen Kriterien der ICD-10 (Remschmidt et al. 2001) fordern das Vorhandensein von mindestens sechs Symptomen aus mindestens zwei verschiedenen Gruppen und insgesamt vier Symptombereichen (gastrointestinale, kardio-

Somatisierungsstörung

vaskuläre, urogenitale sowie Haut- und Schmerzsymptome). Eine lang anhaltende Vorgeschichte der Symptomatik von mindestens zwei Jahren, mehrfach durchgeführte ärztliche Konsultationen sowie die Nichtakzeptanz, dass keine ausreichende körperliche Ursache für die Beschwerden vorliegt, sind weitere Hauptkriterien dieser Störung.

Die Diagnose einer undifferenzierten Somatisierungsstörung wird vergeben, wenn die Zeitdauer (mindestens sechs Monate), die Symptomvielfalt und die Häufigkeit der Arztbesuche nicht das Ausmaß einer Somatisierungsstörung annehmen.

anhaltende somatoforme Schmerzstörung

Diese ist definiert durch die Beschwerden des Patienten über andauernde, schwere und quälende Schmerzen, die nicht oder zumindest nicht in ihrer Intensität durch einen physiologischen Prozess oder eine körperliche Störung erklärt werden können. Die ICD-10-Klassifikation vergibt die Diagnose für eine Schmerzstörung nur bei einer über sechs Monate anhaltenden Schmerzsymptomatik. Dagegen unterscheidet das DSM-IV einen akuten Typus (Dauer der Symptomatik unter sechs Monaten) und einen chronischen Typus (länger als sechs Monate). Weiterhin nimmt das DSM-IV eine Subtypisierung der Schmerzstörung (307.80) vor: die Schmerzstörung in Verbindung mit psychischen Faktoren (307.80), bei der psychischen Faktoren eine wichtige Rolle in der Exazerbation und Aufrechterhaltung der Schmerzen zugeschrieben wird und eine weitere Form (307.89, Schmerzstörung und Verbindung mit sowohl psychischen Faktoren wie einem medizinischen Krankheitsfaktor), bei der die Schmerzsymptomatik als Folge sowohl psychischer als auch medizinischer Krankheitsfaktoren angesehen wird.

B Die zehnjährige Lisa stellt sich zusammen mit der Mutter in der Ambulanz der kinder- und jugendpsychiatrischen Klinik vor. Die Mutter berichtet, sie seien von der Kinderklinik geschickt worden, dort sei ihre Tochter vor wenigen Tagen nach dreiwöchigem stationären Aufenthalt entlassen worden. Man habe dort keine organische Ursache gefunden, obwohl die Ärzte intensiv gesucht hätten. Es sei u.a. ein EEG und eine Kernspintomographie vom Kopf gemacht worden, auch eine Nervenwasserentnahme und verschiedene Blutuntersuchungen hätten nichts ergeben. Die Mutter sagt, sie selbst sei jetzt ratlos, wisse nicht mehr weiter. Sie glaube nicht, dass die Ärzte hier ihrer Tochter helfen könnten. Sie komme nur, weil es die Kinderärzte gesagt hätten und sie auch nicht mehr wisse, was sie tun könne.

Zur Anamnese berichtet die Mutter, seit sechs Monaten habe Lisa massivste Kopfschmerzen, die im Anschluss an einen Virusinfekt aufgetreten seien. Lisa berichtet auf Befragen, der Schmerz sei in der hinteren Scheitelgegend im Bereich der Mittellinie, habe drückenden oder dröhnenden Charakter, sei ununterbrochen da. Es habe seit sechs Monaten keine Zeiten ohne Schmerzen gegeben. Der Schmerz nehme bei körperlicher oder geistiger Anstrengung zu, werde besser im Liegen, die Schmerzstärke auf einer Skala von eins bis zehn gibt Lisa mit sieben bis zehn an. Licht- und Lärmempfindlichkeit werden verneint. Lisa sagt, sie könne sich wegen des Schmerzes nur ganz langsam bewegen. Seit sechs Monaten habe sie die Schule nicht mehr besucht, sie gehe nicht mehr nach draußen, sitze häufig einfach nur da. Ihre Stimmung sei meistens sehr gedrückt; die Mutter beschreibt, Lisa sei früher ein fröhliches und lebhaftes Kind gewesen.

Als medikamentöse Therapie hätten sie bisher ASS und Paracetamol versucht. Aspirin habe Lisa etwa zweimal zu Beginn der Symptomatik genommen, Lisa berichtet, die Schmerzen wären danach „weggehauen" gewesen, das sei nicht so gut gewesen, sie hätte es dann nicht mehr genommen. Paracetamol vermindere die Schmerzstärke nicht, sie habe aber dennoch das Gefühl, dass es ihr danach etwas besser gehe, nehme deswegen mittlerweile etwa drei- bis viermal pro Woche eine solche Tablette. Akupunktur habe Lisa vor drei Monaten mehrmals bekommen. Das hätte die Schmerzen jeweils für etwa zwei Tage gebessert. Sie hätten jedoch mit Akupunktur wieder aufgehört, weil sie das Gefühl gehabt hätten, dass keine durchgreifende Besserung erzielt werden könne. Homöopathische Tropfen hätten keinen Erfolg gebracht.

Zwei Wochen vor Beginn der Symptomatik habe Lisa auf Initiative der Mutter trotz bestehender Realschulempfehlung in die fünfte Klasse des örtlichen Gymnasiums gewechselt. Die Mutter berichtet, sie habe sich mit der Empfehlung nicht abfinden können. Das habe möglicherweise mit ihrer eigenen Geschichte zu tun, sie sei von ihrer Mutter auch zuerst auf das Gymnasium geschickt worden. Lisa's Freundinnen seien auf andere Schulen gegangen, sie habe in der neuen Klasse jedoch schnell Anschluss gefunden. Lisa habe in den ersten zwei Wochen Angst vor der Mathematiklehrerin geäußert und sonntags sehr geweint, weil sie Montag nicht in die Schule wollte.

Weitere Beschwerden werden von Lisa und ihrer Mutter im ambulanten Erstgespräch verneint. Im Überweisungsbrief der Kinderklinik wird berichtet, seit etwa sechs Monaten bestünden multiple somatische Beschwerden wie Rückenschmerzen, Schwindel, Bauchschmerzen und Übelkeit.

2.4 Schmerz bei organischen Erkrankungen im Kindesalter

Auch somatische Erkrankungen können mit nicht unerheblichen Schmerzen einhergehen, die durch die Erkrankung selbst oder/und durch diagnostische und therapeutische Prozeduren verursacht sein können.

Schmerzen bei Patienten in der Onkologie: Schmerzen können durch den Tumor selbst verursacht werden, wenn er Schaden in Körperstrukturen wie Knochen, Gelenken, Muskeln oder Organen hervorruft. Die Infiltration des Knochenmarks mit Tumorzellen führt beispielsweise zu in der Lokalisation wechselnden, andauernden, dumpfen und sehr unangenehmen Schmerzen. Bei Säuglingen manifestieren sich Schmerzen häufig als Reizbarkeit, gestörtes Essverhalten, Schlafstörungen oder andere Verhaltensänderungen. Auch Nerven oder Nervengeflechte können durch den Tumor geschädigt werden und so „neurogene" Schmerzen hervorrufen. Nervenstrukturen können jedoch auch durch Therapiemaßnahmen geschädigt werden und in der Folge Schmerz verursachen, z.B. nach Bestrahlungen oder als Phantomschmerzen nach Amputationen. Auch durch Chemotherapie verursachte Schleimhautläsionen können sehr schmerzhaft sein. Kurz dauernde Schmerzen haben Patienten in der pädiatrischen Onkologie häufig zu erleiden: z.B. durch Venen-, Knochenmarks- oder Lumbalpunktionen.

Organische Ursachen sind jedoch auch in der Onkologie häufig nur für einen kleinen Teil der erlebten Schmerzen verantwortlich: Persönliche Verhältnisse, momentane Verfassung, auf die Behandlung und die Zukunft bezogene Ängste sowie nicht zuletzt das Verhalten des sozialen Umfelds haben einen entscheidenden Einfluss auf Schmerzschwelle, -empfindung und -bewältigung.

Schmerzen bei juveniler chronischer Arthritis: Bei der rheumatoiden Arthritis kommt es durch schubweise verlaufende entzündliche Autoimmunprozesse zu einer chronisch fortschreitenden Knochen- und Knorpeldestruktion der Gelenke. Sowohl die chronisch degenerativen als auch die entzündlichen Veränderungen führen über bestimmte Mediatoren zur Aktivierung bzw. gesteigerten Sensibilisierung schmerzleitender Nervenendigungen in Gelenk, Sehnen, Bändern sowie der Knochenhaut. Bei betroffenen Kindern wird der Schmerz oft unterschätzt – vielleicht mitbedingt durch die Tatsache, dass Kinder mit rheumatoider Arthritis oft weniger über Schmerzen klagen als Erwachsene. Je jünger sie sind, umso stärker überwiegen nonverbale Schmerzäußerungen, insbesondere kommt es zu Schonhaltungen und abnormen Bewegungsmustern. Schonung und Bewegungsvermeidung werden von Eltern manchmal als Bequemlichkeit missdeutet.

Aus harmlos anmutenden Schonhaltungen können sich bei anhaltender Arthritis Fehlstellungen mit der Gefahr bleibender Deformitäten und Behinderungen entwickeln. Sind mehrere Gelenke betroffen, können die Kinder Bewegungseinschränkungen nur noch ungenügend durch Nachbargelenke ausgleichen. Dadurch verlieren sie oft erheblich an Bewegungsmöglichkeiten und Mobilität. Als Extremform kann es zu einem stark verlangsamten, roboterhaften Bewegungsbild kommen, das die soziale Integration des Kindes in die Peergroup erheblich beeinträchtigen kann. Über die Änderung der Bewegungsmöglichkeiten wird die Kommunikation mit der Umgebung gestört, bei frühem Erkrankungsbeginn können damit die gesamte motorische und psychosoziale Entwicklung gefährdet sein (Truckenbrodt/von Altenbockum 1994).

Postoperativer Schmerz: Nach chirurgischen Eingriffen klagt ein Großteil der Patienten über unzureichend behandelte Schmerzen, das gilt auch für Kinder. Eine schwedische Studie zeigte, dass etwa 25 % der Kinder postoperativ mittelstarke oder starke Schmerzen erleiden und dass v. a. Angst der Kinder und ihrer Eltern zu einer ineffektiven Schmerzbehandlung beiträgt (Karling et al. 2002). Ein Meilenstein der Schmerzforschung war die Erkenntnis, dass schon Feten, aber auf jeden Fall Säuglinge und Kinder Schmerzen empfinden können. Dies hat zu einer deutlichen Verbesserung der kindlichen Schmerztherapie geführt. Auch die Schmerzdiagnostik für Kinder aller Altersgruppen hat sich wesentlich verbessert. Trotzdem ist vielerorts die postoperative Schmerzmessung und -therapie bei Kindern noch verbesserungsfähig: Drei von vier befragten deutschen Anästhesisten sehen hier noch Entwicklungsbedarf (Bremerich et al.

2001). Postoperative Schmerztherapie sollte dabei drei Grundprinzipien genügen (Lehn 1994):

1. Interventionen sollten schon vor dem Eingriff beginnen, um die Entstehung postoperativer Schmerzen zu minimieren.
2. Postoperative Schmerzen sollten immer systematisch erfasst und als Teil der postoperativen Überwachung dokumentiert werden.
3. Pharmakologische Maßnahmen sollten im Mittelpunkt der postoperativen Schmerztherapie stehen, können jedoch durch Kombination mit nichtmedikamentösen Methoden ggf. verbessert werden.

Kindgerechte Schmerztherapie kann z.B. durch die Verabreichung von Medikamenten in Form von Lutschern oder die Verwendung von Lokalanästhetika vor Punktionen erfolgen.

Schmerzen bei Brandverletzungen: Brandverletzungen rufen ausgesprochen starke Schmerzen hervor, die von der Verletzung an bis zur Wundheilung eine enorme Belastung für das betroffene Kind darstellen. Pflegerische Maßnahmen wie Nekrosenabtragung oder Verbandswechsel rufen zusätzliche Schmerzspitzen hervor. Vor allem jüngere Kinder erleben schmerzhafte Behandlungsmaßnahmen oft als Angriff oder als Bestrafung für ihr Verhalten. Daher ist eine suffiziente Schmerztherapie (auch hier im Wesentlichen medikamentös) die Voraussetzung für ein tragfähiges Arbeits- und Behandlungsbündnis mit dem Kind.

3 Epidemiologie

Etwa eine Million Kinder in Deutschland leiden unter chronischen oder rezidivierenden Schmerzen (Kropp 2004). Größere epidemiologische Studien gehen von einer Prävalenz von mindestens 15 % aus (Goodman/McGrath 1991).

3.1 Kopfschmerzen im Kindes- und Jugendalter

3.1.1 Gelegentliche und häufige Kopfschmerzen

Kopfschmerzen gehören zu den häufigsten körperlichen Beschwerden im Schulalter und werden von Eltern, Lehrern und Ärzten oft unterschätzt. Sie sind im Kindes- und Jugendalter meist „primär", d. h. ohne zugrunde liegende Erkrankungen wie Kopftraumen, Missbildungen etc., und gehören fast immer zum Formenkreis der Migräne oder der Spannungskopfschmerzen.

80 bis 90 % aller Schulkinder kennen das Symptom (Pothmann et al. 1994), das sind doppelt so viele wie in den 60er und 70er Jahren (Bille 1962; Sillanpää 1976). Eine epidemiologische Studie an knapp 2.000 schwedischen Schulkindern ergab für die beiden Hauptformen Migräne mit 11 % und Spannungskopfschmerzen mit 9,8 % ähnliche Prävalenzraten. Unter Zugrundelegung der neuen IHS-Kriterien erhöht sich die Prävalenz für Migräne auf 17 % und für Spannungskopfschmerz auf 23 % (Laurell et al. 2004).

Auch wiederkehrender oder konstanter – und damit potentiell behandlungsbedürftiger – Kopfschmerz hat zugenommen und findet sich schon bei ca. 8 % der Einschulungskinder (Sillanpää/Anttila 1996; Haffner et al. 1998). Während der Grundschulzeit steigt die Kopfschmerzprävalenz stark an, so dass die Schule als wesentlicher Einflussfaktor angesehen werden muss. Neuere epidemiologische Untersuchungen ergeben alarmierende Zahlen: 26,6 % von über 2.000 kanadischen 12- bis 13-Jährigen geben an, wöchentlich oder öfter unter Kopfschmerzen zu leiden (Gordon et al. 2004). Die Zahlen liegen damit noch leicht höher als in einer ebenso großen isländischen Stichprobe aus den frühen 90ern, bei denen eine mindestens wöchentliche Kopfschmerzhäufigkeit von 21,9% der 11- bis 12- sowie 15- bis 16-Jährigen angegeben wurde (Kristjansdottir/Wahlberg 1993).

Das Manifestationsalter insbesondere von Migräne, aber auch von Kopfschmerzen vom Spannungstyp ist in den letzten Jahrzehnten gesunken. Der Gipfel der Inzidenz liegt jetzt in der frühen bis mittleren Pubertät. Das mittlere Alter bei Erkrankungsbeginn ist bei Jungen mit etwa sieben Jahren früher als bei Mädchen (mit etwa 10 Jahren; Lewis 2004). Bei beiden Geschlechtern steigen die Prävalenzraten bis zum elften Lebensjahr an, danach gibt es einen weiteren Anstieg nur für die Mädchen (Laurell et al. 2004). Vor der Pubertät sind geringfügig mehr Jungen als Mädchen betroffen, von der Pubertät an deutlich häufiger das weibliche Geschlecht.

3.1.2 „Chronische" Kopfschmerzen

Als „chronisch" werden Kopfschmerzen von der IHS definiert, wenn sie an mehr als 15 Tagen pro Monat über mindestens drei Monate aufgetreten sind. In der neuen IHS-Klassifikation von 2004 gibt es sowohl „chronische" Spannungskopfschmerzen als auch „chronische" Migräne. Die chronische Migräne ist in den allermeisten Fällen eine Komplikation einer „einfachen" Migräne ohne Aura. Bei fast täglichen Kopfschmerzen zeigen die betroffenen Kinder fast immer eine psychiatrische Komorbidität, unabhängig davon, ob es sich um Spannungskopfschmerzen oder Migräne handelt. Die Prävalenz der im Sinne der IHS-Definition „chronischen", d.h. täglichen oder fast täglichen Kopfschmerzen bei Kindern und Jugendlichen ist noch nicht gut untersucht, da seit der Einführung der neuen IHS-Kriterien noch wenig Zeit für Studien war.

Chronischer, täglicher Kopfschmerz hat im Erwachsenenalter eine Prävalenz von 4 bis 5%. Davon ist etwa jeweils die Hälfte als chronische Migräne bzw. Spannungskopfschmerz zu klassifizieren (Kavuk et al. 2003). Bei Kindern scheint chronischer Kopfschmerz seltener zu sein, jedoch fehlen epidemiologische Studien. Angaben zur Häufigkeit in klinischen Populationen (Patienten von Kopfschmerz- oder neuropädiatrischen Ambulanzen) liegen zwischen 3 und 35% (Abu-Arafeh 2001; Moore/Shevell 2004). Chronischer Kopfschmerz bei Kindern ist meist migräneassoziiert (Hershey 2003). Mädchen scheinen mindestens dreimal häufiger als Jungen betroffen zu sein (Esposito/

Gherpelli 2004; Moore/Shevell 2004). Inwieweit Schmerzmittelabusus bei chronischem Kopfschmerz im Kindesalter eine Rolle spielt – wie bei Erwachsenen sehr häufig –, ist in der Literatur umstritten (Galli et al. 2004; Moore/Shevell 2004).

Sicherheitshalber sollte bei Kindern mit chronischem Kopfschmerz darauf geachtet werden, dass sie nicht an mehr als acht bis zehn Tagen pro Monat Analgetika einnehmen, um der Entwicklung von medikamenteninduzierten Kopfschmerzen vorzubeugen.

Die durchschnittliche Zeitspanne, während der sich aus episodischen Kopfschmerzen „chronische", (fast) tägliche Kopfschmerzen entwickeln, ist erstaunlich kurz und liegt im Schulalter bei etwa 1,4 Jahren. Bei etwa der Hälfte der Kinder finden sich während dieser Zeit psychosoziale Stressoren (Esposito/ Gherpelli 2004). So sind z. B. körperliche Misshandlungen und Scheidung der Eltern bei diesen Kindern häufiger (Juang et al. 2004).

3.1.3 Psychiatrische Komorbidität bei Kopfschmerzen

In der ersten Kopfschmerzklassifikation der IHS von 1988 findet das Zusammenspiel von Kopfschmerzen und psychischen Symptomen kaum Erwähnung (nur als potentielle „Ursachen" für Spannungskopfschmerzen werden Faktoren wie psychosozialer Stress, Angststörungen und Depression genannt). Dagegen wird in der revidierten Fassung betont, dass eine relevante psychiatrische Komorbidität bei primären Kopfschmerzen besteht; auch sind „Kopfschmerzen bei psychiatrischen Erkrankungen" als eigene Kategorie aufgenommen worden (IHS 2004).

Eine erhöhte psychiatrische Komorbidität ist bei erwachsenen Patienten mit Migräne seit längerem bekannt, besonders und sehr klar mit Depression und Angststörungen (v. a. Panikstörung und Phobien), ferner mit Suizidversuchen, affektiven Erkrankungen und Substanzmissbrauch. Zusammenhänge scheinen für Migräne mit Aura jeweils stärker zu sein als für Migräne ohne Aura (Radat/Swendsen 2005).

Kasten 8: Psychiatrische Komorbidität bei Migräne

Drei basale Mechanismen von Komorbidität werden diskutiert:

1. Die psychische Erkrankung ist eine Ursache für die Entwicklung von Migräne.
2. Migräne ist eine Ursache für die Entwicklung von psychischen Erkrankungen (möglicherweise kann chronischer Schmerz dabei zu erhöhter Ängstlichkeit und dem Gefühl von Kontrollverlust führen und so psychische Störungen wahrscheinlicher machen).
3. Ein gemeinsamer zugrunde liegender Faktor erklärt beide zugleich bestehenden Störungen (z. B. gemeinsamer genetischer Faktor, der den Neurotransmitterstoffwechsel beeinflusst).

Zwischen Migräne und Depression besteht dabei wahrscheinlich eine bidirektionale Beziehung. Jede der beiden Erkrankungen erhöht die Auftretenswahrscheinlichkeit der anderen (Breslau/Davis 1993). Ebenfalls eine bidirektionale Beziehung scheint zwischen Migräne und Panikstörungen zu bestehen. Der genaue Zusammenhang ist bisher noch unklar, als gemeinsame biologische Prädisposition kommen Veränderungen des serotoninergen Systems in Frage (Glover et al. 1993). Allein für phobische Störungen ergibt sich ein etwas anderes Bild mit einer eher unidirektionalen Beziehung: Phobische Störungen erhöhen das Risiko einer Migräne, aber nicht umgekehrt. Insgesamt scheint das Ausmaß der psychiatrischen Komorbidität bei Migräne und Spannungskopfschmerz ähnlich groß zu sein (Radat/Swendsen 2005).

Im Kindesalter unterscheiden sich die Kopfschmerzsubtypen nur wenig hinsichtlich der beobachteten Komorbidität – mit zwei Ausnahmen: (i) ein sehr deutlicher Zusammenhang besteht zwischen Migräne und Angststörungen, (ii) chronischer Kopfschmerz vom Spannungstyp ist schon im frühen Kindesalter durch eine erhöhte (fast 100 %ige!) psychiatrische Komorbidität gekennzeichnet und persistiert häufiger in das Erwachsenenalter (Guidetti/Galli 1998; Guidetti et al. 1998). Entscheidend für die psychiatrische Komorbidität ist dabei wahrscheinlich die beinahe tägliche Kopfschmerzfrequenz und nicht die Kopfschmerzdiagnose, denn auch bei der neu in die IHS-Klassifikation aufgenommenen Kategorie der „chronischen Migräne" finden sich in fast allen Fällen psychische Probleme. Dabei kann der chronische Kopfschmerz sowohl Ursache als auch Ausdruck oder Folge einer Depression sein.

Kopfschmerzen sind im Kindes- und Jugendalter häufig mit den jeweils „geschlechtstypischen" psychiatrischen Störungen assoziiert, d. h. mit Depression und Angststörungen bei Mädchen und mit Verhaltensstörungen bei Jungen (Egger et al. 1998). Psychiatrische Komorbidität betrifft dabei etwa jeden zweiten Patienten von Kopfschmerzambulanzen. Die Angaben in der Literatur reichen von 30 % klinisch relevanten emotionalen Problemen und Verhaltensstörungen (Just et al. 2003) über 60 % Komorbidität – davon ein Drittel mit multiplen Störungen – (Guidetti et al. 1998) bis zu mehr als 80 % psychiatrischen Diagnosen (Liakopoulou-Kairis et al. 2002) in Inanspruchnahmepopulationen. Sicher ist, dass Wahrscheinlichkeit und Schwere der psychiatrischen Komorbidität mit steigender Kopfschmerzfrequenz zunehmen. Kopfschmerzen von einmal wöchentlich oder häufiger sind bei 12- bis 13-Jährigen nicht nur assoziiert mit Symptomen von Depression oder Angst, sondern auch mit Suizidgedanken, negativem Selbstbild, dem Gefühl, von den Eltern zurückgewiesen zu werden, Diätversuchen und dem Probieren von Zigaretten oder Alkohol (Gordon et al. 2004).

Kinder mit Kopfschmerzen entwickeln häufiger „Schulstörungen" (Hockaday 1988). Umgekehrt findet sich bei überproportional vielen Patienten mit einer Schulverweigerung (Schulangst oder Schulphobie) eine Kopfschmerzstörung mit vermehrten Fehltagen bei Symptombeginn. Möglicherweise dient der primäre Kopfschmerz als Modell für „schulvermeidende" körperliche Beschwerden. Bei 25 bis 40 % der Kinder mit Migräne treten Schlafstörungen auf (Lewis et al. 2004).

Schulstörungen

Kopfschmerzen sind oft mit einer generellen Somatisierungsneigung vergesellschaftet. Dabei steigt die Wahrscheinlichkeit für psychiatrische Komorbidität mit der Anzahl der Körperbeschwerden an: So ist bei Mädchen mit Kopfschmerzen die Prävalenz einer Angststörung um das 2,6fache erhöht, bei Vorliegen von Kopf- und Bauchschmerzen um das 100fache (Egger et al. 1999).

Somatoforme Beschwerden können (insbesondere bei älteren Jugendlichen und jungen Erwachsenen) auf familiäre Konflikte, elterliche emotionale Vernachlässigung sowie körperlichen und sexuellen Missbrauch hinweisen (Brunner et al. 1994).

Auch rezidivierende Bauchschmerzen haben eine typische

Komorbidität: Viele betroffene Kinder erfüllen die Kriterien für eine psychiatrische Diagnose, am häufigsten für Angststörungen (mehr als 75 %) oder Depression (mehr als 40 %). Außerdem findet sich der Temperamentsfaktor „Schadensvermeidung" häufiger (Campo et al. 2004). Die Angststörung imponiert sehr häufig als Trennungsangst (Wasserman et al. 1988). Im Screening mit verschiedenen Symptomfragebögen zeigen Kinder mit rezidivierenden Bauchschmerzen ein ganz ähnliches Profil wie Kinder mit Angststörungen, so dass auch therapeutisch ein Vorgehen ähnlich wie bei einer kindlichen Angststörung sinnvoll erscheint (Dorn et al. 2003). In manchen Fällen entwickelt sich auf dem Boden dieser organischen Beschwerden eine somatoforme Störung.

Familie und Somatisierung

Die Neigung zur Somatisierung hat eine ausgeprägte familiäre Komponente. Das „somatisierende" Kind teilt gewöhnlich eine ganze Reihe seiner Symptome mit Familienmitgliedern (Apley 1975), und die Eltern leiden häufiger unter psychosomatischen Krankheiten. Dabei scheint diese Reaktion eher erlernt als genetisch vermittelt zu sein (Torgersen 1986), so dass man von „Somatisierung als Familienstil" sprechen kann. Körperlichen Symptomen kommt dabei eine kommunikative Funktion zu, diese Art von „Körper-Sprache" oder „Bitte um Hilfe" (Maisami/Freeman 1987) erhält dabei möglicherweise die Funktionsfähigkeit der Familie und vermeidet Konflikte (Mullins/Olson 1990). Eltern von Kindern mit multiplen körperlichen Symptomen neigen zu Überbehütung und Trennungsängstlichkeit (Lehmkuhl et al. 1989). Die Familien werden als weniger unterstützend, weniger zusammenhängend und weniger anpassungsfähig beschrieben, häufig finden sich Partnerschaftskonflikte (Mullins/Olson 1990). Kinder mit chronischem Spannungskopfschmerz haben weniger Freundschaften zu Gleichaltrigen als Gesunde, die Eltern sind häufiger geschieden (Karwautz et al. 1999). Mütter von Kindern mit rekurrierenden Kopfschmerzen drücken gegenüber ihren Kindern v. a. negative Emotionen stärker aus und sind eher emotional überinvolviert als Mütter gesunder Kinder. Dabei kann dies auch eine Reaktion auf die Kopfschmerzerkrankung darstellen (Liakopoulou-Kairis et al. 2002).

Über soziale und kulturelle Faktoren, die die Ausbildung körperlicher Beschwerden fördern, weiß man bisher noch wenig. Somatisierung scheint etwas häufiger in Familien mit niedrigem sozioökonomischen Status aufzutreten (Steinhausen et al. 1989).

Insgesamt findet sich bei Kopfschmerzen im Kindes- und Jugendalter eine deutliche psychiatrische Komorbidität bei etwa jedem zweiten Patienten einer Kopfschmerzambulanz. Umgekehrt finden sich Kopfschmerzen und andere somatische Beschwerden bei mehr als einem Drittel der kinder- und jugendpsychiatrischen Patienten als Begleiterscheinung (Livingston et al. 1988). Es ist daher unbedingt zu empfehlen, bei Kindern und Jugendlichen mit Kopfschmerzen nach einer eventuell bestehenden psychiatrischen Komorbidität zu suchen und diese in ein Gesamttherapiekonzept einzubeziehen. Umgekehrt sollten auch die als „Begleiterscheinungen" auftretenden Kopfschmerzen bei kinder- und jugendpsychiatrischen Patienten angemessen diagnostiziert und therapiert werden.

3.2 Rezidivierende kindliche Bauchschmerzen

Etwa 10 bis 25 % der Kinder zwischen 4 und 16 Jahren leiden unter rezidivierenden Bauchschmerzen. Ähnlich wie bei den Kopfschmerzen ist das Geschlechterverhältnis in der frühen Kindheit ausgeglichen, ab dem Alter von etwa neun Jahren an sind Mädchen häufiger betroffen (Apley/Naish 1958; Faull/Nicol 1986; Boey et al. 2003). Die Häufigkeit abdomineller Beschwerden scheint dabei mit zunehmendem Alter nicht ab-, sondern zuzunehmen. Dabei werden „kindliche" Bauchschmerzen womöglich durch „erwachsentypischere" Beschwerden wie Reizdarmsyndrome ersetzt. In einer Untersuchung einer nordamerikanischen Schulstichprobe gaben 13 % der Siebtklässler, aber schon 17 % der Zehntklässler wöchentliche Bauchschmerzen an, die Kriterien für ein Reizdarmsyndrom wurden signifikant häufiger von den Älteren erfüllt. Etwa 8 % aller befragten Jugendlichen hatten wegen der abdominellen Beschwerden im vorangehenden Jahr einen Arzt konsultiert (Hyams et al. 1996).

3.3 Muskel, Rücken- und Gelenkschmerzen

In der Altersgruppe zwischen acht und zwölf Jahren leiden zwischen 11 und 30 % der Kinder an Rückenschmerzen – eine sehr hohe Zahl für eine Altersgruppe, in der es praktisch noch keine degenerativen Schäden gibt. Bei den meisten dieser Kinder rezidivieren diese Schmerzen. Berichten nach geben zwei Drittel der Kinder zwischen 11 und 16 Jahren sogar an, dass sie mindestens einmal monatlich unspezifische Muskelschmerzen haben, 40 % sogar wöchentlich. In den meisten Fällen gibt es keine organische Ursache (Kropp 2004).

3.4 Somatoforme Störungen

Zahlreiche Untersuchungen der allgemein medizinischen Versorgung weisen auf hohe, zum Teil verdeckte Prävalenzraten somatoformer Störungen nicht nur bei Erwachsenen, sondern auch bei Kindern und Jugendlichen hin. Betroffene Erwachsene berichten retrospektiv sehr oft einen Störungsbeginn vor dem 20. Lebensjahr. Die Störung wird also – besonders bei Kindern und Jugendlichen – immer noch viel zu selten diagnostiziert.

Eine hohe Chronifizierungsneigung führt zusammen mit einem störungsspezifischen Krankheitsverhalten der Betroffenen (und ihrer elterlichen Bezugspersonen) zu einer wiederholt inadäquaten Inanspruchnahme medizinischer Dienste. Diese verursacht nicht nur hohe Kosten, sondern kann nicht selten auch mit iatrogenen Schädigungen einhergehen. Die mangelnde Krankheitseinsicht und die schwierige Arzt-Patient-Beziehung erschweren eine adäquate Diagnostik und Einleitung fachspezifischer Behandlungen. Somatoforme Störungen weisen eine ausgeprägte Komorbidität mit Depressionen und Angststörungen auf. Für vorübergehende somatoforme Beschwerden können Belastungen wie entwicklungsspezifische Schwellensituationen (Trennung, Schulbeginn etc.) ätiologisch bedeutsam sein. Schwerwiegende und überdauernde Störungen sind häufig begleitet von ausgeprägten, akut aufgetretenen oder chronifizierten, belastenden Lebenserfahrungen.

Somatisierungsstörungen, somatoforme Beschwerden und somatoforme Schmerzstörungen werden in der wissenschaftlichen Literatur und Studien meist weder voneinander getrennt noch exakt definiert und klassifiziert. Somit ist eine exakte Beschreibung der epidemiologischen Verteilung dieser Störungen nur sehr eingeschränkt möglich. Im Kindes- und Jugendalter dominieren somatoforme Beschwerden, die weder die kategoriale Zuordnung zu einer Somatisierungsstörung noch zu einer anhaltenden somatoformen Schmerzstörung erreichen.

Eine Untersuchung an einer bevölkerungsrepräsentativen Stichprobe von 14- bis 24-Jährigen in der Bundesrepublik ergab eine Prävalenzrate von 2,7 % nach den im DSM-IV operationalisierten Kriterien einer somatoformen Störung (Lieb et al. 1998).

Als häufigste somatoforme Störung wurde die anhaltende Schmerzstörung (F45.4) ermittelt. Unterschwellige Störungsbilder lagen zu etwa 11 % vor. Die Somatisierungsstörung als kategoriale Diagnose nach ICD-10 bzw. DSM-IV liegt sehr selten bei Jugendlichen und noch seltener bei präpubertären Kindern vor (Offord et al. 1987). Untersuchungen bei Kindern im Schulalter wiesen eine Prävalenz von ca. 1 % auf. Die seltene Diagnosestellung ist vermutlich Ausdruck von für das Kindesalter unzureichend spezifischen diagnostischen Kriterien (Fritz et al. 1997).

Im Kindes- und Jugendalter dominieren v. a. Kopf- und Bauchschmerzen, Übelkeit, Muskel- und Gliederschmerzen („Wachstumsbeschwerden"), Rückenschmerzen sowie Müdigkeit und Erschöpfung. Dabei handelt es sich um Symptome, die fast alle Kinder irgendwann einmal erleben, z. B. bei Infekten, schulischen Belastungen oder psychischen Schwierigkeiten. Bei einem bedeutenden Teil der Kinder kehren einzelne Beschwerden oder Symptomkombinationen jedoch immer wieder oder persistieren ständig und werden so zu einem gesundheitlichen Problem. Auf die Häufigkeit von Kopf- und Bauchschmerzen wurde bereits eingegangen. Ab der Pubertät klagen Mädchen häufiger über körperliche Beschwerden als Jungen, diese Differenz setzt sich ins Erwachsenenalter hinein fort. Bei 10 bis 15 % der Kinder und Jugendlichen treten verschiedene körperliche Beschwerden gemeinsam täglich oder beinahe täglich auf (so genannte „Somatisierer"; Garrick et al. 1988).

3.5 Sozioökonomische Aspekte

Alarmierend sind die sozioökonomischen Folgen rezidivierender Schmerzen, die ebenfalls oft unterschätzt werden. Im Erwachsenenalter gibt es zu Rückenschmerzen, die in diesem Lebensalter eine sehr häufige Schmerzart darstellen, umfangreiche Untersuchungen. Sie konnten zeigen, dass hohe direkte und indirekte Kosten sowie Verschlechterung der Lebensqualität Rückenschmerzen auch zu einem sozioökonomisch wichtigen Problem machen.

Unter direkten Kosten versteht man Kosten, die durch Inanspruchnahme medizinischer Dienste zustande kommen (Arztkosten, diagnostische Maßnahmen, Medikamente etc.). Indirekte Kosten entstehen durch Arbeitsausfall (z. B. Arbeitsunfähigkeit, Frühberentung). Wirtschaft, Gesundheitssystem und Staat wer-

direkte und indirekte Kosten

den dabei in nicht unerheblichem Maß durch indirekte Kosten wie Arbeitsunfähigkeit oder Frühberentung belastet.

Kinder mit rezidivierenden Schmerzen bedingen ebenfalls nicht unerhebliche direkte Kosten. Indirekte Kosten können sie jedoch nur auf Umwegen hervorrufen, nämlich durch Arbeitsabwesenheit der sie betreuenden Eltern (v. a. bei jüngeren Kindern) sowie durch Chronifizierung der Schmerzerkrankung ins Erwachsenenalter hinein mit dann konsekutiven direkten und indirekten Kosten. Letzteres ist durch die lange potentielle Erwerbstätigkeit (und Lebenszeit mit möglicherweise deutlich verminderter Lebensqualität) als äußerst relevant anzusehen. Es unterstreicht die Forderung, dass im Kindesalter rezidivierende Schmerzerkrankungen nach „allen Regeln der Kunst" behandelt werden sollten, um einer Schmerzchronifizierung in das Erwachsenenalter hinein vorzubeugen.

Schulausfall

Alarmierend sind die relativ hohen Schulausfallzeiten bei Kindern mit chronischen Schmerzen. Hier besteht die Gefahr, dass sich sekundär eine schulvermeidende Symptomatik entwickelt und die Kinder hinter ihrem eigentlichen Leistungsvermögen zurückbleiben. Dies kann so weit gehen, dass sie nicht den ihren intellektuellen Fähigkeiten entsprechenden Schulabschluss erreichen können, was seinerseits die Möglichkeiten von Ausbildung und Berufswahl reduziert. Um solche Entwicklungen abzufangen, kann mittel- oder längerfristige Psychotherapie erforderlich sein. Nicht selten sind zusätzlich Maßnahmen der Jugendhilfe notwendig (z. B. aufsuchende Familienhilfe, teil- oder sogar vollstationäre Jugendhilfemaßnahme über Jahre). Abgesehen von den Folgen für die betroffenen Kinder und ihre Familien entstehen hierdurch auch Kosten in erheblichem Ausmaß.

Beeinträchtigung durch Migräne

Recht gut dokumentiert sind die sozioökonomischen Folgen einer Migräneerkrankung: Die Weltgesundheitsorganisation (WHO) hat kürzlich Migräne in einer Reihe mit Querschnittslähmung, Psychose und Demenz als eine der am meisten beeinträchtigenden chronischen Erkrankungen gewertet (Menken et al. 2000). Bei Kindern und Jugendlichen, die wegen Migräne eine Kopfschmerzambulanz aufsuchten, war die Lebensqualität ähnlich stark beeinträchtigt wie bei Kindern mit Krebs oder rheumatoider Arthritis. Die Lebensqualität sinkt dabei mit der Häufigkeit der Kopfschmerzen (Powers et al. 2003).

Frühzeitige Diagnose der Kopfschmerzen und suffiziente Therapie sind daher wichtig, nicht nur um den Kindern und Jugendlichen unmittelbare Erleichterung zu verschaffen, sondern auch, weil die Bewältigungsmuster, die in der Jugend entstehen, häufig bis in das Erwachsenenalter beibehalten werden (McGrath/Larsson 1997). Im Erwachsenenalter sind etwa 75 % der Kopfschmerzpatienten ungenügend behandelt, wenn man die Richtlinien der Deutschen Migräne- und Kopfschmerzgesellschaft als Maßstab anlegt; im Kindes- und Jugendalter liegt diese Zahl noch weit höher.

Migräne verursacht erhebliche direkte und indirekte volkswirtschaftliche Kosten: Erstere umfassen Ausgaben für Arzneimittel (bei Migräne ein relevanter Faktor) sowie ambulante und stationäre Behandlung – einschließlich bildgebender Untersuchungen. Indirekte Kosten werden v. a. von erwachsenen Patienten durch Arbeitsunfähigkeit und Produktivitätseinschränkungen bedingt und übersteigen die direkten Kosten um mehr als den Faktor 10 (Neubauer/Ujlaky 2002). Dabei verursacht Migräne durchschnittlich vier Tage Arbeitsausfall pro Jahr. Bei Kindern sind die Ausfallzeiten etwa doppelt so hoch: Migränepatienten versäumen pro Jahr ca. 1,5 Wochen mehr Schule als gesunde Kinder (Abu-Arafeh/Russell 1994) und verursachen zusätzlich Arbeitsausfallzeiten der betreuenden Eltern.

4 Ätiologie und Pathophysiologie

Die Behandlung von Schmerzen stellt ein Sondergebiet der Psychotherapie dar. Die Psychotherapeuten müssen nicht nur über gute Grundkenntnisse der Physiologie und Neurobiologie des Schmerzes verfügen, sondern auch der ätiologischen und pathophysiologischen Modelle der verschiedenen Schmerzerkrankungen sowie der psychologischen und sozialen Dynamik der Schmerzchronifizierung.

4.1 Kopfschmerzen im Kindes- und Jugendalter

Zur Ätiopathogenese primärer Kopfschmerzen gibt es umfangreiche Literatur, wobei es zur Migräne mehr Erkenntnisse gibt als zum Spannungskopfschmerz. Trotzdem sind bezüglich der Pathophysiologie beider Erkrankungen noch viele Fragen ungeklärt. Einige Aspekte dieser Erklärungsmodelle haben Implikationen für die Therapie, auf diese soll im Folgenden besonders eingegangen werden. Sie eignen sich als Einstieg für Beratungsgespräche mit Kindern und Eltern, weil sie eine gute theoretische Grundlage für Einflussmöglichkeiten der Betroffenen selbst darstellen.

4.1.1 Migräne

Migräne ist eine biologische Erkrankung, bei der neurobiologische (z.B. genetische), aber auch psychologische bzw. Verhaltensfaktoren eine bedeutende Rolle spielen. Die Forschung hat sich dabei wesentlich auf den genauen Ablauf und ineinander greifende Prozesse des Migräneanfalls selbst („Pathophysiologie") konzentriert und weniger das komplexe Erkrankungsgeschehen, einschließlich des migränefreien Intervalls, in den Blick genommen.

4.1.1.1 Genetische Prädisposition

Eine genetische Prädisposition für Migräne ist mittlerweile unumstritten. Dafür sprechen Zwillingsstudien (Honkasalo et al. 1995; Haan et al. 1997) sowie die Entdeckung einer Genmutation bei der familiären hemiplegischen Migräne.

familiäre hemiplegische Migräne

Bei dieser speziellen Unterform der Migräne wurden Ende der 90er Jahre aufgrund einer Mutation des Chromosoms 19p13 pathologisch veränderte Kalziumkanäle entdeckt (Ophoff et al. 1997). Mittlerweile konnten mehrere genetische Subtypen charakterisiert werden (IHS 2004):

- Typ 1 weist Mutationen im CACNA1A-Gen auf Chromosom 19 auf. Die klinische Symptomatik manifestiert sich häufig mit Symptomen vom Basilaris-Typ zusätzlich zu Symptomen einer typischen Aura. Während der Attacken können Bewusstseinsstörungen (manchmal bis hin zum Koma), Verwirrung, Fieber sowie eine Zellvermehrung im Nervenwasser (Pleozytose) auftreten. Die Attacken können durch milde Kopftraumen getriggert werden. In etwa der Hälfte der betroffenen Familien tritt unabhängig von den Migräneattacken eine chronische progressive Kleinhirn-Ataxie auf.
- Typ 2 ist durch eine Mutation im ATP1A2-Gen auf Chromosom 1 charakterisiert.

Bei den übrigen Migräneformen handelt es sich mit großer Wahrscheinlichkeit nicht um einen einfachen Erbgang. Dabei stehen u. U. unterschiedliche Gene mit der Aura einerseits und Kopfschmerz und Begleitsymptomen andererseits in Verbindung (Goadsby et al. 2002). Zumindest eine Anfälligkeit (Vulnerabilität) für Migräneattacken scheint vererbt zu werden, wobei der Einfluss genetischer Faktoren bei der Migräne mit Aura größer ist als bei Migräne ohne Aura (Russell et al. 1996).

polygenetischer Erbgang

Tatsächlich haben die meisten Kinder mit Migräne mindestens einen Elternteil, der ebenfalls an Migräne leidet. Dabei wird wahrscheinlich eine Art „Migränebereitschaft" vererbt – im Sinne einer bestimmten Art des Gehirns, auf innere und/oder äußere Reize zu reagieren. Von der Vererbung in der Praxis allerdings nicht zu trennen und ebenfalls von großer Bedeutung sind Verhaltensfaktoren wie z. B. Lernen am Modell der Eltern (s. Kap. 4.1.1.4).

Dass häufig sowohl Kind als auch Eltern von Migräne betroffen sind, hat weit reichende Implikationen für die Beratungspraxis: Die Eltern sind meist sehr interessiert an Informationen und

Interventionen und erfahren oft gleichsam als „Trittbrettfahrer" eine Besserung ihrer eigenen Migräne. Gelingt das, führt dies im Allgemeinen zu einer weiteren Stärkung des Behandlungsbündnisses. Die Eltern sollten also in das therapeutische Vorgehen einbezogen werden; finden die Sitzungen mit dem Kind allein statt, sollte ihnen zumindest genau erklärt werden, welche Art von Interventionen durchgeführt werden. Werden diese den Eltern sogar an Beispielen nicht nur erläutert, sondern möglichst **erfahrbar** gemacht, ist die Chance am größten, dass die ganze Familie profitieren kann. Insbesondere bei jüngeren Kindern kann die Elternberatung wichtiger sein als die Therapie mit dem Kind selbst (s. a. Kap. 7.4.1).

4.1.1.2 Vaskuläre und neurogene Modelle

Die älteren Modelle zur Migräneentstehung fokussierten zumeist auf einen Weg der Entstehung und nehmen eher lineare Ursache-Wirkungs-Beziehungen an. Dabei standen Modelle, die Gefäßveränderungen als ursächlich ansahen, gegen andere, die einen neurogenen Ursprung annahmen:

Vaskuläres Modell: Schon sehr lange besteht die Vorstellung, dass der Ablauf einer Migräne zwei Phasen umfasst: Gefäßverengung und -erweiterung. Wolff hat 1963 die fokal-neurologischen Ausfälle als Symptome der Aura durch Verengung von Hirnarterien erklärt und die anschließende Kopfschmerzphase durch Gefäßerweiterung (Wolff 1963; s. Abb. 1). Dagegen spricht, dass bei Untersuchungen mit funktionellen bildgebenden Verfahren eine zeitliche Diskrepanz zwischen Änderungen der Hirndurchblutung und den neurologischen Symptomen besteht.

Neurogenes Modell: Andere Modelle nehmen an, dass die Migräneattacke vom Gehirn selbst ausgeht, indem z. B. durch Triggerfaktoren eine Depolarisation der Kortexoberfläche ausgelöst

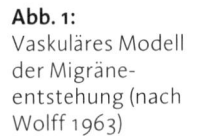

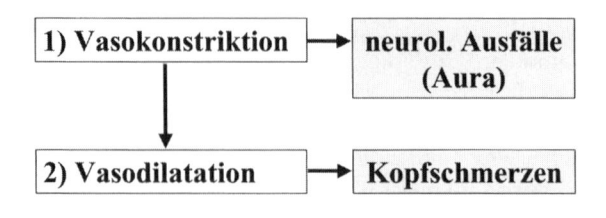

Abb. 1:
Vaskuläres Modell der Migräneentstehung (nach Wolff 1963)

1) **Vasokonstriktion** → **neurol. Ausfälle (Aura)**

↓

2) **Vasodilatation** → **Kopfschmerzen**

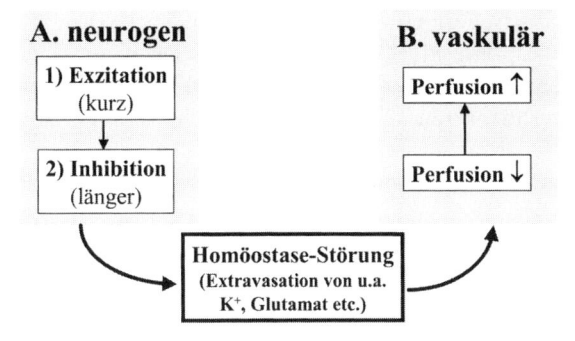

Abb. 2:
Neurogenes Modell der Migräneentstehung (nach Leao 1944)

wird. Diese Hypothese der Migräne stützt sich u. a. auf das Konzept der „cortical spreading depression" (CSD; Leao 1944). Dabei handelt es sich um ein Phänomen, bei dem durch spezielle Reizung am Kortex eine Depolarisation ausgelöst werden kann. Diese bewegt sich „kriechend" mit drei bis fünf Millimeter pro Minute von okzipital nach frontal, einem Zeitverlauf, der gut zur Ausbreitung sensibler oder motorischer Symptome bei der Migräneaura passt (s. Abb. 2). In der gegenwärtigen wissenschaftlichen Diskussion wird ein CSD-artiges Phänomen als Schlüsselereignis für die Auraauslösung angesehen und lässt sich mit funktionellen Bildgebungsverfahren darstellen.

Trigeminovaskuläre Hypothese: Sie wurde von Moskowitz (1991) erstmals aufgebracht und verknüpft vaskuläre und neurogene Faktoren. Der fünfte Hirnnerv (N. trigeminus) innerviert motorisch die Kaumuskulatur, sensible Haut und Schleimhäute des Gesichts und die Hirnhäute mit den inliegenden Blutgefäßen. Trigeminale Nervenfasern können durch verschiedene Trigger aktiviert werden und setzen dann verschiedene Neuropeptide frei (z. B. Calcium-Gene-Related-Peptide, Neurokinin A, Substanz P, Vasoaktives intestinales Peptid). Diese bewirken eine Vasodilatation der innervierten Hirnhautgefäße und eine sterile, „neurogene" Entzündung rund um diese Gefäße.

In der gegenwärtigen Vorstellung vom pathogenetischen Ablauf einer Migräneattacke stellen die drei oben beschriebenen Modelle nach wie vor wichtige **Bausteine** dar. Es ist aber unumstritten, dass jedes Modell für sich nur einen Teilaspekt abbilden kann.

Der Ablauf einer Migräne entsteht aus einer komplizierten Abfolge und Wechselwirkung von Nerven- und Gefäßstruktu-

Attackenablauf

ren mit inneren und äußeren modulierenden Faktoren. Die trigeminovaskuläre Hypothese, die schon den historischen Dualismus „neurogen vs. vaskulär" integriert, ist dabei ihrerseits nur eine unter mehreren Teilstrecken, von denen einige wahrscheinlich noch gar nicht bekannt sind. Folgendermaßen lässt sich der Ablauf einer **Migräneattacke mit Aura** gegenwärtig idealtypisch vorstellen:

1. Durch Trigger wird ein der „cortical spreading depression" (CSD) ähnliches Phänomen ausgelöst (s. Kasten 9). Dieser Prozess wird wahrscheinlich durch eine veränderte Reizverarbeitung im Gehirn und verminderte mitochondriale Energiereserven vermittelt (Gerber/Kropp 1999).

Kasten 9: Triggerfaktoren

Unter „Triggern" versteht man dabei die **Auslöser** einer Migräneattacke, diese sollten nicht mit den **Ursachen** verwechselt werden. Triggerfaktoren stellen eine Art „Überreizung" dar, die auf verschiedenen Ebenen angesiedelt sein und sowohl vom Organismus selbst als auch von der Umwelt ausgehen kann. Triggerfaktoren weisen eine hohe interindividuelle Variabilität auf, sind jedoch zugleich intraindividuell von großer Konstanz. Es kann sich dabei um exogene Triggerfaktoren handeln wie

- Substanzen (z. B. Tyramin in Rotwein und Käse, Schokolade, bestimmte Medikamente, chinesisches Essen, Schwankungen des Koffeinspiegels),
- Sinnesreize (Flackerlicht, helle Sonne, bestimmte optische Muster, Lärm, Qualm etc.) oder
- Variationen von Rhythmen (z. B. Wetterwechsel, Jahreszeit)

oder um endogene Triggerfaktoren wie

- bestimmte Phasen bzw. Änderungen von endogenen Rhythmen (Menstruationszyklus, Änderungen des Schlaf-Wach-Rhythmus z. B. am Wochenende oder Ferienbeginn, Rhythmus von Arbeit und Erholung) oder
- emotionale Faktoren (positiv wie Freude oder Erwartung, aber auch negativ wie Wut oder Angst).

Der häufig als Auslöser gefundene „Stress" stellt dabei meist eine Kombination äußerer und innerer Faktoren dar. Die Attacke tritt bei vielen Patienten typischerweise nicht zu Zeiten des größten Stresses, sondern nach Stress**abfall** auf, d. h. zu Beginn des Wochenendes oder der Ferien.

2. Während der CSD breitet sich kurz dauernde Erregung mit einer daran anschließenden länger dauernden Hemmung wie eine Welle mit einer Geschwindigkeit von drei bis fünf Millimeter pro Minute von hinten nach vorne über die Hirnrinde aus. Die Hemmungswelle ist dabei wahrscheinlich für die progredienten neurologischen Ausfallsymptome während der Migräneaura verantwortlich. Mit der CSD geht eine Erschütterung der zerebralen Ionen-Homöostase einher, der Energiestoffwechsel wird gesteigert. Bei der CSD treten außerdem Eiweiße aus den Hirnhautgefäßen aus und aktivieren sensible Nervenendigungen der Hirnhäute (Lauritzen 2001). Diese Effekte führen kombiniert zu einer vermehrten Expression bestimmter Gene (cfos) in den Kernen des Trigeminusnervs im Hirnstamm (Pietrobon/Striessnig 2003). Eine CSD konnte mit modernen bildgebenden Verfahren (z. B. PET, fMRI) wiederholt bei Aurapatienten nachgewiesen werden (z. B. Diener 1997; Hadjikhani et al. 2001).
3. Ein CSD-artiges Phänomen kann auf diesem Weg wahrscheinlich seinerseits eine Erregung des Nervus trigeminus triggern (s. o. „trigeminovaskuläre Hypothese"), woraufhin Neuropeptide freigesetzt werden.
4. Diese lösen einerseits eine erregerfreie, also „sterile" Entzündung rund um die Gefäße aus, andererseits auch Gefäßreaktionen, möglicherweise eine initiale Gefäßverengung mit einer nachfolgenden Gefäßerweiterung, wie sie Wolff in seiner vaskulären Hypothese schon früh vermutet hatte. Sterile Entzündung und Gefäßreaktion gemeinsam rufen vermutlich den typischen, bei Erwachsenen häufig „klopfenden" (was auf die Gefäßbeteiligung hinweist) Migränekopfschmerz hervor.

Diese idealtypische Vorstellung eines Attackenablaufs gilt nur für die Migräne mit Aura. Bei Migräne ohne Aura gibt es nach gegenwärtigem Kenntnisstand keine Änderungen des regionalen Blutflusses. Es ist unwahrscheinlich, dass ein CSD-artiges Phä-

Migräne ohne Aura

nomen in den Attackenablauf involviert ist. Dies steht im Gegensatz zur zentralen Rolle der CSD bei der Migräne mit Aura. Möglicherweise ändert sich bei Migräne ohne Aura die Hirnstammdurchblutung, oder es kommt zu späteren, schmerzbedingten kortikalen Reaktionen. Es gilt jedoch als belegt, dass bestimmte Überträgerstoffe wie Stickstoffmonoxid (NO) und Calcitonin-gene-related peptide (CGRP) eine wichtige Rolle spielen. Auch für Migräne ohne Aura ist eine allein vaskuläre Hypothese nicht mehr haltbar. Vielmehr tragen eine Sensitivierung der gefäßumgebenden Nervenendigungen wahrscheinlich wesentlich zum Attackenablauf bei, möglicherweise entwickelt sich die Attacke im Zentralnervensystem selbst. Die Entwicklung neuerer Migränemedikamente, der so genannten „Triptane" (Agonisten an $5HT_{1B/1D}$-Rezeptoren, einer speziellen Unterform von Serotoninrezeptoren) hat zum Verständnis des Pathomechanismus beigetragen und die Beteiligung von Serotonin besonders betont (IHS 2004).

4.1.1.3 Informationsverarbeitungsstörung

Erkrankungsgeschehen

Um zu verstehen, warum es immer wieder zu Migräneattacken kommt, ist es wichtig, das ganze Erkrankungsgeschehen in den Blick zu nehmen, d. h., sich nicht nur auf den Ablauf einer Attacke zu konzentrieren, sondern die Abfolge von Attacken und migränefreien Intervallen zu untersuchen. In diesem Zusammenhang hat das Konzept der „Informationsverarbeitungsstörung" wesentlich zu einem besseren Verständnis beigetragen.

Unser Gehirn verarbeitet ununterbrochen eine riesige Fülle von Informationen, die sowohl aus der Umwelt (Sinnesreize, die wir sehen, hören, riechen, schmecken, fühlen können) als auch aus dem eigenen Körper kommen (Informationen über z. B. Körperhaltung, Schmerzen, Gefühle etc.). Die **Informationsverarbeitung** ist dabei, wie man heute weiß, ein sehr aktiver Prozess. Das heißt, die eingehenden Informationen werden gefiltert, bewertet, neu zusammengefügt und nicht etwa 1:1 abgebildet. Diese Verarbeitung von Informationen scheint (zumindest für bestimmte Reize) bei Patienten mit Migräne anders zu funktionieren als bei gesunden Kontrollpersonen. Hierfür gibt es Belege sowohl aus der Klinik, wo Reizüberempfindlichkeit in verschiedenen Formen auftritt als auch durch Spezialuntersuchungen durch z. B. EEG (v. a. evozierte und ereigniskorrelierte Potentiale) und transkranielle Magnetstimulation.

Klinisch sehr ausgeprägt fällt bei Migränepatienten eine Reiz- **klinisch:**
überempfindlichkeit während der Attacke auf: Licht- und Lärm- **Hypersensitivität**
empfindlichkeit sind Symptome, die mit zur Diagnosestellung
beitragen (s. Kap. 2.1.1.1), häufig findet sich auch eine Überempfindlichkeit gegen Gerüche. Doch auch im migränefreien Intervall bestehen in vielen Fällen Symptome der Reizüberempfindlichkeit, allerdings diskreter und daher auf den ersten Blick nicht so auffallend.

Besonders ausgeprägt ist diese Überempfindlichkeit für visuelle Reize: Viele Migränepatienten berichten, auch außerhalb der Kopfschmerzattacken vermehrt lichtempfindlich zu sein, und gehen daher häufig nur mit Sonnenbrille aus dem Haus. Auch empfinden Migränepatienten bestimmte Muster, z. B. schwarz-weiße Streifenmuster einer bestimmten Breite, als deutlich unangenehmer als gesunde Personen und berichten über mehr illusionäre Wahrnehmungen wie Bewegungen, graue Schatten, Farbflecke etc. beim Betrachten (Wilkins et al. 1984; Marcus/Soso 1989). Bei manchem Migränepatienten lassen sich sogar Attacken durch das Betrachten von Hochkontrast-Streifenmustern auslösen („triggern"): z. B. durch längeres Arbeiten vor einer halboffenen Lamellenjalousie, durch die die Sonne scheint (s. Abb. 3). Gibt man Patienten mit Migräne außerhalb ihrer Attacke die Aufgabe, bestimmte, sich bewegende Muster vor einem Hintergrund von Streifen zu erkennen, so schneiden

Abb. 3:
Beispiel für ein Streifenmuster, das bei Migränepatienten mehr Sinnestäuschungen auslöst und als unangenehmer empfunden wird

sie im Schnitt schlechter ab als Gesunde (Coleston/Kennard 1993; Coleston et al. 1994). All dies spricht dafür, dass zumindest bestimmte visuelle Reize von Migränikern – und zwar nicht nur während der Attacke, sondern überhaupt – anders verarbeitet werden und eine Art „Überempfindlichkeit" besteht.

Reizüberempfindlichkeit von Beginn an?

Viele Befunde sprechen dafür, dass diese Hypersensibilität gegenüber den verschiedensten Reizen bei späteren Migränepatienten von Geburt an besteht. Dies legt nahe, dass ein wesentlicher Teil davon genetisch vermittelt ist, wenngleich Umwelt und Lernfaktoren sicher modulierend wirken. Migränekinder werden von ihren Eltern häufig als äußerst sensitiv beschrieben (Gerber/Kropp 1999). Sie sind oft lebhafter, aufgeweckter, nervöser, unkonzentrierter und v. a. reizempfindlicher. Von Kindern, die in den ersten Monaten hyperreaktiv sind (nicht zu verwechseln mit hyperaktiv oder hyperkinetisch!), d. h. auf verschiedene Sinnesreize deutlich empfindlicher reagieren als die meisten Säuglinge, entwickeln mehr als die Hälfte im Verlauf ihrer Kindheit Migräne und/oder periodische Syndrome, die als Migränevorläufer angesehen werden (z. B. abdominelle Migräne; Guidetti et al. 1984).

> **B** Eine Mutter beschrieb, ihre sechsjährige an Migräne leidende Tochter sehe alles, höre alles und rieche alles. Ihr entgehe nichts, was im Haushalt passiere, das gehe der Mutter manchmal regelrecht auf die Nerven. Die Tochter sei sehr interessiert, neugierig und begreife schnell. Es sei ein bisschen so, wie wenn sie „immer unter Strom" stehe. Andererseits sei sie sofort „pampig", wenn es mal etwas lauter sei zu Hause, auch dann, wenn sie keine Kopfschmerzen habe. Insbesondere bei mehreren Geräuschen gleichzeitig, wenn z. B. die Küchenmaschine laufe, das Baby schreie und dann noch das Telefon klingle, reagiere ihre Tochter extrem unwirsch. Sie wisse dann gar nicht, was sie machen solle, in einem Haushalt mit mehreren Kindern (insgesamt drei, davon ein Säugling) sei es eben selten leise.

Diese klinischen Beobachtungen werden durch eine Vielzahl von Befunden aus speziellen EEG-Untersuchungen (evozierte und ereigniskorrelierte Potentiale, s. Kasten 10) oder transkranieller Magnetstimulation gestützt. Daraus hat sich das Konzept von Migräne als einer zerebralen Informationsverarbeitungsstörung (z. B. Gerber/Schoenen 1998) entwickelt. Sie ist mit einer gestörten Habituation auf wiederholte Reize assoziiert und wird durch erlernte Verhaltensmuster transformiert und aufrechterhalten.

Kasten 10: Evozierte und ereigniskorrelierte Potentiale

Reizung von Sinnesorganen führt zu Ladungsveränderungen in den Sinnesrezeptoren, die über mehrere hintereinander geschaltete Nervenzellen in die zugeordneten Gebiete der sensorischen Hirnrinde weitergeleitet werden. Über diesen Feldern können sie mit Oberflächen-(EEG-)Elektroden abgeleitet werden. Da die Aktivitätsveränderungen für die gängigen Sinnesmodalitäten (visuell, akustisch, taktil etc.) kleiner sind als die normale Hintergrundaktivität des EEGs, würde man die Antwort auf einen einzelnen Reiz in dieser Aktivität schlecht oder nicht finden.

Summation und Mittelung mehrerer (in der Regel 50–100) Reizantworten auf identische Reize ermöglichen eine Hervorhebung des so genannten „evozierten Potentials" aus der EEG-Hintergrundaktivität: Während die durch den Stimulus ausgelöste neuronale Aktivität stets in konstantem zeitlichen Verhältnis steht, ist die überlagernde Hintergrundaktivität zufällig um den Mittelwert 0 verteilt. Durch Mittelwertbildung kann somit die stimuluskontingente Aktivität isoliert werden. Während „evozierte Potentiale" (EPs) die Aktivität v. a. primärer sensorischer Rindenfelder nach Sinnesreizung abbilden, sind „ereigniskorrelierte Potentiale" (EKPs) durch geistig-seelische Vorgänge ausgelöste Änderungen der elektrischen Hirntätigkeit. In der Praxis werden EKPs durch Wiederholung bestimmter Aufgabenstellungen experimentell erzeugt: beispielsweise immer dann eine Taste zu drücken, wenn nach einem Warnreiz (z. B. tiefer Ton) ein Zielreiz (z. B. hoher Ton) folgt. Diese Untersuchungsmethoden belasten Patienten nur gering, da sie nichtinvasiv sind und bilden Reizverarbeitung und -bewertung recht objektiv ab.

Unter **Habituation** versteht man eine Verminderung in der Antwort eines Organismus auf einen repetitiven Stimulus. Habituation wird als elementarer Mechanismus des Lernens aufgefasst und erlaubt es, Reize zu ignorieren, die an Aktualität oder Bedeutung verloren haben (Kandel 1992). Insofern ist Habituation ein wichtiger Mechanismus, um mit Aufmerksamkeitsressourcen zu haushalten.

Eine Habituationsstörung lässt sich mithilfe evozierter und ereigniskorrelierter Potentiale gut nachweisen. Bei längerer Sti-

Habituationsstörung

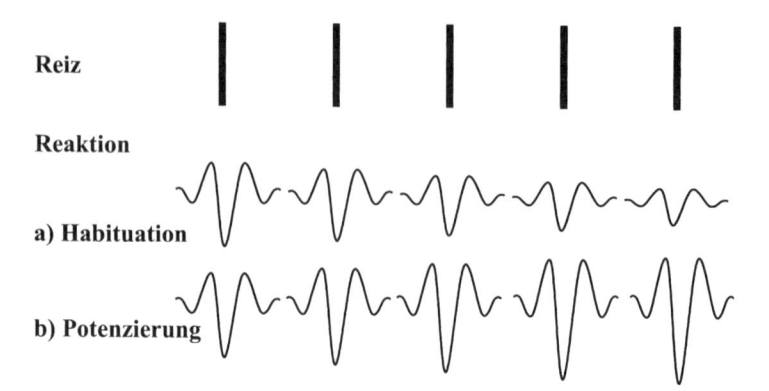

Abb. 4:
Habituation und Potenzierung, sichtbar im evozierten Potential

mulation können nämlich Antwortblocks gebildet werden, und so kann die Stärke der zerebralen Antwort bei repetitiver Stimulation über die Zeit beurteilt werden. Typischerweise kommt es innerhalb eines Laufs von mehreren Dutzend Reizen zu einem nahezu exponentiellen Amplitudenabfall des gemessenen Antwortpotentials.

Habituationsstörung bedeutet, dass bei andauernder Stimulation durch einen definierten Reiz die zerebralen Antworten bei Migränepatienten an Intensität weniger abnehmen als bei gesunden Kontrollen, sich manchmal sogar noch steigern (Potenzierung) – s. Abb. 4. Mit der Habituation fehlt ein guter Schutzmechanismus gegen einen Informations-Overflow. Die Habituationsstörung wird mit einem verminderten Voraktivierungsniveau des sensorischen Kortex in Verbindung gebracht, das durch eine Unterfunktion bestimmter aufsteigender (subkortikokortikaler aminerger) Nervenbahnen bedingt sein könnte (Ambrosini et al. 2003a).

Eine gestörte Habituation konnte bei erwachsenen Migränepatienten im kopfschmerzfreien Intervall nachgewiesen werden für visuell evozierte Potentiale (VEPs; Schoenen et al. 1995; Afra et al. 1998a; Wang et al. 1999; Ozkul/Bozlar 2002), akustisch evozierte Potentiale (AEPs; Wang et al. 1996; Ambrosini et al. 2001, 2003b), somatosensorisch evozierte Potentiale (Ozkul/Uckardes 2002) sowie für zwei verschiedene ereigniskorrelierte Potentiale: die Contingente negative Variation (CNV; Kropp/Gerber 1993a; Schoenen/Timsit-Berthier 1993; Kropp/Gerber 1995; Siniatchkin et al. 2000a) und die P3-Komponente, die bei Wiedererkennung von seltenen Reizen auftritt (Evers et al. 1998; Wang/Schoenen 1998). Die mangelnde Habituation wird gegenwärtig als eine sehr zentrale migränetypische Auffälligkeit angesehen. Es wird diskutiert, dass die Habituationsstörung im Sinne eines Regelkreises einerseits eine Folge der bei Migränepatienten beschriebenen metabolischen Störungen ist (Sappey-Marinier et al. 1992) und andererseits selbst einen deutlichen Einfluss auf die metabolischen Homöostaseprozesse des Gehirns hat (Gerber/ Schoenen 1998).

Bei Kindern mit Migräne konnte eine gestörte Habituation bisher noch nicht experimentell nachgewiesen werden. Dies mag damit zusammenhängen, dass das Phänomen der Habituation selbst – zumindest für bestimmte Reizbedingungen – im Kindes- und Jugendalter noch Reifungsprozessen unterliegt (bei wiederholten visuellen Reizen habituieren jüngere Kinder stärker als ältere Jugendliche). Somit entwickelt sich möglicherweise auch die für Migräne als typisch angesehene Habituationsstörung erst mit zunehmendem Alter (Oelkers-Ax et al. 2005b). Für die Contingente negative Variation, die eine Art Orientierungsreaktion abbildet, zeigt sich eine andere Reifungskinetik der Habituation: Bei Kindern fehlt eine Habituation völlig, stattdessen verstärkt sich bei wiederholter Reizung die zerebrale Antwort. Die fehlende Habituation oder sogar Potenzierung scheint dabei – zumindest für bestimmte Stimuli – in der Kindheit physiologisch zu sein und ist möglicherweise für angemessene Informationsverarbeitung und Lernprozesse in diesem Alter sogar notwendig (Kropp et al. 1999).

Die Contingente negative Variation ist ein Paradigma, das bei Migräne sehr breit untersucht wurde und stabile Auffälligkeiten aufzuweisen scheint. Dabei wird der Proband angehalten, nach einem Zielreiz (z. B. hoher Ton), der wenige Sekunden nach einem Warnreiz (z. B. tiefer Ton) folgt, zu reagieren, indem er beispielsweise eine Taste drückt. Die Situation ist vergleichbar dem Warten vor einer Ampel, bei dem das gelbe Licht vermehrte Aufmerksamkeit auslöst (Warnreiz) und das grüne Licht (Zielreiz) eine Aktion erfordert (Losfahren). Das dazugehörige EKP ist durch eine Negativierung des EEG zwischen Warn- und Zielreiz gekennzeichnet (s. Abb. 5). Diese so genannte Contingente negative Variation (CNV) kann als Repräsentation der Orientierungsreaktion, Erwartung, Aufmerksamkeit, Motivation und Vorbereitung auf ein Verhalten, aber auch des motorischen Bereitschaftspotentials angesehen werden.

Contingente negative Variation

Bei der CNV unterscheidet man zwei Komponenten: Eine **frühe Komponente** kurz nach dem Warnreiz, die als Indiz für das Niveau der Erwartung, verbunden mit dem Noradrenalin-Sys-

94 Ätiologie und Pathophysiologie

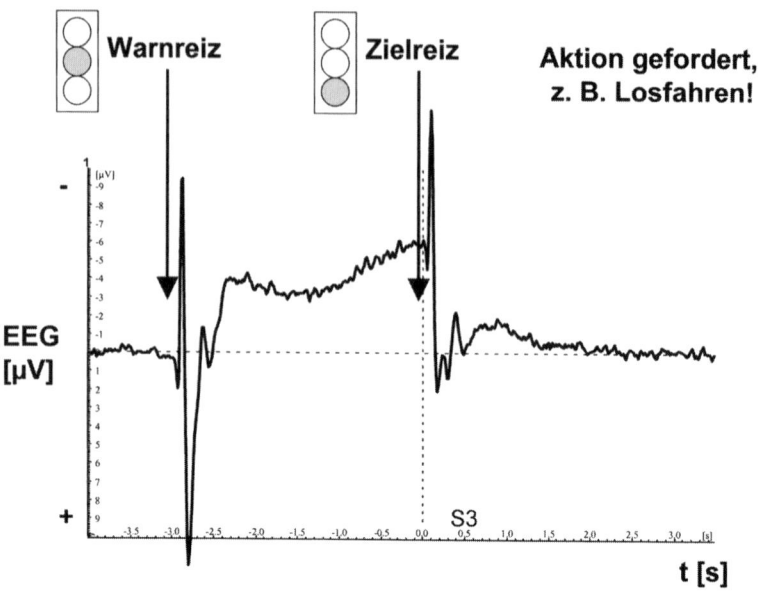

Abb. 5:
Ereigniskorreliertes Potential der Contingenten negativen Variation im EEG

tem, angesehen wird, und eine **späte Komponente** kurz vor dem Zielreiz, die als Ausdruck der motorischen Bereitschaft, verknüpft mit dem Dopamin-System, interpretiert wird (Gerber/Kropp 1999).

Bei erwachsenen Migränepatienten ist nicht nur die Habituation der CNV-Amplitude verändert, es zeigt sich auch eine gegenüber Gesunden vermehrte Negativierung – besonders der frühen, weniger deutlich aber auch der späten Komponente – im kopfschmerzfreien Intervall (z.B. Kropp/Gerber 1993a, b; Schoenen/Timsit-Berthier 1993). Die verstärkte CNV-Negativierung bei Migränikern wird als Ausdruck einer gestörten (erhöhten) Aufmerksamkeit mit Hypersensitivität verstanden (Gerber/Kropp 1999). Neuere Erkenntnisse sprechen dafür, dass diese Erregbarkeitsstörung sowohl durch genetische Faktoren als auch durch die Umwelt wie z.B. Familieninteraktionen beeinflusst werden kann (s. dazu Kap. 4.1.1.4 und 4.1.1.5).

visuelle Hypersensitivität

Auch für die – schon klinisch erkennbare – visuelle Hypersensitivität der Migränepatienten finden sich experimentelle Parallelen. So wurden in einigen Untersuchungen erhöhte Amplituden bei visuell evozierten Potentialen nachgewiesen (z.B. Diener et al. 1989). Die erhöhten Amplituden evozierter Potentiale mögen dabei – zumindest teilweise – durch die Habituationsstörung mitbedingt sein, da ein über längere Zeit gemitteltes Potential höher ausfällt, wenn eine „gesunde" Antwortabnahme über die Zeit fehlt. Es wird diskutiert, dass die Habituationsstörung mit einem niedrigen Voraktivierungsniveau der Hirnrinde in Verbindung steht: Von diesem Voraktivierungsniveau hängt nämlich die Spannbreite möglicher Aktivierung ab, bevor eine Schwelle erreicht wird, an der der protektive Habituationsmechanismus einsetzt (Bohotin et al. 2002). Diese Idee der verminderten Voraktivierung, der Hirnrinde bei Migräne wird durch verschiedene Untersuchungen mit EPs und transkranieller Magnetstimulation des visuellen und des motorischen Kortex gestützt (Afra et al. 1998b; Afra et al. 2000a, b).

In den letzten Jahren haben einige Untersuchungen an Kindern und Jugendlichen mit Migräne zu einer Erweiterung des Konzepts der Informationsverarbeitungsstörung geführt. Prozesse von Informationsverarbeitung und kognitiver Bewertung durchlaufen während Kindheit und Jugend umfangreiche Reifungsprozesse, die für verschiedene Prozesse mit unterschiedlicher Geschwindigkeit und mehr oder weniger früher Ausreifung ablaufen. Die Forschungsergebnisse der letzten Jahre verdeutlichen aber immer mehr, dass Reifungsprozesse für viele Bereiche weit länger andauern, als man bisher angenommen hat. So reifen z. B. verhaltenssteuernde Prozesse wie die präfrontalhirnvermittelten „exekutiven Funktionen" bis weit in die dritte Lebensdekade hinein. Auch die primäre visuelle Verarbeitung reift wahrscheinlich über die Pubertät hinaus. Reifungsprozesse lassen sich nicht direkt erfassen, sondern mithilfe evozierter und ereigniskorrelierter Potentiale nur indirekt abbilden: nämlich als Verminderung der Latenzzeit (als Ausdruck zunehmender Myelinisierung und damit schnellerer Nervenleitung, aber auch durch verbesserte Koordination und Effizienz von Nervenzellverbänden) und Veränderungen der Amplitude (durch verstärkte Spezialisierung von Zellverbänden, aber auch durch ein verändertes Gleichgewicht erregender und hemmender Impulse).

Reifungsstörung?

Untersuchungen an größeren Gruppen von Kindern und Jugendlichen mit Migräne ergaben kürzlich Hinweise darauf, dass Reifungsprozesse von Informationsverarbeitung (also Veränderungen von Latenzen und/oder Amplituden von EPs oder EKPs mit dem Alter) bei Migränikern anders ablaufen als bei gesunden Kindern und Jugendlichen. Dies spricht dafür, dass die Reifung zumindest einiger Informationsverarbeitungsprozesse bei Migräne verändert oder gestört ist. Diesbezügliche Befunde gibt es für die CNV, akustisch und visuell evozierte Potentiale (Kropp et al. 1999; Bender et al. 2002; Oelkers-Ax et al. 2004, 2005b).

Periodizität

Migräne ist durch eine Periodizität der Attacken charakterisiert. Dabei trägt Stress mehr zur Vorbereitung einer Attacke bei, und die eigentlichen Anfälle treten typischerweise nach dem Stress auf (z. B. nach der Prüfung oder am Wochenende). Viele Migränepatienten erleben Stunden bis Tage vor einer Attacke vermehrte Aktivität, z. B. Euphorie, besonderen Arbeitseifer, Heißhunger auf Süßes oder Nervosität. Dieses „craving"-Verhalten erinnert an Selbststimulationsprozesse des Gehirns, wobei die Patienten möglicherweise im Sinne einer Protektion einen Anfall „unwillkürlich" geradezu provozieren (Gerber/Kropp 1999). Möglicherweise zielt „craving"-Verhalten im sozialen Bereich, Perfektionismus und das Streben nach Erfolg und Dominanz bei den Migränepatienten darauf ab, eine instabile neuronale Modulation unter Kontrolle zu bringen (Sicuteri/Nicolodi 1995).

Auch einige der im Intervall bei Migränikern typischerweise pathologischen neurophysiologischen Befunde sind während der Migräneattacke normalisiert, was für einen protektiven homöostatischen Mechanismus spricht: Der Informations-Overflow führt zu einem Zusammenbruch katecholaminerger Erregung mit nachfolgender Migräneattacke, während der die defizitären mitochondrialen Energiereserven wiederhergestellt werden (Gerber/Schoenen 1998). So kann eine Migräneattacke dem Gehirn helfen, seine Homöostase wiederherzustellen. Besonders für die CNV findet sich eine ausgeprägte Periodizität: Die stärkste Negativierung der Amplituden, als der am deutlichsten pathologische Befund findet sich ein bis zwei Tage, bevor eine Migräneattacke beginnt. Unmittelbar vor und während der Migräneattacke sind die Amplituden niedrig wie bei Gesunden, um nach der Attacke allmählich wieder negativer zu werden bis zu einem erneuten Maximum vor der nächsten Attacke (Kropp/Gerber 1995, 1998; Siniatchkin et al. 1999, 2000a, c).

Dieses Konzept kann in der Praxis Patienten helfen, Migräneattacken zunächst als eine Art „Erholung des Gehirns" zu akzeptieren und in einem zweiten Schritt für ausreichend „Gehirnerholung" weit vor einer Migräneattacke zu sorgen.

4.1.1.4 Familiäre Faktoren

Migräne ohne Aura wird – stärker als Migräne mit Aura oder gar die hemiplegische Migräne – als multifaktorielle Erkrankung angesehen: Eine positive Familienanamnese besteht in bis zu 90 %

der Fälle (Russell 1997). Da die Heritabilität nur auf ca. 30 % geschätzt wird (Merikangas 1996), scheinen auch nichtgenetische familiäre Faktoren wie z. B. Eltern-Kind-Interaktionen oder Modelllernen zur positiven Familiengeschichte beizutragen (zu Modelllernen s. a. Kap. 1.1.5; Siniatchkin/Gerber 2002). Mütter von Migränekindern beschreiben sich selbst im Vergleich zu Müttern gesunder Kinder als deutlich ängstlicher und depressiver (Guidetti et al. 1987). Studenten mit Migräne (nicht aber mit Spannungskopfschmerzen) erleben ihre Familien im Vergleich zu Gesunden als stärker auf klare Organisation, Struktur und Regelwerke ausgerichtet und kontrollierender, während der Emotionsausdruck eine geringere Rolle spielt (Ehde et al. 1991). Wenn erwachsene Migränepatienten ihre Kindheit bewerten, so geben sie im Vergleich zu nichtmigränekranken Geschwistern weniger Freude in der Schulzeit an, mehr Ängstlichkeit und Kontaktschwierigkeiten sowie die Erfahrung von weniger verbaler oder nonverbaler Ermutigung durch die Eltern (Persson 1997).

> Besondere Implikationen für die Therapiepraxis haben Untersuchungen zu Familieninteraktion von Siniatchkin und Kollegen (2003): Familien mit einem migränekranken Kind und einem gesunden Geschwister mussten Puzzleaufgaben lösen, jeweils ein Kind mit einem Elternteil. Dabei erhielt nur das Elternteil die Puzzlevorlage, also das Gesamtbild, und nur das Kind durfte die Puzzleteile anschauen. Die Eltern sollten also das Kind verbal beim Zusammensetzen des Puzzles unterstützen, das Kind durfte seinerseits Fragen an die Eltern stellen. Es zeigte sich, dass Eltern von Migränekindern sich häufiger kontrollierend verhielten als die Eltern von gesunden Kindern oder von Kindern mit Asthma: Sie benutzten mehr direktive Sätze wie z. B. „Du musst dieses Stück da-und-dahin legen" als „Dieses Stück könnte da-und-dazu passen". Auffallend war weiterhin eine deutliche Asymmetrie der Interaktion derselben Eltern mit ihrem migränekranken Kind im Vergleich zu ihrem gesunden Kind: Ihrem migränekranken Kind gegenüber waren sie direktiver, benutzten mehr gezielte Aufforderungen und waren weniger unterstützend als gegenüber ihren gesunden Kindern. Dazu passend fragten die migränekranken Kinder öfter als ihre gesunden Geschwister ganz spezifische Fragen dazu, was sie tun sollten.

Hier zeigt sich eine Interaktion, die sich komplementär ergänzt: Der Dominanz, Kontrolle und Überbehütung der Eltern steht

Passivität bis hin zur Unterwürfigkeit und Versagensangst auf der Seite des migränekranken Kindes gegenüber, beide Tendenzen mögen sich gegenseitig verstärken. Interessant ist, dass dieselben Eltern mit ihren gesunden Kindern qualitativ andere, weniger kontrollierende und mehr unterstützende Interaktionen unterhalten, so dass es kein generelles Muster allein der Eltern zu sein scheint. Andererseits verhielten sich selbst unter Migräne leidende Mütter direktiver als gesunde Mütter. Ungünstige Erziehungsverhaltensmuster scheinen also ursächlich oder auch als Folge der Hypersensitivität der Kinder zu einer Verschärfung der Reizüberempfindlichkeitsproblematik zu führen. Durch negative Verstärkung sowie Generalisierung der Reizsituation kann eine Chronifizierung eintreten. Daher ist das Wechselspiel von biologischen und psychosozialen Vorgängen für die Behandlung von Migränekindern von besonderer Bedeutung (Gerber/Gerber-von-Müller 2005).

Auch wenn es sich hier wahrscheinlich um Regelkreise und nicht um lineare Beziehungen handelt, ist es gut, diese Zusammenhänge im Kopf zu behalten. Dadurch kann in der Beratungspraxis (je nach Einzelfall) eher am Verhalten der Eltern oder des Kindes oder an beidem gemeinsam angesetzt werden – ändert ein Teilnehmer seinen Part der Interaktion, hat dies Auswirkungen auf alle Teile des Regelkreises.

4.1.1.5 Integratives Modell

Neuere Modelle zur Migräneentstehung integrieren die verschiedenen Ansätze und nehmen sowohl neurophysiologische und genetische als auch psychologische und soziale Faktoren mit in den Blick. Sie haben lineare Ursache-Wirkungs-Beziehungen weitgehend aufgegeben und bilden eher Regelkreise ab.

Auch die zuletzt beschriebenen Auffälligkeiten in der Interaktion von Familien mit (mindestens) einem migränekranken Kind zeigen sehr aufschlussreiche Zusammenhänge zu den neurophysiologischen Auffälligkeiten der Informationsverarbeitung: Je mehr Kontrolle und selbständigkeitshemmende Verhaltensweisen Migränekinder seitens ihrer Eltern erlebten, umso stärker war die Habituation der CNV gestört und umso höher waren die Neurotizismuswerte der Kinder. Im Gegensatz dazu zeigte die CNV-Amplitude (die im Erwachsenenalter bei Migränikern typischerweise negativer ist als bei Gesunden) eine hohe

Korrelation zwischen Eltern und Kindern und praktisch keine Zusammenhänge zur Interaktion, so dass hier möglicherweise eher ein genetischer Faktor abgebildet wird (Siniatchkin/Gerber 2002). Siniatchkin vermutet,

> „dass die Eltern, deren Aufregung aufgrund der Störung der Reizverarbeitung höher ist, mehr Dominanz und selbständigkeitshemmende Verhaltensweisen in Interaktion mit ihren Kindern ausüben, so dass die Kinder ebenfalls eine erhöhte Aufregung des Gehirns und eine auffällige Reizverarbeitung entwickeln und neurotizistisch werden. Man kann auch vermuten, dass die Migränekinder durch ihr Verhalten (meist passives Befolgen der Instruktionen und inneres verstecktes Verarbeiten der Konflikte) und ihre Persönlichkeit (hohe Neurotizismuswerte) einerseits die Dominanz und Präsenz ihrer Eltern während einer Familieninteraktion begünstigen und möglicherweise verstärken, und andererseits eine hohe kortikale Exzitabilität und auffällige Informationsverarbeitung entwickeln. Diese Annahmen", setzt er hinzu, „bedürfen allerdings einer detaillierten Überprüfung in zukünftigen Studien" (Siniatchkin/Gerber 2002).

Ein integratives Modell der Migränepathogenese könnte daher etwa wie folgt aussehen (s. Abb. 6; es gibt erhebliche Parallelen zum Vulnerabilitäts-Stress-Konzept, wie es für viele psychische bzw. psychiatrische Erkrankungen, u. a. Schizophrenie, Anwendung findet; Resch 1996):
Genetische Faktoren sind wesentlich ursächlich für eine Migränedisposition, die durch eine Informationsverarbeitungsstörung mit Reizüberempfindlichkeit und möglicherweise Habituationsdefizit als zentralem Charakteristikum sowie eine Verminderung der mitochondrialen Energiereserve gekennzeichnet ist. Diese Migränedisposition wird durch psychosoziale Faktoren (z.B. Modelllernen, Familieninteraktion) moduliert und transformiert. Dabei können für Migränefamilien typische Interaktionsstile, die Kontrolle und Dominanz ins Zentrum stellen, möglicherweise aggravierend wirken.
Die solcherart modulierte Migränedisposition unterliegt nun endogenen und exogenen Rhythmen von Stress und Erholung, Hormonen etc. und schaukelt sich in Verbindung dazu von Zeit zu Zeit auf, nähert sich also einer Art „Migräneschwelle". Kommen nun noch innere und/oder äußere Triggerfaktoren (z.B. helles Licht, Wetterwechsel, Tyraminaufnahme,

100 Ätiologie und Pathophysiologie

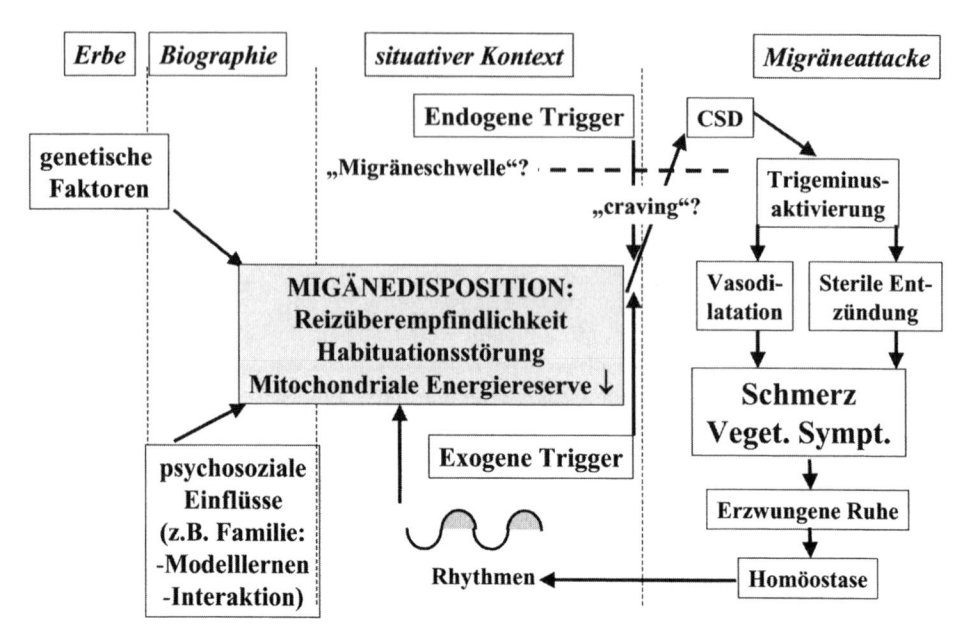

Abb. 6: Integratives Modell der Migränepathogenese (mod. n. Resch 1996)

Abfall der Geschlechtshormone etc.) dazu, kann die individuelle Migräneschwelle überschritten werden und die Prozesse der Migräneattacke laufen kaskadenförmig ab. Einiges spricht dafür, dass, wenn ein schon deutlich erhöhtes, aber noch unter der „Migräneschwelle" liegendes Niveau erreicht wird, der jeweilig Betroffene selbst einiges dazu tut, dass die Schwelle schließlich überschritten wird, sich also gleichsam selbst in die Attacke „hineinreitet": Er macht z. B. gerade keine Pause, sondern nimmt noch einige „stressende" Aufträge an oder isst Schokolade oder schläft zu wenig etc. – dieses Verhalten wird als „craving" bezeichnet.

Die Kaskade schließlich beginnt (zumindest für die Migräne mit Aura) wahrscheinlich mit einem der „cortical spreading depression" ähnlichen Phänomen, das über eine trigeminovaskuläre Aktivierung zu Gefäßerweiterung und neurogener Entzündung führt, die den typischen Migräneschmerz auslösen. Schmerz und vegetative Begleitsymptome zwingen den Betroffenen häufig zur Ruhe, daraufhin kann das Gehirn sein Gleichgewicht wiederherstellen. Aufgrund der weiter bestehenden Disposition schaukelt sich dann über mehr oder weniger lange Zeit die Erregung wieder hoch in die Nähe der Schwelle, und das Ganze beginnt von vorne.

Kopfschmerzen **101**

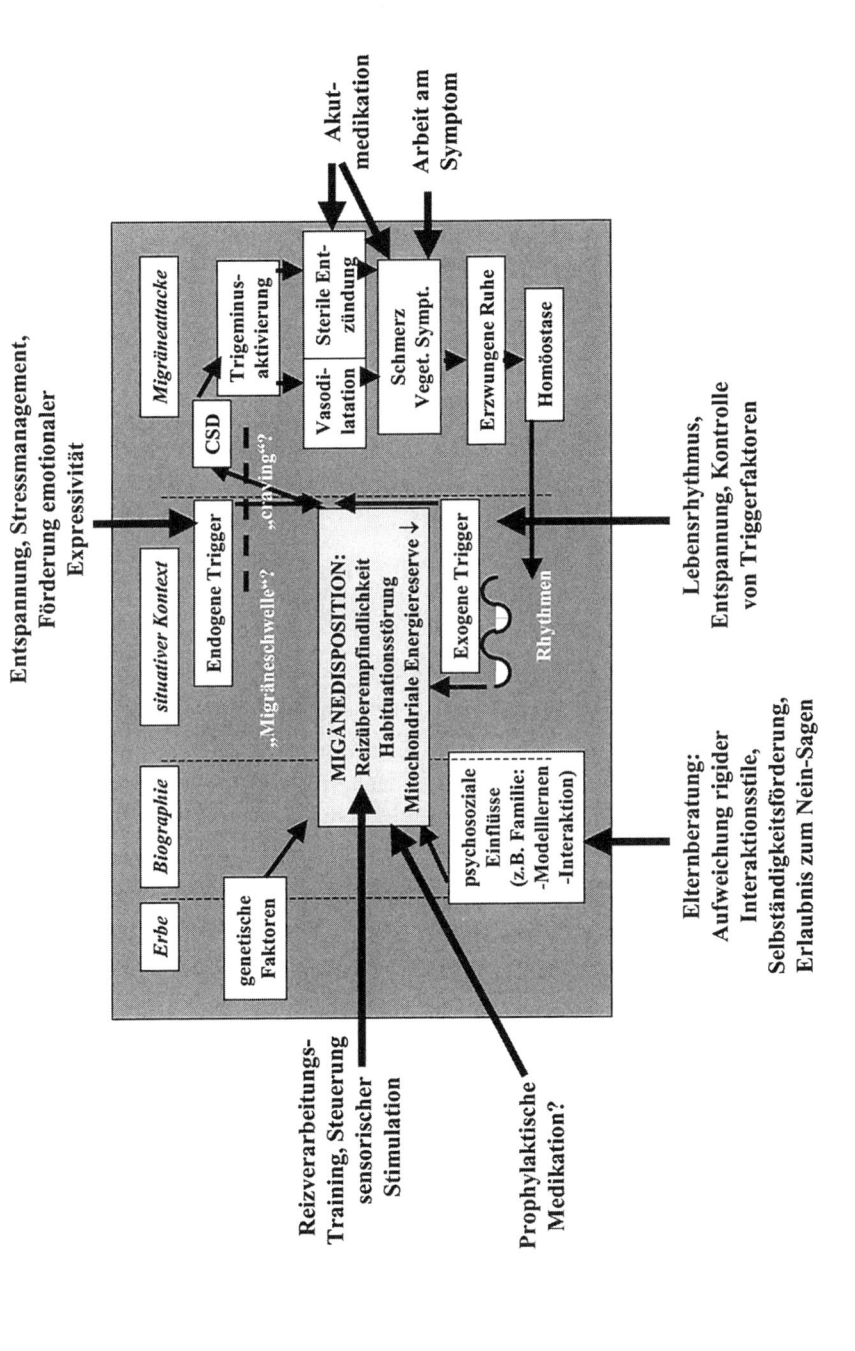

Abb. 7: Therapeutische Angriffspunkte am integrativen Modell der Migränepathogenese

> Das Modell zeigt verschiedene Angriffspunkte für therapeutische Interventionen auf, auf die in Kap. 7 weiter eingegangen wird (s. Abb. 7): Familieninteraktion, Abschirmung gegen Außenreize, individuelle Triggerfaktoren, „craving"-Verhalten, Maßnahmen während einer Attacke. Dabei sind die generelle Vermeidung von sensorischer Stimulation im Besonderen oder „Stress" im Allgemeinen genauso wenig sinnvoll wie die schnelle Wiederherstellung der generellen Leistungsfähigkeit im Anfall. Vielmehr sollte der Patient über eine verbesserte Wahrnehmung des eigenen Körpers in die Lage versetzt werden, die sensorische Stimulation entsprechend seiner individuellen Belastungsfähigkeit zu steuern. Möglicherweise kann auch über eine Beeinflussung der Selbststimulationsprozesse im Vorfeld einer Attacke gelernt werden, die Kopfschmerzfrequenz zu vermindern (s. Kap. 7.6.2).

4.1.2 Spannungskopfschmerzen

Die Konzepte zur Pathophysiologie des Kopfschmerzes vom Spannungstyp sind nach wie vor uneinheitlich. Eine gestörte regionale Regulation des Muskeltonus (insbesondere im Nackenbereich) mit erhöhter Muskelspannung wird schon lange mit Spannungskopfschmerzen in Verbindung gebracht. Hier greift das EMG-Biofeedback an, das sich beim Spannungskopfschmerz als wirksam erwiesen hat. Allerdings ist nach wie vor unklar, ob die Muskelverspannung Ursache oder Folge der Kopfschmerzen ist. Mittlerweile sind außerdem zunehmend zentrale Mechanismen in den Blick geraten, so z. B. die Schmerz-Dämpfungs-Systeme im Hirnstamm wie Raphe-Kerne und periaquäduktales Grau (Göbel et al. 1996).

Folgendes Modell wird gegenwärtig angenommen (s. Übersicht in Bendtsen 2000): Beim Gesunden wird die Schmerzverarbeitung über verschiedene Bahnen komplex geregelt. So ist der empfundene Schmerz für die Auslösesituation jeweils angemessen und hilft potentiell schädigende Reize zu vermeiden, indem z. B. eine unphysiologische Arbeitsposition geändert wird. Psychischer Stress führt möglicherweise über u. a. das limbische System zu einer erhöhten Muskelspannung und gleichzeitig zu einer verstärkten Weiterleitung von Schmerzreizen. Bei den meisten Menschen verlaufen diese Zustände aufgrund zentraler schmerzmodulierender Mechanismen und reparativer Prozesse selbstlimitierend und werden subjektiv als abgegrenzte („episodische") Schmerzen erlebt. Bei bestehender Disposition können die lang anhaltenden Schmerzreize zu einer verstärkten Empfindlichkeit des ZNS gegenüber Schmerzreizen führen („zentrale Sensitivierung"). Diese führt erneut zu einer verstärkten Erregung von motorischen Nervenzellen, die über erhöhte Muskelspannung im Sinne eines Teufelskreises verstärkten Input für schmerzleitende Nervenzellen erzeugen.

Wahrscheinlich wird in diesem Stadium des ständigen („chronischen") Spannungskopfschmerzes eine normalerweise nichtschmerzhafte Muskelspannung schon als schmerzhaft erlebt. Patienten mit Spannungskopfschmerzen neigen stärker als Gesunde dazu, nach Muskelanspannung Kopf- und Nackenschmerzen zu entwickeln, und zwar unabhängig davon, ob die vorangehende Muskelanspannung den Kopf-Hals-Bereich oder vollständig andere Muskelgruppen betroffen hat (Christensen et al. 2005). Möglicherweise wirkt mentaler Stress als vermittelnder Faktor.

Stress wird als häufigste Ursache bei Spannungskopfschmerzen beschrieben. Werden Patienten mit Spannungskopfschmerzen gebeten, Stress im Nachhinein zu schätzen, so geben sie mehr „stressende" Ereignisse an als gesunde Kontrollen. Dabei scheinen Patienten mit Spannungskopfschmerzen Ereignisse, die Alltagsstress auslösen (so genannte „daily hazzles") als „stressender" einzuschätzen als Gesunde (Wittrock/Foraker 2001). Kinder mit Spannungskopfschmerzen gaben v. a. folgende belastende Ereignisse an: Konflikte unter Freunden oder mit den Eltern, schulische Leistungsprobleme, Spannungen zwischen den Eltern, Ehescheidung und Trennung, Krankheit von Eltern, Wohnortwechsel sowie Prüfungen und Klassenarbeiten (Waldie 2001).

Rolle von „Stress"

4.2 Rezidivierende kindliche Bauchschmerzen

Die rezidivierenden kindlichen Bauchschmerzen sind keine geschlossene diagnostische Einheit, sondern ein Oberbegriff für unterschiedliche Störungen. Daher lassen sich zu Ätiologie und Pathogenese nur eingeschränkt Aussagen machen. Nur in wenigen Fällen findet sich eine organische Ursache wie z. B. urogenitale Missbildungen, Infektionen mit z. B. Würmern oder Helicobacter pylori, Laktoseintoleranz etc.

Die Untergruppe der abdominellen Migräne ist bezüglich Ätiologie und Pathogenese wahrscheinlich der Migräne zuzuordnen und daher als getrennte Untergruppe aufzufassen. Bei

Ätiologie und Pathophysiologie

„little brain"/ „big brain"

den übrigen, weder organisch bedingten noch den periodischen Syndromen zuzurechnenden Bauchschmerzen gibt es pathogenetische Konzepte zur Entstehung der funktionellen Beschwerden. Zentral ist hier eine Interaktion zwischen dem „big brain" (Zentralnervensystem) und dem „little brain" (Nervensystem des Magen-Darm-Trakts; für eine Zusammenfassung s. Koletzko 2002).

Der Magen-Darm-Trakt wird über ein kompliziertes Nervenzellnetzwerk kontrolliert, das sich im Gehirn, im Rückenmark in den Ganglien neben der Wirbelsäule und im so genannten „enterischen" Nervensystem befindet, dem Nervensystem des Magen-Darm-Trakts selbst. Das enterische Nervensystem ist partiell autonom, indem es eigenständig einfache Darmfunktionen reguliert (z. B. Peristaltik), dabei aber ständig durch übergeordnete neurale Ebenen kontrolliert und moduliert wird.

abnorme Motilität

Bauchschmerzen, aber auch andere funktionelle gastrointestinale Beschwerden wie z. B. Erbrechen oder Durchfall können durch eine gestörte Motilität verursacht sein. Verstärkte Motilität des gesamten Magen-Darm-Trakts kann dabei durch starke emotionale oder physische Stressfaktoren direkt ausgelöst werden.

B

Beispielhaft konnte dies schon in den 50er Jahren experimentell nachgewiesen werden (Almy 1951 in Koletzko 2002, 57f): „Während einer rektoskopischen Untersuchung, bei der laufend Blutfülle und Kontraktionen des Enddarms beobachtet wurden, informierte (der Experimentator) die Probanden über die Entdeckung eines ‚auf ein Malignom verdächtigen Befundes'. Während die Probanden in der Knie-Ellenbogen-Stellung verharren mussten, klärte sie der Arzt über die Risiken der Gewebsprobeentnahme auf und holte ihr Einverständnis dafür ein. Während dieser durch Angst und Stress geprägten Zeitspanne kam es zu einer deutlichen Gefäßkongestion der Schleimhaut und zur Zunahme der propulsiven Aktivität des Enddarmes. Nach etwa 15 Minuten wurden die Probanden darüber aufgeklärt, dass es sich nur um ein Experiment gehandelt habe und bei ihnen alles in Ordnung sei. Innerhalb weniger Minuten kehrten Blutfülle und Motilität wieder auf das Ausgangsniveau zurück."

viszerale Hypersensitivität

Auch dieses Konzept ist experimentell gut belegt: Patienten mit funktionellen Magen-Darm-Beschwerden nehmen Reize der Darmwand, z. B. durch aufgeblasene eingeführte Ballonsonden, bei geringerer Intensität wahr als gesunde Kontrollpersonen und empfinden sie ebenfalls bei geringerer Intensität als schmerzhaft (niedrigere Wahrnehmungs- und Schmerzschwelle; Hotz et al. 1999). Durch wiederholte Dehnung der Darmwand kann eine viszerale Überempfindlichkeit auch bei Gesunden evoziert werden (Whitehead/Palsson 1998). Dies passt zu der Beobachtung, dass funktionelle Bauchbeschwerden oft nach einer akuten Darminfektion entstehen – möglicherweise bedingt die Schleimhautentzündung eine Hypersensitivität, die noch monatelang nach Abklingen der Infektion anhalten kann (Koletzko 2002).

Die Verbindung zwischen Gehirn und Magen-Darm-Trakt ist sehr eng. Äußere (z. B. Gerüche) und innere (z. B. Stress, Angst) Gegebenheiten können unmittelbar spürbare Auswirkungen haben. In vielen Fällen stellen die Bauchschmerzen dementsprechend ein Äquivalent von Angst und emotionaler Aufregung dar. Im Zusammenhang mit dem Frühstück regelhaft auftretende Bauchschmerzen sind bei Schulkindern oft der Ausdruck einer Schulphobie, die fast immer mit erheblicher Trennungsangst – häufig von beiden Seiten: Kindern und Eltern – einhergeht. Oft hat der Schmerz aufmerksamkeitsheischenden Charakter, und zu starkes Eingehen der Eltern auf die Symptomatik kann (im Sinne der operanten Konditionierung, s. Kap. 1.1.3) zur Chronifizierung beitragen.

psychologisches Korrelat

In vielen Fällen beginnen die Symptome (oder werden stärker) bei der Geburt eines jüngeren Geschwisters. Die Bauchschmerzen können aber auch eine Imitation von elterlichen Symptomen sein. In Familien von Kindern mit rezidivierenden Bauchschmerzen sind nicht nur gastrointestinale Probleme häufiger als im Durchschnitt, sondern auch „Nervenzusammenbrüche", psychische Probleme, Streit zwischen den Eltern, Scheidung, Alkoholismus und Medikamentenabhängigkeit (Lau 1983).

4.3 Somatisierung

Das Phänomen der Somatisierung wurde über lange Zeit v. a. mithilfe von psychologischen Mechanismen erklärt. In den letzten Jahren kommen neue Erkenntnisse besonders aus der neurobiologischen Forschung, und Ergebnisse aus Studien mit funktioneller Bildgebung passen zu „alten" psychologischen Konstrukten und geben ihnen Aktualität. Auch hier deutet sich eine Interaktion und gegenseitige Bereicherung psychologischer/geisteswissenschaftlicher und neurobiologischer Konzepte und Denkweisen an und ersetzt womöglich den lange bestehenden Dualismus.

psychologische Erklärungen

Verschiedene Formen des Lernens scheinen dabei eine entscheidende Rolle zu spielen, so soziales Lernen oder Modelllernen, operante und klassische Konditionierung. Wesentlich erscheint dabei, dass Unangenehmes durch Somatisierung vermieden werden kann, z. B. Klassenarbeiten („sekundärer Krankheitsgewinn"). Eine verstärkte Aufmerksamkeit gegenüber Körpersymptomen tritt häufig hinzu.

Somatisierung kann auch im Dienste der Abwehr stehen, emotionale Konflikte werden körperlich ausgedrückt, dies wird **Konversion** genannt. So treten Konflikte, unangenehme Affekte oder Gedächtnisinhalte nicht mehr ins Bewusstsein. Der Begriff „Konversion" kann weiter definiert werden (so wie ihn die ICD-10 verwendet) und meint dann generell die Umsetzung eines unangenehmen Affekts – hervorgerufen durch unlösbare Schwierigkeiten und Konflikte – in irgendeiner Weise in Symptome.

Freud selbst hat den Konversionsbegriff enger gefasst und gefordert, dass aufgrund eines seelischen Konflikts durch psychische (unbewusste) Verdrängungsarbeit ein somatisches Symptom entsteht – wobei dieses Symptom oft eine symbolische, körpersprachliche Umsetzung des Konfliktes ist. Das Symptom kann dabei entweder eine Art der verbotenen Triebbefriedigung darstellen, oder die Krankheit dient gerade der Unterdrückung des Triebimpulses. Konversionssymptome treten v. a. bei der Hysterie auf, z. B. als Lähmung, Sensibilitätsstörung oder Blindheit. Die Symptome haben einen direkten, funktionalen Zweck, dieser Zusammenhang bleibt dem Betroffenen aber verborgen (unbewusst): z. B. psychogene Blindheit, nachdem der Patient Folter ansehen musste. Freud grenzte körperliche Beschwerden wie Schwitzen, Schwindel oder Durchfall deutlich von „Konversionssymptomen" ab. Er ging davon aus, dass bei ersteren eine seelische Verarbeitung (wie z. B. die Verdrängung) gar nicht erst stattfinde, sondern die Erregung direkt in ein Körpersymptom überführt werde (Gundel et al. 2000).

Alexithymie

Diese Sichtweise wurde in dem 1972 erstmals beschriebenen Alexithymie-Konzept wieder aufgegriffen: Viele psychosomatische Patienten zeichnen sich durch eine Art „emotionales Analphabetentum" aus: „Die körperliche Symptomatik wird hier als Ergebnis einer gerade nicht stattfindenden seelischen Verarbeitung akuter oder chronifizierter intrapsychischer Konflikte verstanden". Dabei trifft ein „Konflikt ein bestimmtes Individuum – meist aufgrund früherer Schädigungen – quasi schutzlos und es erscheint, ohne dass eine emotionale Reaktion bzw. Verarbeitung sichtbar werden, ein körperliches Krankheitssymptom" (Gündel et al. 2000, 151). Alexithymie zeigt sich klinisch häufig in

- einer auffälligen Schwierigkeit oder Unfähigkeit, Gefühle zu benennen oder auszudrücken und sie von den körperlichen Folgen einer Stress- oder Belastungssituation zu unterscheiden,
- einer nicht oder vermindert spürbaren inneren Beteiligung bei der Schilderung belastender Lebenssituationen, einer wenig plastischen Sprache und einem spärlichen Vorstellungsvermögen,
- einer engen, oft symbiotischen Beziehung an den Partner, wobei die Patienten wenig Autonomie und hohe Konformität zeigen.

Alexithyme Persönlichkeitszüge korrelieren in verschiedenen Studien bei Erwachsenen hoch mit somatoformen Beschwerden oder Schmerzen (Cox et al. 1994; Bach/Bach 1996; Lumley et al. 1997).

> **Kasten 11: Emotional-kognitives Entwicklungsmodell (nach Lane/Schwartz 1987)**
>
> Alexithymie kann auch als Störung der emotional-kognitiven Entwicklung verstanden werden: Ein Entwicklungsmodell für Emotionen, das in seiner Struktur ähnlich dem Piaget'schen Modell der kognitiven Entwicklung ist, wurde von Lane und Kollegen entworfen (Lane/Schwartz 1987). In einer hierarchisch aufeinander aufbauenden Ordnung werden fünf Levels von „emotionalem Bewusstsein" unterschieden:
>
> 1) Gewahrwerden von Körperempfindungen,
> 2) Gewahrwerden von Bewegungsimpulsen,
> 3) Gewahrwerden einzelner Emotionen,
> 4) Gewahrwerden gemischter Emotionen und
> 5) Gewahrwerden einer Mischung von gemischten Emotionen.
>
> Bei Level 1 und 2 bleiben die Emotionen implizit, es erfolgt nur ein körperlicher Ausdruck bzw. eine Reaktion. Ab Level 3 werden sie explizit, d.h. können bewusst wahrgenommen werden. Alexithymie kann in diesem Sinne als eine Störung in der Verbindung zwischen der impliziten (Level 1 und 2) und der expliziten (Level 3 bis 5) Affektverarbeitung verstanden werden (Subic-Wrana et al. 2005).

Neurobiologie

Dieses psychologisch definierte Konzept der Alexithymie wird durch neuere Befunde funktioneller Bildgebungsuntersuchungen gestützt: Als Grundlage der Alexithymie wird ein „Diskonnektionssyndrom" vermutet, bei dem Störungen an unterschiedlichen Stellen eines komplexen neuronalen Regelkreises zu einer verminderten Weiterleitung emtionaler Inhalte („emotional information processing") führen. Der Betreffende nimmt diese emotionalen Inhalte in der Folge weniger oder kaum noch wahr. Die für diese „emotionale Informationsverarbeitung" erforderlichen neuronalen Regelkreise sind erst unvollständig bekannt: Teile des limbischen Systems und des Thalamus sind wichtige Schaltstellen, Weiterleitung erfolgt über verschiedene Zwischenhirnstationen zu präkortikalen und kortikalen Strukturen. Unterwegs gehen Querverbindungen ab, die weitere Wahrnehmungen, vegetativ-autonome (z. B. Herzklopfen) und auch motorische Reaktionen (z. B. Weglaufen) auslösen können. Ein solches „Diskonnektionssyndrom" kann u. U. auch durch eine lebenslang verminderte Fazilitierung dieser Regelkreise verursacht werden, wenn durch (besonders chronische) traumatische Erlebnisse eine Weiterleitung emotionaler Informationen über lange Zeit (zum Selbstschutz des Individuums) gehemmt wurde (Gundel et al. 2000).

Bei Kindern bildet sich die Persönlichkeit erst noch aus, deswegen wird bei ihnen Alexithymie noch nicht als fester Persönlichkeitszug gefunden. Bei ihnen sind alexithyme Züge eher im Zuge einer Entwicklungsstörung vorstellbar: In der normalen Entwicklung lernt das Kind während Säuglings- und Kleinkindphase zunehmend, durch einen („hinreichend guten") emotionalen Austausch mit der Mutter, seine Affekte wahrzunehmen und angemessen in Worte zu fassen. Für diesen Prozess der „Desomatisierung" ist eine genügende Feinfühligkeit der Mutter und eine entsprechende Spiegelung der kindlichen Befindlichkeit durch sie eine wesentliche Voraussetzung. Möglicherweise findet diese frühe Entwicklung nicht in dieser Form statt, weil entweder die Mutter-Kind-Beziehung früh gestört ist (z. B. durch mangelnde Passung aufgrund äußerst unterschiedlicher Temperamente von Mutter und Kind) oder aber weil die Mutter (vielleicht, weil sie selbst alexithyme Züge aufweist) die „körperlichen" Signale des Kindes nicht angemessen entschlüsseln und in Sprache, Mimik und Haltung rückübersetzen kann. In diesem Fall kann sich die frühe, physiologisch auftretende „Somatisierung" nicht desomatisieren, und Somatisierung bleibt wichtiger Bewältigungsstil bis vielleicht in das Erwachsenenalter.

Allerdings impliziert dieses Konzept auch, dass Nachreifung möglich ist, und zwar umso einfacher, je kürzer die Störung persistiert. Das macht psychotherapeutische Interventionen bei kindlichen Schmerzpatienten um einiges weniger aufwändig, aber vielversprechender als bei Erwachsenen.

Eine Zusammenführung psychologischer und neurobiologischer Konzepte wird besonders plastisch durch eine 2003 veröffentlichte Untersuchung von Eisenberger und Kollegen mit dem Titel "Schmerzt Zurückweisung?" (2003):

> Während funktionelle Kernspinaufnahmen gemacht wurden, wurden die Probanden angehalten, ein Ballspiel auf einem Computer zu spielen. Den Probanden wurde gesagt, dass sie dabei mit zwei anderen Spielern spielen würden, die ebenfalls im Kernspintomographen lägen. In Wirklichkeit gab es jedoch keine zwei anderen menschlichen Spieler, die Probanden spielten allein mit dem Computer und hörten aber die entsprechende Deckgeschichte von den zwei anderen Spielern. Dabei wurde das Gefühl sozialer Zurückweisung experimentell folgendermaßen erzeugt:
>
> In der ersten Bedingung („Baseline") konnten die Probanden die anderen „Spieler" auf dem Bildschirm beim Ballspielen beobachten. Ihnen wurde gesagt, dass aufgrund technischer Schwierigkeiten momentan keine Verbindung zu den anderen beiden Scannern möglich sei, so dass sie die beiden Spieler nur beobachten, nicht aber mitspielen könnten.
>
> In der zweiten Bedingung („soziale Zurückweisung") erhielten die Probanden zuerst sieben Würfe und wurden anschließend von den beiden (virtuellen, aber vermeintlich echten) Mitspielern nicht mehr angespielt. Das interessante Ergebnis war, dass die Aktivierungsmuster im Gehirn während der sozialen Zurückweisung denen ähneln, die man bei körperlichem Schmerz findet: Der anteriore cinguläre Kortex (ACC) war verstärkt aktiv. Er ist eine Art „Alarmsystem" im ZNS, der kontinuierlich überwacht, ob eine automatische Antwort unangemessen ist oder wichtige andere Ziele gefährden würde. Schmerz als eines der primitivsten Signale, dass „etwas nicht stimmt", aktiviert diesen Kortexanteil zuverlässig. Besonders der rückwärtige (dorsale) Anteil steht mehr mit der affektiven (und weniger mit der sensorischen) Qualität von Schmerz in Zusammenhang. Verstärkt aktiviert waren weiterhin Teile des rechten präfrontalen Kortex (right ventral prefrontal cortex), die ihrerseits in die Regulation des ACC einge-

bunden sind und so wahrscheinlich zu einer Hemmung von negativen emotionalen Begleiterscheinungen von Schmerzen beitragen können.

Die Leistung dieser Studie liegt in dem Nachweis, dass „sozialer Schmerz" (z. B. durch Ausgeschlossenwerden) im Nervensystem Ähnliches bewirkt wie körperlicher Schmerz. Möglicherweise stellt dies einen Weg dar, über den chronische psychische Traumata im Sinne von z. B. Vernachlässigung die neuronale Plastizität in eine Richtung beeinflussen, dass am Ende chronische Schmerzen entstehen.

5 Diagnostik und Differentialdiagnostik

5.1 Schmerzmessung bei Kindern

Schmerzen bei Kindern sind schwieriger zu beurteilen als bei Erwachsenen. Je jünger die Kinder sind, desto seltener kann die Schmerzstärke einfach erfragt werden, sondern muss aus dem nonverbalen Ausdruck und dem Verhalten erschlossen werden. Seitdem nachgewiesen ist, dass wahrscheinlich schon Feten, aber auf jeden Fall Säuglinge Schmerz gut wahrnehmen können (s. Kap. 1.1.4), hat die pädiatrische Schmerzforschung eine Fülle von Verfahren zur Messung von Schmerzen bei Kindern entwickelt. Aufgabe der Diagnostik ist nicht nur das Erfassen von Schmerzlokalisation, -intensität, -qualität und Begleitsymptomen sowie dessen Modulation durch z. B. Tagesrhythmik, bestimmte Aktivitäten, Körperstellungen oder therapeutische Maßnahmen (Wärme, Kälte, Schmerzmittel etc.), sondern auch die Analyse von individuellen Verarbeitungsweisen und interaktionellen Folgen des Schmerzes (z. B. Schonungsmuster in der Familie). Dabei muss berücksichtigt werden, dass Kinder in den einzelnen Phasen ihrer Entwicklung Schmerz unterschiedlich verarbeiten (s. Kap. 1.1.5).

Schmerzdiagnostik sollte immer mehrdimensional erfolgen und wiederholte Messungen auf verschiedenen Ebenen (kognitiv, verhaltensbezogen, ggf. physiologisch, systemisch) umfassen. Basis jeder Schmerzmessung ist eine gründliche und zugleich vernünftige klinische Diagnostik (Schmerzanamnese mit dem Kind und den Eltern sowie körperlicher Untersuchungsbefund), die bei chronischen oder rezidivierenden Schmerzen durch Schmerztagebücher ergänzt werden sollte. Eine multidimensionale Erfassung kann auch mithilfe von speziellen Fragebögen erfolgen. Eventuell bestehende, begleitende psychische Probleme im Sinne psychiatrischer Komorbidität sollten auf jeden Fall ebenfalls erfasst werden.

5.1.1 Klinische Diagnostik

Kontakt

Es ist sehr wichtig, dass der Therapeut vom ersten Kontakt an das Kind oder den Jugendlichen bezüglich seiner Absichten und seines Vorgehens orientiert und dieses/diesen von Anfang an als Partner ernst nimmt, indem er auf den jeweiligen Entwicklungsstand eingeht. Dazu gehört selbstverständlich ein explizites Ansprechen des Kindes oder Jugendlichen (und nicht nur der Eltern) schon bei der Begrüßung, ein aktives und einfühlsames Zuhören, das Vorgeben einer klaren Struktur und Rückmeldungen an das Kind/den Jugendlichen über sein Verhalten oder was es/er gesagt hat.

⚠️ In jedem Fall ist es zu vermeiden, falsche Angaben oder Voraussagen über das eigene Vorgehen zu machen, auch wenn die Wahrheit für die Kinder oder Jugendlichen im ersten Moment unangenehm erscheint. Muss man schmerzhafte Prozeduren (z. B. Blutentnahmen) durchführen, sollte man nie sagen, dass es nicht wehtun wird oder gleich vorbei ist, wenn das nicht stimmt. Am besten arbeiten Kinder mit, wenn sie merken, dass sie präzise Angaben bekommen, wann ein Schmerz auftritt und wie lange er dauert. Auch wenn z. B. eine stationäre Therapie erforderlich ist, sollte man das nicht verschweigen oder „schönreden". Oft ist die erste Begegnung entscheidend für den weiteren Verlauf der therapeutischen Beziehung.

Anamnese

Die Schmerzanamnese sollte Angaben des Kindes (unter Berücksichtigung von Alter und Entwicklungsstand) mit den Angaben der Eltern kombinieren. Der Bericht des Kindes und Jugendlichen über den Schmerz ist meist der erste und unmittelbarste. Er eignet sich zuweilen als Aufhänger für einen guten therapeutischen Kontakt. Nachteilig ist, dass der Selbstbericht nicht mit inneren Erlebniszuständen korrespondieren muss (Kroll 1994): Schmerzen können stärker geäußert als empfunden werden, wenn z. B. die Bezugspersonen Schmerzäußerungen systematisch verstärken. Oft findet sich jedoch auch das Umgekehrte: Kinder schwächen ihre Schmerzen in ihren Berichten ab, weil sie die Eltern schonen wollen, unangenehme Konsequenzen befürchten oder nicht als „Jammerlappen" gelten wollen. Für einige Schmerzsyndrome gibt es mittlerweile teil- oder voll standardisierte Interviewleitfäden (z. B. für Kopfschmerzen, s. Kap. 5.2). Ansonsten empfiehlt es sich, sich eine innere Leitschiene für die Exploration zu machen (s. Tab. 2).

Tab. 2: Leitfaden zur Schmerzanamnese

Schmerz	■ Lokalisation, räumliche Ausdehnung ■ Qualität (sensorisch, affektiv) ■ Intensität ■ Dauer ■ Fluktuation, zeitliches Muster ■ Beeinträchtigung von Tagesaktivitäten? ■ Wodurch besser, wodurch schlimmer? ■ Bisherige Therapieversuche? Erfolg? ■ Modell: ähnliche Symptome bei wem?
Begleitsymptome	■ Übelkeit, Appetitmangel, Erbrechen ■ Bauchschmerzen ■ Schlafstörungen ■ Licht-, Lärmempfindlichkeit ■ Unruhe ■ Müdigkeit ■ Neurologische Symptome etc.
Begleitende Affekte	■ Angst (vor dem Schmerz, allgemein) ■ Depressive Verstimmtheit
Psychische Symptome	■ Angst (z. B. Trennungsangst, soziale Unsicherheit, Leistungsangst) ■ Depressive Verstimmtheit ■ Somatisierung, Körperbeschwerden ■ Alkohol-, Nikotin-, Drogenabusus ■ Aggression, oppositionelles Verhalten ■ Sonstige Symptome (Alpträume, Nägelbeißen, Zwang, Essstörungen, Schulverweigerung, Selbstverletzung etc.)
Soziales Umfeld	■ Familie (Mitglieder, getrennt/geschieden, Pflege-, Stief-, Adoptivverhältnisse, wichtige Verwandte) ■ Kindergarten, Schule ■ Hobbies, Freundeskreis
Interaktionelle Folgen des Symptoms	■ Auswirkungen des Schmerzsyndroms auf Schule, Familie, Freizeit ■ Was machen die Eltern bei Schmerz des Kindes, was die Lehrer, was die Freunde? ■ Was geht nicht mehr durch den Schmerz?

Im Sinne einer entwicklungsorientierten Sichtweise gehört zu der Anamnese auch die Erhebung der Entwicklungsgeschichte des Kindes (körperliche Entwicklung, Krankheiten und Operationen, psychomotorische, kognitive und emotionale Entwicklung, Krankheiten, soziale Entwicklung, Integration in Kindergarten und Schule, Beziehungsgeschichte, Vorbehandlungen etc.) mit besonderem Fokus auf die persönlichen Erfahrungen mit Schmerzen, Ärzten oder Krankenhaus. Hierbei ist es auch wichtig, nach den besonderen Vorlieben und Fähigkeiten – mögliche Ressourcen – des Kindes zu fragen (diese können potentiell bei der Schmerzbewältigung helfen!) und nicht nur nach den Schmerzen, Schwierigkeiten und Problemen.

Ebenso gehört eine erweiterte Familienanamnese dazu, die nicht nur nach dem Vorhandensein schwerer körperlicher Erkrankungen fragt, sondern auch nach Zusammenhängen zu dem Schmerzsyndrom sucht, das beim Patienten im Vordergrund steht. Hilfreich ist dabei die Aufzeichnung eines Genogramms, das sich auch z. B. auf Körperbeschwerden fokussieren lässt und schnell deutlich macht, wenn Somatisierung gleichsam den „Familienstil" darstellt. Abb. 8 gibt ein Beispiel für ein Genogramm einer 16-jährigen Patientin mit einer somatoformen Bauchschmerzstörung. Aus diesem geht hervor, wie gehäuft Schmerzsyndrome in ihrer Familie bis hinein in die Großelterngeneration auftreten und wie gut auch ihre gastrointestinale Symptomwahl angesichts verschiedener Krebserkrankungen im Magen-Darm-Bereich in der Familie erklärbar wird. Ein Familiengespräch hilft außerdem, „folgende Faktoren zu erkennen" (Mangold/Gomig 2002, 88):

- „Belastungen in der Beziehung des Patienten zur Familie, der Eltern zueinander sowie zu den Herkunftsfamilien,
- verdeckte Konflikte in der Familien- und Partnerbeziehung, die für die Entstehung und Aufrechterhaltung der Schmerzsymptomatik eine Rolle spielen könnten,
- Schmerzsymptomatik als äquilibrierendes Phänomen bei Vorliegen dysfunktionaler familiärer Beziehungsmuster und
- familiäre Interaktionsmuster, welche die Schmerzsymptomatik verstärken oder Unsicherheit und Hilflosigkeit auslösen."

Die körperliche Untersuchung sollte sich am jeweiligen Schmerzsyndrom orientieren. Außerdem ist sie erforderlich, um den körperlichen Entwicklungsstand und ggf. funktionelle Einschränkungen einschätzen zu können sowie bei gezieltem Verdacht weitere Differentialdiagnosen zu veranlassen.

Schmerzmessung bei Kindern **115**

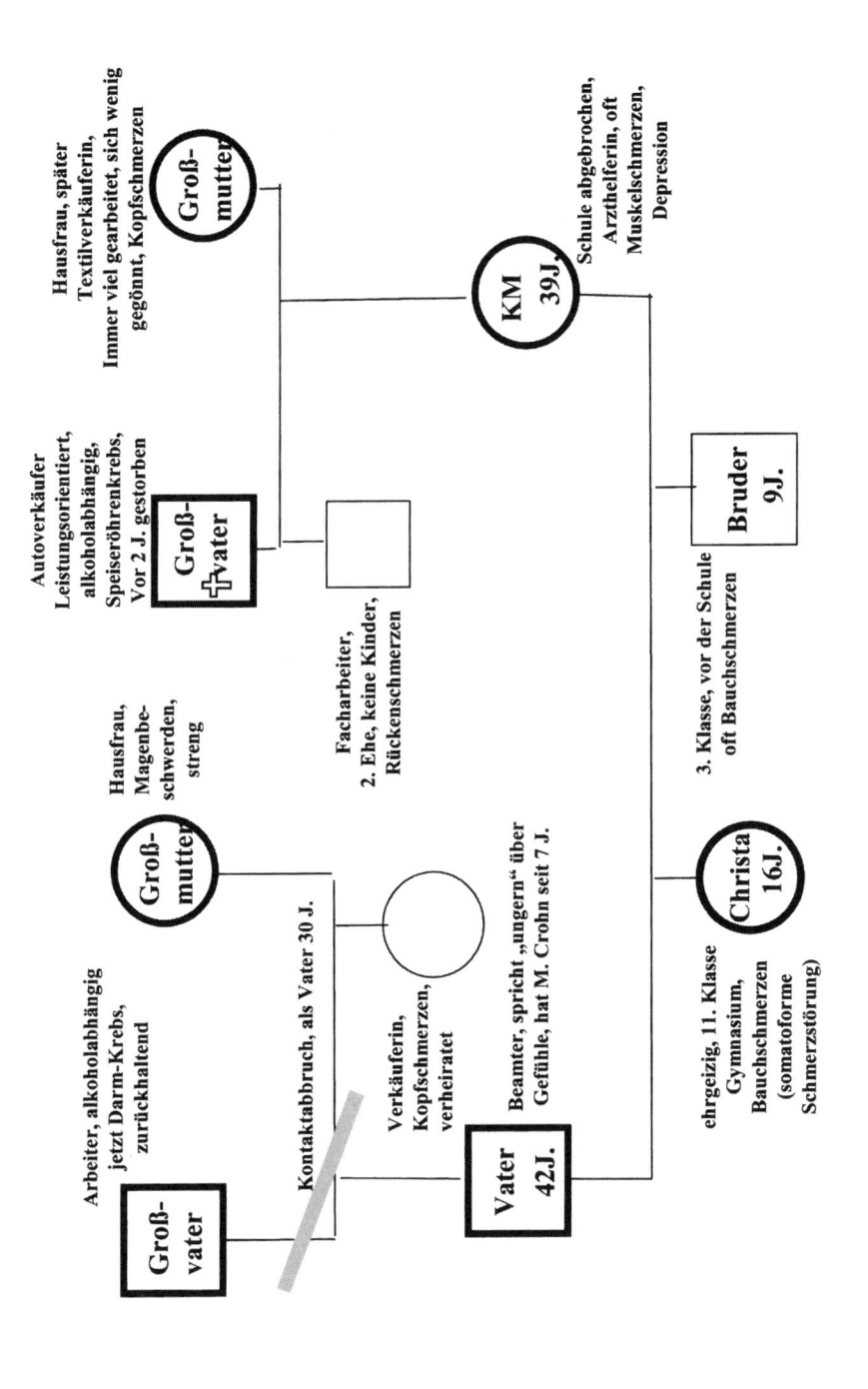

Abb. 8: Genogramm einer 16-jährigen Patientin mit einer somatoformen Bauchschmerzstörung

Großmutter (väterlicherseits): Hausfrau, Magenbeschwerden, streng

Großvater (väterlicherseits): Arbeiter, alkoholabhängig, jetzt Darm-Krebs, zurückhaltend — Kontaktabbruch, als Vater 30 J.

Großmutter (mütterlicherseits): Hausfrau, später Textilverkäuferin, Immer viel gearbeitet, sich wenig gegönnt, Kopfschmerzen

Großvater (mütterlicherseits): Autoverkäufer, Leistungsorientiert, alkoholabhängig, Speiseröhrenkrebs, Vor 2 J. gestorben

Facharbeiter, 2. Ehe, keine Kinder, Rückenschmerzen

Verkäuferin, Kopfschmerzen, verheiratet

Vater 42 J.: Beamter, spricht „ungern" über Gefühle, hat M. Crohn seit 7 J.

KM 39 J.: Schule abgebrochen, Arzthelferin, oft Muskelschmerzen, Depression

Christa 16 J.: ehrgeizig, 11. Klasse Gymnasium, Bauchschmerzen (somatoforme Schmerzstörung)

Bruder 9 J.: 3. Klasse, vor der Schule oft Bauchschmerzen

Kasten 12: Kinderbilder

Es hat sich als nützlich erwiesen, Kinder zu bitten, ihren Schmerz zu malen oder zu zeichnen („Wie fühlt sich dein Schmerz an?"). Die Darstellung kann dabei abstrakt oder gegenständlich sein, farbig oder schwarz-weiß. Die Bilder können als Aufhänger für therapeutische Interventionen genutzt werden (s. Kap. 7.6.2.3, Abschnitt „Externalisierung"), sind jedoch in vielen Fällen auch diagnostisch sehr aufschlussreich. Auch Jugendliche kommen dieser Bitte im Allgemeinen gern nach, wenn man die gestaltenden Medien ihrem Alter und ihren persönlichen Vorlieben anpasst (ältere Jungen benutzen z. B. oft gern Computer-Zeichenprogramme). Abb. 9 zeigt die Zeichnungen eines 14-jährigen Jungen mit Migräne („Wie sich mein Kopfschmerz anfühlt"): Eine hat er frei gezeichnet und die andere mit einem Computer-Zeichenprogramm gestaltet.

Die Schmerzdarstellungen sind oft dramatisch. Kinder und Jugendliche mit Migräne stellen sehr oft diagnostische Kriterien der Migräne bildnerisch dar, z. B. den hämmernden Kopfschmerz durch einen Mann mit Hammer im Kopf und in unserem Beispiel den stechenden Schmerz in einem Auge. Auch Übelkeit/Erbrechen, Sich-Hinlegen-Wollen, Lichtempfindlichkeit und visuelle Aurasymptome sind oft Gegenstand der Darstellung. In einer Studie wurden klinische Diagnosen mit „Diagnosen" verglichen, die „verblindete" Kopfschmerzspezialisten aufgrund der Kinderzeichnungen stellten. Dabei fand sich eine sehr hohe diagnostische Sensitivität und Spezifität der Kinderzeichnungen für Migräne (Stafstrom et al. 2002).

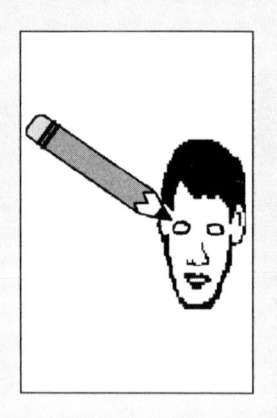

Abb. 9: Zeichnungen des 14-jährigen Christopher B. von seiner Migräne („Wie sich mein Kopfschmerz anfühlt")

5.1.2 Skalen zur Schmerzmessung

Schätzskalen sind die Schmerzmessinstrumente, die klinisch am häufigsten verwendet werden. Sie ermöglichen eine schnelle Orientierung, sind zeitökonomisch und praktisch. Da sie nur eine einfache Anleitung benötigen, können sie auch von Eltern oder Pflegepersonal ohne Schwierigkeiten eingesetzt werden.

Nachteil ist die Reduktion der Information auf nur eine Dimension. Verschiedene Ebenen des Schmerzerlebens wie z. B. wahrgenommene Schmerzintensität und damit verbundene negative Gefühle können nicht mehr getrennt werden. Da Schätzskalen sowieso nie isoliert, sondern immer innerhalb einer mehrdimensionalen Untersuchungsstrategie eingesetzt werden sollten, ist dieser Nachteil zu vernachlässigen.

Wichtig ist, dass sowohl die Art und Gestaltung der Skala (Art der Skala, Anzahl der Unterteilungen, Zahlen oder Symbole etc.) als auch Instruktion und ggf. Unterstützung dem Entwicklungsniveau des Kindes angepasst sind.

Man unterscheidet zwei Skalenarten:

- *Kategorialskalen:* Diese Skalen enthalten diskrete Abstufungen (z. B. 1 – 2 – 3 – 4 – 5), die in Form von Zahlen, Wörtern, Farben oder Symbolen (z. B. Gesichter) dargeboten werden können. Meist werden zwischen vier und sieben Abstufungen verwendet. Problematisch ist die Zuordnung von Zahlenwerten zu den einzelnen Kategorien: Es ist nicht klar, ob zwischen zwei Kategorien wirklich immer derselbe Abstand besteht und ob die Kategorien wirklich die Interpretation der Abstufungen des Kindes widerspiegeln (Kroll 1994). Für jüngere Kinder werden häufig Gesichterskalen verwendet, wobei hier die Vermischung von Schmerzstärke und schmerzassoziiertem Affekt eine besondere Gefahr darstellt.
- *Visuelle Analogskalen (VAS):* Diese Skalen verzichten auf die Unterteilung in Teilkategorien mittels Beschriftung oder Symbol und bieten eine gerade Linie an, deren beide Enden durch Extremzustände (z. B. „kein Schmerz" und „stärkster vorstellbarer Schmerz", s. Abb. 10) markiert sind. Für die Auswertung kann die Strecke bis zur Markierung ausgemessen und auf die Gesamtstrecke bezogen werden. Voraussetzung für einen sinnvollen Einsatz ist, dass Kinder ihren Schmerz in einer anderen Modalität ausdrücken und ihn sich als lineares Kontinuum vorstellen können (Kroll 1994). Es wird davon ausgegangen, dass Kinder ab ca. fünf Jahren über diese Fähigkeiten verfügen (McGrath et al. 1985).

kein Schmerz		stärkster vorstellbarer Schmerz

Abb. 10: Visuelle Analogskala (VAS) zur Schmerzmessung

Die früheste Selbsteinschätzung ist ab dem Kleinkindalter möglich (etwa Mitte des 3. Lebensjahrs): Das Kind zeigt dabei auf eines von mehreren vorgegebenen Gesichtern, welches seinem Schmerzempfinden entspricht, oder wählt eine Farbe aus, die seiner aktuellen Schmerzstärke entspricht (Kropp 2004). Schmerzen noch jüngerer Kinder (bis hinab zum Frühgeborenen) können nur durch Fremdbeobachtung indirekt erschlossen werden.

Eine Übersicht der verwendeten Verfahren findet sich bei Kropp (2004).

5.1.3 Schmerztagebücher

Schmerztagebücher sind bei chronischen oder wiederkehrenden Schmerzen ein sehr wichtiger Baustein nicht nur der Diagnostik, sondern häufig auch schon der Therapie. Verlaufsmuster des Schmerzgeschehens können gut erfasst werden. Außerdem wird eine Art Baseline erhoben, die als Ausgangs- und Referenzwert zur Beurteilung therapeutischer Maßnahmen dient. Zudem ergibt sich die Möglichkeit, eine bemerkte Zu- oder Abnahme von Schmerzen mit äußeren oder inneren Auslösern oder Abläufen in Zusammenhang zu bringen. Hierdurch wird das Kind/der Jugendliche zum Experten seiner persönlichen Schmerzen: Er lernt zu verstehen, welchen Mustern der Schmerz folgt, wodurch er verbessert oder verschlimmert werden kann und wie er selbst möglicherweise Einfluss nehmen kann. Schmerztagebücher helfen damit dem Kind/dem Jugendlichen, sich als aktiv Mitwirkenden im therapeutischen Prozess zu verstehen. Erlebt er, dass sein gewissenhaftes Tagebuchführen ihm hilft, seine Schmerzen zu beeinflussen, dann lernt er, den Erfolg seiner Bemühungen sich selbst zuzuschreiben. Damit erlebt er „Selbstwirksamkeit" – eine Grundvoraussetzung für eine aktive Rolle bei der Schmerzbewältigung (Kroll 1994) und damit für eine gute Prognose.

Durch das Führen des Kopfschmerztagebuchs erlebt das Kind/der Jugendliche auch, dass sein Problem „Schmerz" von den Behandelnden ernst und wichtig genommen wird und dass er allein darüber wirklich Auskunft geben kann.

Therapeuten mit stark ressourcenorientierter oder hypnotherapeutischer Grundeinstellung haben manchmal initial Bedenken gegen den Einsatz von Schmerztagebüchern, weil sie eine zu starke Fokussierung auf das Pathologische und das Problem befürchten („Problemtrance"). In der Praxis erscheint es gerade im Symptombereich „Schmerz" ungünstig, dem „Problem" oder Symptom zu wenig Raum einzuräumen, weil sich die Patienten dann nicht ausreichend verstanden fühlen. Eine gründliche Schmerzanamnese und das Führen eines Schmerztagebuchs können dazu beitragen, das Gefühl zu vermitteln, mit (Schmerz-)Symptom und Anliegen ernst genommen zu werden. Sie stellen außerdem eine unverzichtbare Beurteilungsmöglichkeit der Therapie dar.

Mit dem Schmerztagebuch können neben Intensität, Dauer, Qualität und Begleitsymptomen des Schmerzes auch potentielle Auslöser und schmerzverstärkende Faktoren, Gefühle und Stimmungen, besondere Erlebnisse, funktionelle Auswirkungen (z. B. Verhinderung von Schulbesuch, Freizeitaktivitäten, Hausaufgaben etc.) sowie Copingmechanismen (Entspannung, Medikamente, Hinlegen, Sport etc.) erfasst werden. In dieser Form sind Schmerztagebücher mehrdimensionale diagnostische Instrumente.

Der Gestaltung der Tagebücher kommt besondere Bedeutung zu, damit das Kind/der Jugendliche nicht überfordert wird und seine Motivation erhalten bleibt. Deswegen sollten die geforderten Angaben so knapp wie möglich gehalten werden. Das Tagebuch sollte von Design und Aufmachung her die entsprechende Altersgruppe ansprechen, für Kinder gibt es z. B. ein Kopfschmerztagebuch mit Janoschfiguren (Pothmann 1993). Die Fragen müssen eindeutig formuliert sein, und dem Kind muss erläutert werden, warum und wie es das Tagebuch führen soll. Bei Kindern im Grundschulalter oder jünger hat es sich bewährt, dass die Eltern das Tagebuch gemeinsam mit den Kindern zu einer festen Zeit am Abend ausfüllen oder zumindest das Kind daran erinnern.

Für Kinder im Vorschulalter sind Schmerztagebücher weniger geeignet, da sich durch erforderliches gemeinsames Ausfüllen mit Bezugspersonen Selbst- und Fremdeinschätzung nicht mehr so gut trennen lassen (Kroll 1994). Mindestens einmal im Monat sollte das Tagebuch vom Therapeuten auf Vollständigkeit geprüft werden. Dabei sollte er unbedingt auch auf die Inhalte eingehen, um dem Kind den Sinn des Ausfüllens deutlich zu machen. Es hat sich bewährt, das Ausfüllen des Tagebuchs nach einem Punktesystem zu belohnen. Dabei können z. B. kleine farbige Aufkleber mit Comicfiguren o. Ä. als tägliche, unmittelbare Verstärker in das Tagebuch geklebt werden. Zusätzlich können für ein eine oder

Tagebuchgestaltung

mehrere Wochen ausgefülltes Tagebuch Punkte gesammelt werden, die dann entweder in kleine Spielzeuge oder Zeiten gewünschter Aktivität eingetauscht werden können (z. B. gemeinsames Gesellschaftsspiel). Die Verstärker sollten dabei individuell ausgewählt werden und für das betreffende Kind attraktiv sein.

Schmerztagebücher sind beinahe unabdingbar, um den Erfolg therapeutischer Maßnahmen quantifizieren zu können. Hierbei ist wichtig zu wissen, dass das Führen des Schmerztagebuchs selbst in vielen Fällen schon zu einer Verminderung der Schmerzen (meist der Frequenz) führt. Auf den Einsatz von Schmerztagebüchern in der Kopfschmerztherapie wird in Kap. 5.2.1 eingegangen.

5.1.4 Multiaxiale Klassifikationssysteme

Im Erwachsenenalter gibt es multiaxiale Erhebungsinstrumente, die nicht nur verschiedene Aspekte des Erlebens und Umgangs mit Schmerz, sondern auch die allgemeine körperliche und psychische Befindlichkeit erfassen.

Für das Kindesalter stehen im deutschen Sprachraum bisher kaum diagnostische Instrumente zur Erfassung von Schmerzen zur Verfügung, eine Übersicht findet sich bei Kropp (2004).

Für alle Arten von Schmerzzuständen bei Kindern und Jugendlichen von 8 bis 18 Jahren haben Zernikow und Damschen den „Dattelner Schmerzfragebogen" (www.medizin.uni-koeln.de/projekte/dgss/PDF/SchmerzfragebogenKind.pdf, 31.7.05) entwickelt. Es handelt sich dabei um ein strukturiertes Interview zum Schmerzgeschehen, zur Anamnese, zu den Schmerzauswirkungen und Behandlungsversuchen, das in einer Eltern- und einer Kindversion vorliegt (Zernikow 2001).

In der Arbeitsgruppe um Hermann wurden kürzlich Fragebögen zur Schmerzdiagnostik entwickelt, die sich an die multiaxialen Systeme des Erwachsenenalters anlehnen:

- *Fragebogen zur Schmerzbewältigung bei Kindern (FSBK)* (Hermann et al. 2005a). Der FSBK basiert auf dem Pain Coping Questionnaire von Reid und Mitarbeitern (1998) und umfasst sowohl adaptive als auch maladaptive (katastrophisierende) schmerzbezogene Kognitionen. Vor allem katastrophisierenden Gedanken wird eine hohe Bedeutung bei der Aufrechterhaltung eines chronischen Schmerzproblems zugeschrieben. Durch explorative und konfirmatorische Faktorenanalysen ergaben sich die drei Subskalen Katastrophisieren, Problemlösen und Selbstermutigung. Insgesamt erweist sich der FSBK als Fragebogen mit zufrieden stellender Reliabilität und Validität.

- *Multidimensionaler Schmerzfragebogen für Kinder (MPI-K) und Eltern (MPI-E)* (Hermann et al. 2005b). Der MPI-K bzw. MPI-E stellt eine für den Einsatz bei Kindern und Jugendlichen sowie deren Eltern adaptierte Fassung von Teil 1 des Multidimensionalen Schmerzfragebogens für Erwachsene (MPI-D; Flor et al. 1990) dar. Der MPI-K bzw. MPI-E soll eine Quantifizierung der schmerzbedingten Beeinträchtigung im Alltag erlauben. Langfristig solle er ähnlich wie der MPI für Erwachsene auch als Instrument zur Therapieevaluation einsetzbar sein. Für Teil 1 des MPI-K ergaben sich die Skalen Schmerzstärke, Beeinträchtigung durch Schmerz, affektive Verstimmung und erlebte Unterstützung, die gut mit den Originalskalen des MPI übereinstimmen. In der Elternversion ergaben sich die Skalen Schmerzstärke des Kindes, schmerzbezogene Beeinträchtigung des Kindes und elterliche schmerzbezogene, affektive Verstimmung. Die psychometrische Evaluation der Fragebögen für Teil 1 ergab eine zufrieden stellende Reliabilität und Validität.

- *Fragebogen zu elterlichen Reaktionen in Schmerzsituationen ihres Kindes, Kinder- (FESK-K) und Elternversion (FESK-E).* Als Vorlage des FESK-K bzw. FESK-E diente Teil 2 des Multidimensionalen Schmerzfragebogens für Erwachsene (MPI-D; Flor et al. 1990). Der FESK erhebt die Reaktionen der Eltern auf Schmerzäußerungen und Schmerzverhalten ihres Kindes. Diesen kommt gemäß dem psychobiologischen Modell chronischer Schmerzen eine wichtige Rolle für die Schmerzaufrechterhaltung zu. Die Kinder- und die Elternversion enthalten die gleichen Items, die sich ausschließlich in der Formulierung unterscheiden. Beide Versionen sollen zuwendende, ablenkende und bestrafende elterliche Reaktionen erfassen, was in einer vorläufigen psychometrischen Evaluation bestätigt werden konnte.

5.1.5 Diagnostik psychiatrischer Komorbidität

Psychische Probleme und Verhaltensauffälligkeiten sollten schon in der Schmerzanamnese mit abgefragt werden (s. Kap. 5.1.1). Zusätzlich ist eine standardisierte Diagnostik sinnvoll. Es empfiehlt sich ein Screening mit Selbst- und Fremdbeurteilungsbögen und eine weitergehende Diagnostik, wenn auffällige Skalenwerte auftreten.

Bei jüngeren Kindern (je nach Entwicklungsstand bis etwa Ende des Grundschulalters) trägt die Fremdbeurteilung durch die Eltern oft mehr dazu bei, psychiatrische Komorbidität zu entdecken als Selbstbeurteilungsfragebögen zu z. B. Symptomen von Angst und Depressivität. Das liegt zum einen daran, dass die Fähigkeit zur Selbstwahrnehmung und Selbstbeschreibung in dieser Altersgruppe erst anfängt, sich zu entwickeln. Zum anderen haben Kinder mit einer Schmerzsymptomatik durchschnittlich mehr Schwierigkeiten als Gesunde, negative Gefühle bei sich wahrzunehmen (s. Kap. 4.3 „Alexithymie"). So werden bei jüngeren Kindern leichte Symptome von Depressivität oder Angst eher von den Eltern wahrgenommen, während die Selbstbeurteilungsfragebögen oft im Normbereich liegen (Just et al. 2003). Mit zunehmendem Alter zeigen sich die Auffälligkeiten dann mehr und mehr auch in den Selbstratings. Im Jugendalter schließlich sind die Selbstratings meist valider als die Elternbeurteilungen, weil Eltern häufig nicht alles von ihren Kindern mitbekommen.

Fremdrating

Hier eignet sich zum Screening ein „Elternfragebogen über das Verhalten von Kindern und Jugendlichen 4–18" (Deutsche Version der Child Behavior Check List, CBCL 4–18; Doepfner et al. 1998), der in etwa 120 Items Verhaltensschwierigkeiten und emotionale Probleme erfasst. Der Elternfragebogen ist leicht anzuwenden und in weniger als 30 Minuten ausgefüllt, er kann den Eltern gut während der Wartezeit z. B. in einer Praxis oder Ambulanz gegeben werden. Die CBCL diskrimiert gut zwischen klinisch-psychiatrischen und nichtklinischen Stichproben bei Kindern und Jugendlichen, eine aktuelle deutsche Normierung auf Alter und Geschlecht liegt vor. Von einer klinischen Relevanz der geschilderten Probleme kann ausgegangen werden, wenn der Gesamt-T-Wert 64 oder mehr beträgt (Achenbach 1991).

Eine andere Auswertungsmethode ist besonders sensitiv für stark ausgeprägte Symptome in klinisch relevanten Bereichen, auch wenn der Gesamtwert unter dem Cut-off bleibt: Die Skala von Remschmidt und Mitarbeitern (Walter/Remschmidt 1994) enthält 47 Items klinischer Relevanz. Sind von diesen Items mindestens zwei mit dem Wert 2 von 2 („genau oder häufig zutreffend") geratet worden, kann auch von einem psychiatrischen Behandlungsbedarf ausgegangen werden.

Es ist sinnvoll, die häufigsten und wichtigsten psychiatrischen Komorbiditäten, nämlich Angst, Depressivität und Somatisierung, nicht nur klinisch in der Anamnese, sondern auch standardisiert durch dimensionale Selbstbeurteilungsbögen abzufragen. Folgende Tests kommen dafür beispielsweise in Frage:

Selbstrating

- *Depressivität:* Depressionstest für Kinder (DTK; Rossmann 1993) oder Depressionsfragebogen für Kinder und Jugendliche (DIKJ; Stiensmeier-Pelster et al. 2000). Letzterer erfasst eindimensional depressive Symptomatik, ist von 8 bis 16 Jahren gut verwendbar und dauert etwa 10 bis 15 Minuten.
- *Angst:* Der Angstfragebogen für Schüler (AFS; Wieczerkowski et al. 1981) erfasst über 50 Items vier Skalen: Prüfungsangst, Schulunlust, allgemeine (manifeste) Angst und soziale Erwünschtheit. Er ist für die Altersgruppe 9 bis 17 Jahre konzipiert, die Bearbeitungsdauer beträgt 10 bis 25 Minuten.
- *Körperbeschwerden und Somatisierung:* Der Gießener Beschwerdebogen ist in einer Fassung für Kinder und Jugendliche von 9 bis 15 Jahren (GBB-KJ; Brähler 1992; Prehler et al. 1992) und in einer Erwachsenenfassung (GBB; Brähler/Scheer 1995) erhältlich, die ab dem 16. Lebensjahr eingesetzt werden kann. Hier werden über 50 bis 60 Items subjektive körperliche Beschwerden aus verschiedenen Symptomen zusammengefasst, die ihrerseits zu Unterskalen zusammengefasst sind (z. B. Magensymptomatik Erschöpfungsneigung etc.). Die Kinder-und-Jugendlichen-Version bietet kinder- und jugendtypischere Symptome an, beide Versionen sind vergleichbar.

Zeigen sich für ein Kind oder einen Jugendlichen Skalenwerte der Selbst- oder/und Fremdbeurteilung im klinisch auffälligen Bereich, kann zusätzlich entweder eine erweiterte freie Exploration oder ein diagnostisches Interview für psychische Störungen angeschlossen werden (z. B. Diagnostisches Interview bei psychischen Störungen im Kindes- und Jugendalter (Kinder-DIPS; Unnewehr et al. 1995). Auf spezielle Diagnostik bei den häufigsten und wichtigsten Schmerzsyndromen im Kindes- und Jugendalter wie z. B. Kopfschmerzen wird im Folgenden eingegangen.

5.2 Kopfschmerzen im Kindes- und Jugendalter

Die Diagnose von Migräne oder Spannungskopfschmerzen ist eine klinische Diagnose und beruht v. a. auf einer gründlichen Anamnese (s. Kap. 5.1.1), am besten unter Berücksichtigung eines über vier bis acht Wochen geführten Kopfschmerztagebuchs. In der Anamnese sollten nach Expertenempfehlung (Wöber-Bingöl et al. 1995) die im Kasten 13 aufgeführten Fragen geklärt werden.

Kasten 13: In der Anamnese zu klärende Fragen (nach Wöber-Bingöl et al. 1995)

1. Seit wann bestehen die Kopfschmerzen?
2. Wie oft treten die Kopfschmerzen auf (in der letzten Woche, im letzten Monat, im letzten halben Jahr)?
3. Wie lange dauert der Kopfschmerz üblicherweise?
4. Wo ist der Kopfschmerz?
5. Ist er ein- oder beidseitig?
6. Beeinträchtigt der Kopfschmerz andere Aktivitäten (Lernen, Spiele etc.)?
7. Führt der Kopfschmerz zu einer Unterbrechung oder einem Abbruch von Aktivitäten?
8. Führt der Kopfschmerz zu Hinlegen oder Bettruhe?
9. Wird der Kopfschmerz schlimmer bei körperlicher Anstrengung (Rennen, Treppensteigen etc.)?
10. Ist der Kopfschmerz klopfend/pochend oder dumpf/drückend oder etwas anderes?
11. Ist der Kopfschmerz von Übelkeit/Erbrechen begleitet?
12. Besteht während des Kopfschmerzes eine erhöhte Licht- oder Lärmempfindlichkeit? Werden dunkle oder ruhige Räume bevorzugt?
13. Ist während der Kopfschmerzen das Sehen beeinträchtigt? (Wenn ja, beschreiben lassen.)
14. Treten im Zusammenhang mit dem Kopfschmerz Taubheitsgefühle in Armen oder Beinen auf? (Wenn ja, beschreiben lassen.)
15. Ist die Sprache während der Kopfschmerzen gestört? (Wenn ja, beschreiben lassen.)
16. Gibt es weitere Symptome? (Wenn ja, beschreiben lassen.)

17. Wie lange dauern diese Symptome üblicherweise?
18. Treten diese Symptome vor, während oder nach den Kopfschmerzen auf?
19. Leiden andere Familienmitglieder unter Kopfschmerzen?
20. Gibt es etwas Wichtiges, das noch nicht angesprochen wurde?

Auf dem Gebiet des Kinderkopfschmerzes sind apparative diagnostische Verfahren nicht routinemäßig erforderlich. Nur genaue Kenntnis der variablen klinischen Symptomatik und der möglichen Differentialdiagnosen mit vorsichtigem und rational begründetem Einsatz von apparativen Verfahren kann mit einer exakten Diagnose die Grundlage für eine erfolgreiche Therapie legen.

Insbesondere bei jüngeren Kindern lassen sich Kopfschmerzen nicht immer klar als Migräne und Spannungskopfschmerzen klassifizieren, da die Kriterien beider Kategorien unter Berücksichtigung der kindertypischen Besonderheiten weit überlappen: Beim (typischen) beidseitigen, drückenden, mittelstarken Kopfschmerz kann das Vorhandensein eines zusätzlichen Symptoms (z. B. Licht- oder Lärmempfindlichkeit) über die diagnostische Eingruppierung entscheiden. Mit steigendem Alter wird dabei die Kopfschmerzcharakteristik meist typischer und mehr IHS-Kriterien sind erfüllt (Zebenholzer et al. 2000). Über die Jahre können Diagnosen wechseln, d. h. Kopfschmerz vom Spannungstyp entwickelt sich zu Migräne und umgekehrt. Eine Entwicklung von Migräne zum Spannungskopfschmerz ist dabei häufiger als umgekehrt. Von einigen Autoren wird (nicht zuletzt wegen der Instabilität der Diagnosen über die Zeit) die Frage aufgeworfen, ob es sich bei Migräne und Spannungskopfschmerzen im Kindes- und Jugendalter um verschiedene diagnostische Entitäten handelt oder ob beide Erkrankungen unterschiedliche Punkte auf einem Kontinuum markieren (z. B. Schade 1997; Viswanathan et al. 1998).

Eine organische Grunderkrankung muss durch den Arzt in jedem Fall ausgeschlossen werden. Grundlage hierfür ist eine gründliche Anamnese und klinische Ganzkörperuntersuchung mit neurologischem Status. Eine weiterführende apparative Diagnostik wie Elektroenzephalographie (EEG), Computertomographie (CT), Kernspinresonanztomographie (MRT) etc. ist nur bei gezieltem Verdacht auf symptomatische Kopfschmerzen notwendig. Indikationen hierfür sind heftigste, bisher nicht bekannte Kopfschmerzen, Fieber und Nackensteifigkeit als Begleitsymptome, vorausgehende epileptische Anfälle, Persönlichkeitsveränderungen, fokal-neurologische Symptome, chronisch zunehmender Kopfschmerz, Änderung der bisherigen Kopfschmerzcharakteristik oder ein Trauma in der Vorgeschichte (Diener et al. 1997). Darüber hinaus sollte bei sehr jungen Kindern (unter 3 Jahren) unbedingt grundsätzlich eine weiterführende Diagnostik, u. a. mit bildgebenden Verfahren erfolgen – ebenso bei Kopfschmerzen, die v. a. nachts und frühmorgens auftreten und mit Druckgefühl oder Nüchternerbrechen einhergehen. Okzipitaler ein- oder beidseitiger Kopfschmerz bei Kindern ist selten und sollte diagnostisch weiter abgeklärt werden: In vielen Fällen finden sich zugrunde liegende strukturelle Läsionen (IHS 2004).

Auch wenn bildgebende Verfahren nicht routinemäßig eingesetzt werden, sollte in der diagnostischen Phase berücksichtigt werden, dass viele Kinder und auch ihre Eltern Angst haben, hinter den Kopfschmerzen könnte sich eine schlimme Erkrankung wie z. B. ein Hirntumor verbergen. Bei fehlenden weiteren Hinweisen oder Symptomen reichen die gründliche Anamnese und eine internistisch-neurologische Untersuchung meist aus, um diesen Verdacht klinisch auszuschließen. Es ist aber auch wichtig, diese Sicherheit dann im Gespräch zu vermitteln und die bestehenden Ängste wahrzunehmen und ggf. anzusprechen. Lewis und Kollegen haben die Frage untersucht, was sich Kinder mit Kopfschmerzen von ihrem Doktor wünschen. Sie fanden heraus, dass es v. a. um drei Antworten geht (Lewis et al. 1996):

- Was ist der Grund des Kopfschmerzes?
- Was kann helfen?
- Versicherung, dass keine lebensbedrohliche Erkrankung dahinter steckt.

Ein EEG sollte bei jedem Verdacht auf ein epileptisches Geschehen (je nach Anamnese eventuell auch als Differentialdiagnose zur Migräneaura) durchgeführt werden. Es zeigt bei vielen Migränepatienten eine paroxysmale oder generalisierte Dysrhythmie. Diese Veränderungen finden sich auch im beschwerdefreien Intervall und sind weder spezifisch noch beweisend. Manchmal kann jedoch die Durchführung eines EEGs eine Möglichkeit sein, die Eltern zu beruhigen und das

Kind regelrecht „gesundzuschreiben", d. h. die Sorge einer schwerwiegenden und potentiell lebensbedrohlichen Erkrankung von der Familie zu nehmen. Eine gründliche kinderneurologische Untersuchung mit EEG-Ableitung führt über die Minderung der Angst vor einer schlimmen Erkrankung oft schon zu einer Entlastung von Eltern und Kindern, die mit einer signifikanten Verminderung der Kopfschmerzen einhergeht (Pothmann 1999).

Der Kopfschmerz vom Spannungstyp wird insbesondere bei okzipitaler Schmerzlokalisation oft als vermeintlich „HWS-bedingt" angesehen. Dies führt oft zu langwierigen und nutzlosen diagnostischen Maßnahmen und therapeutischen Irrwegen. Degenerative HWS-Prozesse sind verbreitet und korrelieren im Allgemeinen nicht mit dem Auftreten eines Kopfschmerzes vom Spannungstyp (Wöber-Bingöl et al. 1992). Im Kindes- und Jugendalter können Entzündungen im HNO-Bereich (z. B. Sinusitiden) und Fehlsichtigkeit Ursache für symptomatische Kopfschmerzen sein. Bei Verdacht sollte daher ggf. eine augen- oder HNO-ärztliche Untersuchung erfolgen. Neben den organisch bedingten Kopfschmerzen ist auch die somatoforme Schmerzstörung eine seltene, aber wichtige Differentialdiagnose.

5.2.1 Kopfschmerztagebuch

Hierbei werden Kopfschmerzen (Dauer, Stärke, Begleitsymptome, Medikation), vermutliche Auslöser sowie Auswirkungen und ggf. ergriffene Maßnahmen (z. B. Medikamente) in einen geeigneten Kopfschmerzkalender eingetragen. Dabei sind einige Kopfschmerztagebücher erhältlich, z. B. das sehr kindgerechte von Pothmann und Kollegen (1991) – Bestelladressen finden sich im Anhang. Eltern unterschätzen die Kopfschmerzen ihrer Kinder häufig in Frequenz und Stärke, so dass das Tagebuch häufig ein realistischeres Bild der Beschwerden liefern kann. Die strukturierte Wahrnehmung und Dokumentation selbst kann sogar bei länger bestehenden Schmerzen zu einer deutlichen Beschwerdebesserung führen (Pothmann 1999) und ist eine wichtige Grundlage für die Beratung von Eltern und Familie (s. Kap. 7.6.2.1): Sie fördert die Selbstbeobachtung, hilft, Auslösefaktoren und typische Muster zu identifizieren und kann so die Selbstwirksamkeit stärken.

5.3 Rezidivierende kindliche Bauchschmerzen

Rezidivierende kindliche Bauchschmerzen haben besonders viele Differentialdiagnosen (mehr als 200 Diagnosen innerhalb und außerhalb des Verdauungstrakts, ausgehend z. B. von Speiseröhre, Magen, Dünndarm, Dickdarm, Leber, Gallenwegen, Bauchspeicheldrüse, Milz, Lunge, Nieren und Harnwegen, Stoffwechselerkrankungen, Vergiftungen, Infektionen, Genitalorganen), aber nur bei einem kleinen Prozentsatz der Betroffenen findet sich wirklich ein organisches oder biochemisches Korrelat. Deswegen ist ein vernünftiges Stufenkonzept für die Diagnostik erforderlich: Sie sollte für das Kind möglichst wenig belastend und zugleich nicht zu zeit- und kostenintensiv sein.

Aufgrund der Symptomatik lassen sich verschiedene Symptomkomplexe unterscheiden. Hauptsäulen der Diagnostik sind auch hier die ausführliche Anamnese und eine gründliche internistisch-neurologische Untersuchung, die auch eine Inspektion der Perianalregion und ggf. eine rektale Untersuchung umfassen sollte. Längen- und Gewichtsverlauf sowie der sich daraus ergebende BMI (Body Mass Index) sollten erfasst und in die entsprechenden Alterspezentile eingeordnet werden. Außerdem sollten die Pubertätsstadien erfasst werden. In der Anamnese sollten neben der allgemeinen Schmerzanamnese (s. Kap. 5.1.1) folgende Themenbereiche angesprochen werden (Koletzko 2002):

1. Stuhlverhalten: Frequenz, Konsistenz, Blut- oder Schleimbeimengungen
2. Appetit, besondere Diät, Sorbit- oder hohe Fruktosezufuhr
3. Allgemeine Leistungsfähigkeit, Müdigkeit
4. Gewichtsverlust
5. Frühere Bauch-OPs oder -traumen
6. Vorausgegangene Magen-Darm-Infekte (besonders mit Beginn der Symptomatik)
7. Andere Beschwerden: Fieber, Sodbrennen, Kopfschmerzen, Sehstörungen, Gelenkschmerzen, Hauterscheinungen, Husten, Aphten, Dysurie, Enuresis

Laboruntersuchungen sollten dem Beschwerdebild angepasst werden. Als Basisuntersuchungen kommen in Frage (Koletzko 2002):

- (Differential-)Blutbild
- Entzündungsparameter

- Leberwerte
- Pankreasenzyme
- Urinstatus
- Stuhl auf okkultes Blut, Parasiten
- Laktose-H2-Atemtest

Eine Ultraschalluntersuchung des Abdomens ist bei Kindern mit akuten Bauchschmerzen oft diagnostisch hilfreich, zeigt bei chronischen Bauchschmerzen jedoch nur sehr selten relevante Befunde.

Wichtige Differentialdiagnosen für die drei wesentlichen „Bauchschmerzbeschwerden" sind in der Tab. 3 aufgeführt. Der enge Zusammenhang zwischen Psyche und Magen-Darm-Trakt kann nicht nur die Beschwerden (mit)verursachen, sondern lässt sich nach einer (vernünftigen) Diagnostik auch gut therapeutisch nutzen: „Umgekehrt", so Koletzko (2002, 58), „bewirken Beruhigung nach dem sorgfältigen Ausschluss einer Organerkrankung und Aufklärung über die harmlose Natur funktioneller Beschwerden innerhalb weniger Tage oder Wochen bei den meisten Kindern und Jugendlichen eine deutliche Abnahme der Beschwerden."

Differentialdiagnosen für Bauchschmerzbeschwerden

Tab. 3: Differentialdiagnose von Bauchschmerzbeschwerden (nach Koletzko 2002)

Beschwerdekomplex	Wichtige Differentialdiagnosen
Funktionelle Dyspepsie	M. Meulengracht Gallensteine Refluxösophagitis Gastritis (Helicobacter pylori?) Peptisches Ulkus Zöliakie
Funktionelle Bauchschmerzen Reizdarmsyndrom	Vermehrte Sorbitzufuhr (Kaugummis?) Vermehrte Fruktosezufuhr (Apfelsaft?) Laktoseintoleranz Zöliakie Chronisch entzündliche Darmerkrankungen Nahrungsmittelallergie

⚠ Die Diagnostik sollte dabei rational und nicht zu umfangreich sein. Frank schreibt hierzu:

> „Die unermüdliche Suche nach einer Einzelursache mündet bei den Beteiligten in der Erkenntnis, dass ‚nichts rausgekommen sei'. Als Konsequenz muss intensiv weitergesucht werden. Ergebnisse, die ‚normal' oder ‚in Ordnung' sind, braucht man nicht mehrfach zu wiederholen. Bewertungen, auch die Übernahme von Bewertungen von Familienmitgliedern oder Fachkollegen, wie ‚stellt sich an', ‚ist hysterisch', tragen wenig dazu bei, dass Betroffene sich verstanden fühlen. Wiederholte lange Schulbefreiungen und Krankschreibungen führen zu einer Verstärkung von Vermeidungsverhalten, ohne dass die zugrunde liegende Problematik geklärt wird. Auch das Gesundheitssystem trägt mit solchen Maßnahmen zur Symptomverstärkung bei." (Frank 2002, 77)

5.4 Somatoforme Störungen

Bei Verdacht auf somatoforme Störungen ist auf den sorgfältigen Ausschluss organisch determinierter Krankheitsbilder zu achten, die phänomenologisch entweder einer Somatisierungsstörung (F45.0), einer somatoformen autonomen Funktionsstörung (F45.3) oder aber einer anhaltenden somatoformen Schmerzstörung (F45.4) nahe kommen. Die diagnostischen Überlegungen sollten immer neben den organischen Erkrankungen den psychischen Zustand und mögliche seelische Erkrankungen im Blick haben, zumal die Komorbidität zwischen rezidivierenden körperlichen Beschwerden und psychiatrischen Erkrankungen im Kindes- und Jugendalter sehr groß ist.

wichtig: Fremdanamnese! Bei der Erhebung der Anamnese ist es (abgesehen von den oben beschriebenen Punkten) sehr wichtig, von Anfang an fremdanamnestische Angaben der Vorbehandler (möglichst vollständig) sowie des sozialen Umfelds (Schule, Kindergarten) miteinzubeziehen.

Interaktion und Krankheitsmodelle Auch auf die Beobachtung des Verhaltens und die Interaktion von Eltern und Kind untereinander und mit dem Untersucher sowie die geäußerten Krankheitsmodelle sollte ein besonderer Fokus gelegt werden: Zeigt sich ein ausgeprägtes gemeinsames Leiden? Gibt es eine gemeinsame Unzufriedenheit mit bisherigen Behandlern, ein Sich-verkannt-, Sich-missverstanden-Fühlen? Wird ein Misstrauen gegenüber die Psyche einbeziehenden

Betrachtungsansätzen geäußert oder spürbar? Besteht eine Fixierung auf organische Ursachen oder Medikamente? Wird das Kind durch einen Elternteil abgewertet oder nicht ernst genommen? Werden Emotionen angesprochen?

In der Anamnese sollte weiterhin nach erlebten „Symptommodellen", also Familienmitgliedern oder Bekannten mit einem ähnlichen wie dem präsentierten Symptommuster, organischen Erkrankungen zu Symptombeginn und Traumatisierungen gefragt werden.

Mit apparativen und Laboruntersuchungen sollten zuerst alle verfügbaren Befunde gesammelt werden, um dann (am besten in enger Absprache mit Ärzten des entsprechenden „organischen" Fachgebiets, z. B. im Sinne von Feedbackkonferenzen) ggf. weitere „organdiagnostische" Schritte zu planen. Dabei gilt hier: So wenig wie möglich, so viel wie unbedingt nötig. Die Gefahr einer Fixierung auf organische Krankheitsmodelle wird durch übermäßige organische Diagnostik verstärkt, ebenso die Gefahr iatrogener Schädigungen durch z. B. invasive Prozeduren.

Prinzipiell gilt: Auch Patienten mit chronifizierten Somatisierungsstörungen können zusätzlich körperlich erkranken. Daher ist auch im Störungsverlauf auf neue Symptome zu achten, die freilich auch Ausdruck einer Symptomverschiebung bzw. einer Erweiterung der bestehenden Störung sein können.

Bei Verdacht auf Vorliegen einer somatoformen Störung sollte frühzeitig im Sinne einer Ein- statt Ausschlussdiagnostik an eine Einbeziehung positiver Diagnosekriterien gedacht werden (Resch 1999). Dabei gelten die Kriterien, die Resch als hinweisend für dissoziative Störungen formuliert hat (s. Kasten 14, mit Ausnahme der „belle indifference", die nicht so typisch ist und in der Aufstellung weggelassen wird), auch für somatoforme Störungen.

positive Diagnosekriterien

Kasten 14: Positive Kriterien für die Diagnose einer dissoziativen Störung (mod. n. Resch 1999)

- Übernahme von Symptomen in Anlehnung an ein Modell
- Gehäuftes Auftreten von psychosomatischen bzw. psychiatrischen Erkrankungen in der Herkunftsfamilie
- Ähnliches Coping-Verhalten bei früheren vorangegangenen organischen Erkrankungen
- Frühe Somatisierungsphänomene

- Organische Erkrankungen am, vor oder während des Beginns der somatoformen Symptomatik
- Symptomwechsel, -ausdehnung oder -veränderung im Rahmen der medizinischen Untersuchungen
- Primärer und sekundärer Krankheitsgewinn
- (Manchmal) Symbolgehalt bzw. Ausdrucksgehalt der Symptomatik
- Körperliche Belastungen durch Deformitäten oder bleibende Krankheitsfolgen
- Manipulative Handlungen bis hin zu selbstschädigenden Handlungen
- „doctor shopping"
- Persönlichkeitsentwicklungsstörungen (v. a. emotional instabiler Typus)
- Traumatische Lebensereignisse

entbehrliche Diagnostik

Bei zunehmender diagnostischer Sicherheit im Verlauf des anamnestisch-diagnostischen Prozesses empfiehlt sich generell eine Zurückhaltung mit weiteren, v. a. bereits mit negativem Befund durchgeführten Untersuchungen. Neue Untersuchungen sollten nur bei deutlicher Änderung von Betonung und Konstanz der Beschwerden erfolgen.

Differentialdiagnosen von somatischen Störungen

Als Differentialdiagnosen von somatischen Störungen kommen in Betracht:

- Angststörungen, depressive Störungen (auch komorbide)
- So genannte PTSD (Posttraumatic Stress Disorder) bei anamnestischen Anhaltspunkten
- Münchhausen-by-proxy-Syndrom: Die Bezeichnung „Münchhausen-Syndrom" wird für eine psychische Störung verwendet, bei der Patienten aus einer inneren Not heraus Beschwerden und Krankheiten vortäuschen, oft um einen Krankenhausaufenthalt oder eine Operation zu erreichen. Eine besondere Form – nämlich ein Münchhausen-by-proxy-Syndrom – liegt vor, wenn Eltern eines Kindes dieses als Symptomträger präsentieren. Bei einem derartigen Verdacht ist sorgfältig nach weiteren Misshandlungstendenzen in der ganzen Vorgeschichte zu fahnden.
- Simulation: Stets schwierig beurteilbare Differentialdiagnose, die nur aus einem längerfristigen, in der Regel stationären

Verlauf heraus beurteilbar ist und auf eine gravierende psychische Belastung bzw. psychiatrische Störung hinweist
- Selten: Hypochondrische Störung, definiert durch Furcht vor einer bestimmten, von der Familie zugrunde gelegten, immer wieder benannten Krankheit, die aus Sicht der Familie nicht ausreichend behandelt wurde/wird (Psychotherapie 2003).

6 Indikation für psychotherapeutische Behandlung

Die Indikationsstellung für eine psychotherapeutische Behandlung ist auf dem Gebiet der chronischen oder rezidivierenden Schmerzen komplexer als bei den meisten anderen psychischen Erkrankungen. Gerade bei chronischen Schmerzen nämlich muss die intensive Interaktion und gegenseitige Abhängigkeit von Körper und Psyche berücksichtigt werden. Schmerz ist von seiner Natur her immer (auch) körperlich, wobei neuere Untersuchungen Hinweise darauf geben, dass seelischer Schmerz, z. B. durch soziales Ausgeschlossenwerden, im Gehirn wie körperlicher Schmerz verarbeitet wird (s. Untersuchung von Eisenberger et al. 2003, Kap. 4.3). Innerhalb dieses Regelkreises kann der Einfluss von Körper und Psyche bzw. Organik und Psychodynamik unterschiedlich stark ausgeprägt sein, aber immer besteht eine gegenseitige Abhängigkeit und Beeinflussung. Für den Bereich der Kopfschmerzen gibt es z. B. eine eher „neurologisch" oder „organisch" bedingte Migräne aufgrund u. a. veränderter Reizverarbeitung im ZNS, die genetisch mitbedingt ist. Auch ohne dass psychodynamische Faktoren wesentlich an der Pathogenese beteiligt sind, kann eine sekundäre psychische Reaktion auftreten, z. B. in Form von Angst vor einer neuen Kopfschmerzattacke.

Am anderen Ende des Spektrums lässt sich eine anhaltende somatoforme Schmerzstörung beschreiben, bei der psychodynamische Faktoren wesentlich zur Aufrechterhaltung der Symptome beitragen und die genetisch vermittelte „Migränebereitschaft" nur noch eine sehr untergeordnete Rolle spielt (s. Abb. 11): Kopfschmerzen wurden hierbei exemplarisch für alle Schmerzformen dargestellt. Die vereinfachende Vorstellung eines solchen „Kontinuums" mit einem Übergang von eher organisch bedingten Schmerzen (mit möglichen Auswirkungen auf die psychischen Funktionen) an einem Ende zu „Schmerz als psychopathologischem Symptom" (als direkter Ausdruck von z. B. Angst oder Depression oder durch Konversion aus einem Konflikt) am anderen Ende ist hilfreich für die Indikationsstellung für Psychotherapie: Je größer die Rolle psychodynamischer Faktoren bei der Symptomgenese und je größer die Funktiona-

Indikation für psychotherapeutische Behandlung 135

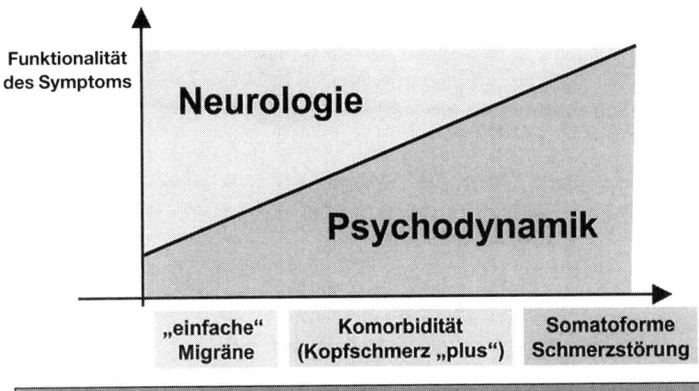

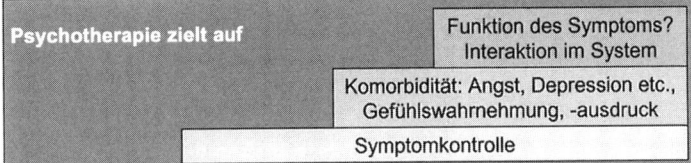

Abb. 11: Psychotherapie-Stufenplan bei Kopfschmerzen mit unterschiedlichem Ausmaß an psychiatrischer Komorbidität

lität des Schmerzsymptoms, umso wichtiger ist Psychotherapie für einen Behandlungserfolg. Dabei verschiebt sich aber auch die Gewichtung der psychotherapeutischen Ziele.

Grundsätzlich sind zwei Ziele bei der Psychotherapie von Schmerzerkrankungen von Bedeutung (Ebell 2001): *Therapieziele*

1. Symptomkontrolle: Überwindung von Schmerzsymptomen bzw. von individuellen Reaktionen auf der Gefühls-, Gedanken- und Verhaltensebene, die selbst unangenehm sind oder verstärkend/aufrechterhaltend wirken (z. B. Ablenkung, Autosuggestion, Entspannung).
2. Förderung der persönlichen Entwicklung (Psychotherapie im eigentlichen Sinn).

Bei wesentlich organisch bedingten Schmerzen mit psychischen „Konsequenzen" liegt das Hauptgewicht auf der Förderung einer Symptomkontrolle. Extrembeispiel hierfür sind suggestive Maßnahmen während medizinischer Prozeduren (z. B. Zahnbehandlung). Bei wesentlich psychodynamisch bedingten Schmerzen wie z. B. somatoformen Schmerzstörungen sollte Psychotherapie die Funktionalität des Symptoms im Fokus haben. Bei Kindern und Jugendlichen ist dazu die Einbeziehung des Familiensystems und der darin stattfindenden Interaktionen im Allgemeinen unabdingbar. Eine solche Psychotherapie muss häufig in einem stationären Setting beginnen, wobei multimodale Ansätze vielversprechend erscheinen.

Bei Schmerzen, die sowohl organisch als auch psychisch mitbedingt sind oder/und mit psychiatrischer Komorbidität einhergehen, sollte die Psychotherapie auf die komorbiden Symptome sowie allgemein auf die Förderung der Emotionswahrnehmung und des Emotionsausdrucks zielen.

Eine wichtige Besonderheit von Schmerzerkrankungen ist, dass die ersten Kontakte zu Helfer- oder Gesundheitssystemen fast immer in Settings primärer medizinischer Versorgung stattfinden, d. h. bei Kinder- oder Hausärzten sowie in (organ)medizinischen Ambulanzen. Hier ist es wichtig, stark psychodynamisch bedingte Erkrankungen wie somatoforme Störungen überhaupt in differentialdiagnostischen Überlegungen mit zu berücksichtigen, die Diagnostik in einem „vernünftigen" Ausmaß (d. h. so viel wie nötig, aber so wenig wie möglich) zu halten und ggf. „Psycho"-Fachleute (Psychologen, Kinder- und Jugendlichenpsychotherapeuten oder Kinder- und Jugendpsychiater) einzubeziehen, z. B. durch Konsiliar- oder Liasondienste sowie Feedbackkonferenzen.

Bei der organischen Diagnostik kann zu wenig (z. B. lebensbedrohliche Erkrankung wird übersehen) genauso schädlich sein wie zu viel (Fixierung der Patienten auf „organische" Ursache, weil „die Ärzte ja dauernd suchen", oder iatrogene Schädigung durch invasive Maßnahmen). Auch bei der Indikationsstellung für Psychotherapie sollte Pathologisierung und Psychologisierung (Psychotherapie für jeden mit Schmerzen) auf der einen Seite genauso vermieden werden wie Überbetonung der organischen Seite und fehlende Überweisung in Psychotherapie bei gegebener Indikation.

Immer sollte Psychotherapie in ein Gesamtkonzept aus multidimensionaler Diagnostik und Therapie eingebettet sein. Hierbei empfiehlt sich ein abgestuftes Schema, wie in Abb. 11 beschrieben. Die entscheidenden Fragen für die Stellung der Psychotherapie-Indikation sind dabei:

- Welchen Anteil haben psychodynamische Faktoren an der Pathogenese bzw. Aufrechterhaltung der Schmerzsymptomatik? (Hierbei sollte auch eine positive Diagnostik mit hinweisenden Kriterien, wie z. B. unter Kap. 5.4 beschrieben, erfolgen und nicht nur eine organische Ausschlussdiagnostik.)

- Wie groß ist die begleitende psychiatrische Komorbidität (v. a. Angst, Depressivität, Somatisierung)?
- Wie groß sind die funktionellen Einschränkungen? (Erhebliche funktionelle Einschränkungen wie z. B. vermiedener Schulbesuch oder Rückzug aus dem Freundeskreis stellen eine Indikation für Psychotherapie dar.) Können altersentsprechende Entwicklungsaufgaben gelöst werden?
- Welche Auswirkungen hat das Symptom auf die Familieninteraktion? Wie groß ist der sekundäre Krankheitsgewinn?

Je stärker diese Fragen positiv beantwortet werden können, umso eher ist Psychotherapie – zumindest als ein Baustein in einer multidimensionalen Therapie – indiziert. Auch zur Klärung dieser Frage kann eine Zusammenarbeit mit Kinder- und Jugendpsychiatern oder Psychologen sinnvoll sein. Garralda (1996) schlägt bei Kindern mit Somatisierung eine Zuweisung zu einem Kinder- und Jugendpsychiater vor, wenn

- Unsicherheit über die Bedeutung psychologischer Faktoren besteht,
- es begleitende psychiatrische Probleme gibt,
- schwerwiegende familiäre Probleme die Rückbildung der Symptomatik verhindern oder
- das Kind auf Behandlung beim Kinderarzt nicht anspricht.

7 Psychotherapeutische Behandlung

7.1 Voraussetzungen

interdisziplinäre Zusammenarbeit

Da Schmerzen ein immer auch körperliches Phänomen sind (und ein potentielles Warnsignal für körperliche Schädigungen oder Gefährdungen), ist ein interdisziplinäres und multidimensionales Vorgehen sowohl bei der Diagnostik als auch bei der Therapie chronischer oder rezidivierender Schmerzen unumgänglich. Zusammenarbeit zwischen (Organ-)Medizinern bzw. Ärzten der Primärversorgung und Psychotherapeuten ist daher eine wichtige Voraussetzung für Psychotherapie.

Im Allgemeinen wird die diagnostische Abklärung zumindest des organisch oder körperlich bedingten Schmerzanteils bei einem Arzt der entsprechenden Fachrichtung, meist bei einem Kinderarzt oder Subspezialisten (z. B. Neuropädiater), erfolgen. Die Diagnostik der psychodynamischen Anteile kann dann auch bei einem Psychotherapeuten/Kinder- und Jugendpsychiater erfolgen.

Die interdisziplinäre Zusammenarbeit ist umso wichtiger (und u. U. umso schwieriger), je stärker die Schmerzsymptomatik Züge einer somatoformen Störung aufweist. Bei „einfachen" Kopfschmerzen ohne oder mit geringgradiger psychiatrischer Komorbidität kann nach Diagnostik der Kopfschmerzen und Ausschluss organischer Ursachen die Überweisung an einen Psychotherapeuten erfolgen mit dem Ziel, die Symptomkontrolle durch den Patienten zu verbessern. Eine solche Überweisung ist normalerweise unkompliziert und erfordert wenig oder keine direkten Absprachen zwischen dem primär behandelnden Arzt und dem Psychotherapeuten. Auch das Verhältnis zu den Patienten und seinen Eltern ist mit größerer Wahrscheinlichkeit als bei somatoformen Schmerzstörungen unkompliziert und hat das Muster eines Verhältnisses eines Experten zu seinem Kunden.

Anders ist es bei somatoformen Schmerzstörungen: Hier haben psychodynamische Faktoren einen erheblichen Anteil an der Genese, zugleich hat die Familie aber meist ein rein oder überwiegend organisch orientiertes Krankheitskonzept. Dies führt zu wiederholtem Aufsuchen von organmedizinisch orientierten Ärzten. Diese überweisen dann (wenn sie eine somatoforme Störung erkennen oder vermuten) an Psychotherapeuten, bei denen sich die Patienten – ihrem organischen Krankheitskonzept entsprechend ganz folgerichtig – häufig „völlig fehl am Platz fühlen" und dementsprechend wenig kooperativ sind. Hier sind Behandlungsabbrüche mit Aufsuchen von immer wieder neuen Ärzten oft nur zu vermeiden, wenn enge Absprachen zwischen „Körper"(„Organmediziner")- und „Psycho"-Therapeut getroffen werden, die für den Patienten bzw. seine Familie transparent sind.

Höchste Transparenz ist gegeben, wenn diese Absprachen vor und mit dem Patienten und seiner Familie stattfinden. Dies erhöht meist die Compliance und gibt dem Patienten das Gefühl, gut aufgehoben zu sein und mit den unterschiedlichsten Aspekten seiner Symptomatik berücksichtigt zu werden. Eine solche Art von Konsultation mit Organmedizinern (zum Teil verschiedener Disziplinen) und Psychiatern bzw. Psychotherapeuten ist in den so genannten „Schmerzkonferenzen" verwirklicht. Diese finden sich an größeren Zentren (z. B. Universitätskliniken), oft angegliedert an Schmerzambulanzen oder Schmerzzentren, und sind Anlaufstellen für v. a. erwachsene Patienten mit chronischen, schwer einzuordnenden oder therapierefraktären Schmerzen. Sie ermöglichen in vielen Fällen die Einleitung einer suffizienten multidimensionalen Therapie mit z. B. pharmakologischen, physiotherapeutischen und psychotherapeutischen Verfahren. In den letzten Jahren sind sehr vereinzelt für Kinder ausgesprochene Schmerzambulanzen ins Leben gerufen worden, z. B. in Datteln oder in Hamburg (Kontaktadressen s. Anhang, Kap. 11.1.3). Der Bedarf ist aber bei weitem noch nicht gedeckt, so dass auf diesem Gebiet noch viel Entwicklungsarbeit erforderlich ist.

Schmerzkonferenzen

Therapiebegleitend hat sich bei Schmerzen mit deutlich somatoformen Zügen die Etablierung so genannter „Feedbackkonferenzen" bewährt: Organmediziner und Psychotherapeut erklären sich beide für die längerfristige Begleitung des Patienten zuständig, eine organische Basisdiagnostik wird vor Beginn der Psychotherapie durchgeführt, und während der Therapie gibt es regelmäßige Treffen von Patient – bei Kindern und Jugendlichen mit den Eltern – und den (mindestens zwei) Therapeuten. Bei diesen können Ängste und Befürchtungen bezüglich organischer Erkrankungen sowie „neue" oder schlimmer gewordene körperliche Symptome oder Schmerzen angesprochen und ggf. weitere diagnostische Schritte eingeleitet werden sowie eine Verzahnung von körperlich orientierter Therapie (z. B. Schmerzme-

Feedbackkonferenzen

dikation, Physiotherapie) mit der Psychotherapie besprochen werden. Steht die Forderung nach organmedizinischen Abklärungen sehr im Vordergrund, empfiehlt es sich, routinemäßig nach einem festen Zeitplan Termine mit dem „Organmediziner" anzubieten, damit nicht körperliche Symptome erforderlich sind, um einen solchen Kontakt herzustellen.

Für jeden Psychotherapeuten, der Patienten mit Schmerzsyndromen behandelt, empfiehlt es sich, im Sinne einer Kooperation Kontakte zu (zuweisenden) in der Primärversorgung tätigen Ärzten zu etablieren, die zu einer solchen Zusammenarbeit (ggf. mit gemeinsamen Treffen und Feedbackkonferenzen) bereit sind. Eine zuverlässige Diagnostik der „körperlichen Seite" ist auch für die innere Sicherheit des Psychotherapeuten selbst wichtig, dass nichts Bedrohliches übersehen worden ist. Hat der Psychotherapeut diese Sicherheit nicht, kann er dem Patienten und seiner Familie kaum genügend Sicherheit vermitteln, was wiederum das therapeutische Bündnis gefährdet.

Voraussetzungen für Psychotherapie sind weiterhin, wie im Kapitel Diagnostik beschrieben, eine multidimensionale Schmerzdiagnostik mit Schmerzanamnese, körperlich-internistischer Untersuchung und ggf. weiteren Untersuchungen (je nach Symptombild) sowie ein Schmerztagebuch über vier bis acht Wochen.

7.2 Möglichkeiten

Forschungsbedarf

Generell besteht auf dem Gebiet psychotherapeutischer Interventionen bei chronischen oder rezidivierenden Schmerzen im Kindes- und Jugendalter noch großer Forschungsbedarf. Es gibt wenig kontrollierte, prospektive Studien, die den Kriterien der „evidence based medicine" (EBM) entsprechen. Die meisten auch von Fachgesellschaften empfohlenen therapeutischen Schritte oder Strategien beruhen daher v. a. auf zusammengetragenem Erfahrungswissen respektierter Experten und weniger auf kontrollierten Studien. Dabei haben sich besonders multimodale Konzepte bewährt, wobei einzelne Elemente bisher kaum systematisch evaluiert wurden. Verhaltenstherapeutische Elemente nehmen hier einen wichtigen Stellenwert ein, aber auch hypnotherapeutische, systemische, kreativtherapeutische und tiefenpsychologische Elemente kommen zur Anwendung. Dabei wird selbst für die Therapie des kindlichen Kopfschmerzes, der noch am besten systematisch untersucht wurde, von verschiedenen Autoren beklagt, dass aufgrund fehlender oder methodisch ungenügender Studien eine Evidenzbasierung praktisch nicht möglich ist (Hermann et al. 1995; Victor/Ryan 2004).

7.2.1 Verhaltenstherapie

Verhaltenstherapeutische Ansätze in der Therapie chronischer oder rezidivierender Schmerzen basieren auf der Annahme, dass im Verlauf der Schmerzchronifizierung Lernprozesse immer wichtiger werden und die ursprünglich den Schmerz bedingenden körperlichen Faktoren in den Hintergrund treten. Besonders bei Erwachsenen sind verhaltenstherapeutische Verfahren ausgiebig evaluiert worden und haben sich als effektiv erwiesen. Es werden verschiedene Unterformen unterschieden (Flor 2005):

- *Operante Schmerztherapie:* Diese Behandlungsstrategie zielt darauf, Schmerzverhalten ab- und gesundes Verhalten aufzubauen. Sie verwendet dazu systematische Verhaltensübungen sowie Übungen mit Bezugspersonen, die häufig den Schmerz verstärkendes Verhalten beim Patienten fördern, indem sie ihn z. B. schonen. Schmerzerfahrung und körperliche Aktivität sollen voneinander abgekoppelt werden, z. B. durch frühzeitiges Einlegen von Pausen, angenehme körperliche Aktivität etc. Gesundes Verhalten wird systematisch verstärkt und Schmerzverhalten systematisch bestraft. Bei Erwachsenen nehmen nicht nur Schmerz und Beeinträchtigung ab, sondern auch die Inanspruchnahme des Gesundheitswesens – dafür nimmt die Arbeitsfähigkeit zu (Flor et al. 1992).
- *Respondente Ansätze:* Hier ist die Grundannahme, dass durch Schmerz und Stress ausgelöste Muskelverspannungen und Aktivierungen des sympathischen Nervensystems im Sinne einer Konditionierung gelernt werden können und mit der Zeit generalisieren, so dass viele Ereignisse Verspannungen und Schmerzen auslösen können. Als therapeutische Strategien werden hier Biofeedback und Entspannungsverfahren eingesetzt. Diese spielen besonders in der Kopfschmerztherapie eine Rolle und sind dort auch bei Kindern sehr effektiv (s. Kap. 7.3.1.2).
- *Kognitive Ansätze:* Hierunter fallen v. a. so genannte Schmerzbewältigungstrainings, denn es wird davon ausgegangen, dass Unvorhersagbarkeit und Unkontrollierbarkeit von Schmer-

zen die Wahrnehmung auf den Schmerz einengen und zu Angst sowie einer passiven und hilflosen Einstellung führen. Schmerzbewältigungstrainings eignen sich daher besonders für hilflose und depressive Patienten. Sie umfassen Entspannungsverfahren, Training in Ablenkungsverfahren und Problemlöse- sowie Stressbewältigungstraining. Diese Elemente sind üblicherweise Teil von verhaltensmedizinischen Multikomponentenprogrammen, die besonders bei Kindern mit Kopfschmerzen erfolgreich eingesetzt wurden (s. Kap. 7.3.1.2 und 7.6.2).

7.2.2 Tiefenpsychologie

Tiefenpsychologische Ansätze zur Therapie chronischer oder rezidivierender Schmerzen im Kindes- und Jugendalter sind noch nicht systematisch evaluiert. In der Praxis werden diese Ansätze für die Symptomatik isoliert kaum eingesetzt. Tiefenpsychologische Konzepte können aber viel zum Verständnis der Schmerzgenese und Psychodynamik beitragen (z. B. durch die Konzepte der Konversion, der Desomatisierung oder das Alexithymiekonzept, s. Kap. 4.3). Eine hilfreiche Annahme kann dabei sein, dass Patienten mit ihrer Symptomatik „eine Mitteilung aus ihrem Unbewussten geben wollen, dass sie irgend etwas in ihrem Leben noch nicht richtig verschmerzt haben" (Dunkel 2005, 32). Diese Annahme ist in einige Elemente eingeflossen, die sich in Multikomponentenprogrammen finden (z. B. Abschnitt „Externalisierung", s. Kap. 7.6.2.3).

7.2.3 Hypnotherapie

Hypnotherapeutische Techniken sind ebenfalls effektiv in der Schmerztherapie. Es wird zwischen zwei Arten von Techniken unterschieden (Peter 2005):

- *Patient eher passiv:* Diese dissoziativen Techniken werden z. B. im klassischen Hypnoseritual zur Induktion einer hypnotischen Trance angewendet. Dieses Vorgehen, bei dem der Patient weitgehend passiv ist, ist **symptomorientiert**. Es zielt also direkt auf Schmerzverminderung und lässt sich mit der Idee „Hypnose statt Narkose" beschreiben. Voraussetzung ist eine gute Hypnotisierbarkeit bzw. Suggestibilität des Pa-

tienten. Bei Kindern wird eher von einer höheren Suggestibilität als bei Erwachsenen ausgegangen.
- *Patient eher aktiv:* Hierbei kommen assoziative und symbolische Techniken zum Einsatz. Assoziative Techniken zielen darauf, eine „Schmerzgestalt" erst herzustellen und dann zu verändern. Durch eine Abbildung auf den Fernsinnen (visuell, auditiv etc.) wird diese Schmerzgestalt zuerst externalisiert und anschließend modifiziert.

Externalisierung lässt sich gut mit kreativtherapeutischen Möglichkeiten (z. B. Musiktherapie, Maltherapie) gestalten und stellt einen Baustein in Multikomponentenprogrammen dar (s. „Externalisierung", Kap. 7.6.2.3). Symbolische Techniken versuchen, eine sinnstiftende Bedeutung zu finden. Für beide Techniken sind aktive Mitarbeit, eher hohe Motivation und genügend Imaginationsfähigkeit des Patienten erforderlich, dafür ist Suggestibilität keine notwendige Voraussetzung. Eine Metaanalyse ergibt eine hohe Effektivität von hypnotherapeutischen Techniken in der Schmerztherapie bei Erwachsenen (Montgomery et al. 2000). Bei Kindern fehlt der experimentelle Nachweis, es ist aber davon auszugehen, dass sich diese Techniken auch für Kinder gut eignen. Einige Elemente in Multikomponentenprogrammen haben klar hypnotherapeutischen Charakter.

Die Wirkung von hypnotherapeutischen Interventionen auf das Gehirn kann mit funktionellen Bildgebungsmethoden erfasst werden: Durch hypnotherapeutische Suggestionen, die besonders auf Reduzierung der affektiven Schmerzkomponente zielten, wurde die Aktivität im so genannten Vorderen Gyrus cinguli herabgesetzt. Diese Hirnregion ist eher für die affektive Schmerzkomponente zuständig. In Hirnregionen, in denen eher die sensorische Qualität wie z.B. wahrgenommene Intensität verarbeitet wird (somatosensorischer Kortex im Gyrus postcentralis), wurde keine Aktivitätsänderung registriert (Rainville et al. 1997).

7.2.4 Systemische Therapie

Systemische Therapie zur Behandlung kindlicher Schmerzerkrankungen wurde ebenfalls noch nicht systematisch nach EBM-Kriterien evaluiert. Die Einbeziehung der Eltern wird von Experten empfohlen, obwohl auch hier systematische Nachweise fehlen. Ein systemisches Konzept für die Behandlung kindlicher Kopfschmerzen ist in einzelnen Bausteinen manualisiert (Ochs/Schweitzer 2005; s. a. Kap. 7.4.1 und 7.6.2.3).

7.2.5 Musiktherapie

Musiktherapie scheint für die Therapie von Kindern und Jugendlichen mit Schmerzen ebenfalls ein vielversprechender psychotherapeutischer Ansatz zu sein. Eine Metaanalyse zeigte kürzlich deutlich positive Effekte bei Kindern und Jugendlichen mit psychopathologischen Symptomen (Gold et al. 2004). Bei erwachsenen Schmerzpatienten zeigte sich Musiktherapie einer Wartegruppe überlegen (Risch et al. 2001). Kontrollierte, den EBM-Kriterien entsprechende Studien fehlen noch, auch im Kindes- und Jugendalter. Für erwachsene Schmerzpatienten wurde ein musiktherapeutisches Konzept interdisziplinär entwickelt und evaluiert, das so genannte „Heidelberger Modell" (Hillecke/Bolay 2000). Es wurde für die Einzeltherapie bei kindlichen Kopfschmerzen modifiziert und ist als Manual veröffentlicht (Nickel et al. 2003a, b). In einer kontrollierten Studie sank durch diese Form der Musiktherapie die Attackenhäufigkeit signifikant stärker als bei Placebo-Behandlung (Oelkers-Ax et al. 2005a).

Im Bereich der Kinderkopfschmerztherapie sind verschiedene Verfahren manualisiert und veröffentlicht, die sich für den Gebrauch in Gruppen oder die Einzeltherapie eignen (s. Kap. 7.5.1.1). Dabei spielen verhaltenstherapeutische Elemente und Entspannungsverfahren eine wichtige Rolle. Vergleicht man Programme auch unterschiedlicher therapeutischer Schulen miteinander, so fällt auf, dass ihr inhaltlicher Überlappungsbereich größer ist als ihre Unterschiede: Trotz unterschiedlicher Schwerpunkte und „therapeutischer Herkunft" lassen sich aus den Programmen eine Vielzahl von Elementen extrahieren, die – wenn auch in unterschiedlichen „Gewändern" auftretend – in ihrem Kern und in ihrer Zielrichtung identisch sind. Diese therapeutischen Elemente sind für Kopfschmerzen am besten evaluiert, erscheinen aber auch bei anderen chronischen oder rezidivierenden Schmerzen im Kindes- und Jugendalter sinnvoll. Sie werden unter Kap. 7.6.2 ausführlich dargestellt. Für einzelne Therapien lassen sich aus diesem „Bauchladen" individuelle Mischungen mit spezieller Schwerpunktsetzung zusammenstellen.

Ebenso wie beim diagnostischen Vorgehen gilt die Grundregel: Je stärker die Schmerzerkrankung somatoforme Züge aufweist, umso vielschichtiger, multidimensionaler und auch interdisziplinärer sollte auch der therapeutische Zugang sein, bei dem „Psychotherapie" möglicherweise nur eines von mehreren Elementen darstellt. Hierzu sowie zu der Wahl des Settings s. Kap. 7.3.3 oder 7.5.2).

7.3 „Best evidence"

Wie oben beschrieben, steckt für die Therapie kindlicher Schmerzerkrankungen „best evidence" noch in den Anfängen. Es gibt kaum prospektive, kontrollierte Studien, die die EBM-Kriterien erfüllen. Daher werden in diesem Kapitel v. a. die Expertenempfehlungen beschrieben, die Grundlage der Empfehlungen von Fachgesellschaften (z. B. Deutsche Migräne- und Kopfschmerzgesellschaft, DMKG, oder Deutsche Gesellschaft für Kinder- und Jugendpsychiatrie, -psychosomatik und -psychotherapie, DGKJPP) sind. In diesem Kapitel wird es dabei um die verschiedenen therapeutischen Bausteine (Allgemeinmaßnahmen, Pharmakotherapie, Psychotherapie etc.) im Allgemeinen gehen. Die einzelnen psychotherapeutischen Bausteine werden dann konkret und zum Teil auch an Fallbeispielen in Kap. 7.6.2 beschrieben.

Für alle Schmerzerkrankungen gilt: Nach Diagnosestellung sollte ein individueller Therapieplan aufgestellt werden, der verhaltensmedizinische Strategien und nichtmedikamentöse Ansätze ebenso wie ggf. pharmakologische Optionen berücksichtigen sollte.

In der täglichen Praxis bei Kindern werden diese unterschiedlichen Möglichkeiten leider noch zu selten eingesetzt. Einige Medikamente sind für den Einsatz bei Kindern unter 18 Jahren noch nicht zugelassen. Eine frühzeitige und suffiziente Behandlung rezidivierender und chronischer Schmerzen im Kindesalter möglichst durch einen mit diesem Krankheitsbild gut vertrauten Arzt ist von großer Bedeutung. Sowohl unkontrollierte Selbstmedikation als auch Chronifizierung erhöhen nämlich das Risiko eines späteren Analgetikamissbrauchs und weiteren analgetikabedingten Komplikationen wie z. B. Nierenversagen. Dabei ist Beratung von Eltern und Kind zu (medikamentösen und nichtmedikamentösen) Akutmaßnahmen sowie zu möglichen verhaltensmedizinischen Maßnahmen im Intervall ein wesentliches Grundelement, das in vielen Fällen zu einer ausreichenden

Beschwerdebesserung führt. Bei häufigen Schmerzen haben sich psychologische Therapien bewährt. Bei der psychologischen Therapie kindlicher Kopfschmerzen ist die Unterscheidung zwischen Migräne und Spannungskopfschmerzen weniger sinnvoll, die Therapien werden bei beiden Schmerzformen wirksam eingesetzt.

7.3.1 Therapie von Migräne im Kindesalter

Bei der Therapie der kindlichen Kopfschmerzen unterscheidet man die Akuttherapie (Maßnahmen während der Kopfschmerzattacke), die v. a. der Schmerzreduktion dient, von der prophylaktischen oder Intervalltherapie, die die Häufigkeit der Schmerzattacken vermindern soll. Sowohl Akut- als auch prophylaktische Therapie können medikamentös oder nichtmedikamentös erfolgen. Die hier beschriebene Empfehlungen stützen sich auf die Empfehlungen der Deutschen Migräne- und Kopfschmerzgesellschaft (www.dmkg.org, 31.7.05; Evers et al. 2005).

7.3.1.1 Akuttherapie

Die Akuttherapie der Migräne sollte sich am Stufenschema der Deutschen Migräne- und Kopfschmerzgesellschaft für die Therapie von Migräne bei Kindern und Jugendlichen orientieren (Evers et al. 2002; s. a. www.dmkg.org; s. Abb. 12).

allgemeine Maßnahmen

Bei einer Migräneattacke sollte, wenn möglich, eine Reizabschirmung in einem abgedunkelten, geräuscharmen Raum erfolgen. In leichten Fällen können diese Maßnahmen ausreichend sein. Bei vielen Patienten ist Schlaf hilfreich, insbesondere jüngere Kinder können die Migräneattacke häufig einfach „wegschlafen". In diesen Fällen ist eine Medikation nicht notwendig. Lokale Eisbehandlung (Eisbeutel, kalter Waschlappen) wirkt unterstützend.

leichte bis mittelschwere Attacke

Bei leichten Attacken, die selten auftreten, ist ein abwartendes Vorgehen sinnvoll. Einige der für Erwachsene von der Deutschen Migräne- und Kopfschmerzgesellschaft empfohlenen Medikamente sind für Kinder und/oder Jugendliche (noch) nicht zugelassen. Bei der medikamentösen Therapie der kindlichen Migräne gibt es weiterhin eine Diskrepanz zwischen der Erfahrung von Kopfschmerzexperten und der mangelnden Studienlage.

Stufe 4: Notfallbehandlung von Migräneattacken durch Spezialisten (+ Sumatriptan max. 6 mg s.c.; DHE 0,2 mg i.v.)

Stufe 3: pharmakologische Behandlung schwerer Attacken (Sumatriptan nasal 10-20 mg; bei Jugendlichen ab 12 J. auch Zolmitriptan 2,5 mg)

Stufe 2: pharmakologische Behandlung leichter Attacken (z.B. Ibuprofen 10 mg pro kg Körpergewicht; Paracetamol 15 mg pro kg Körpergewicht)

Stufe 1: pharmakologische Behandlung von Vorboten- und Begleitsymptomen (z.B. Domperidon 1 Tr./kg KG, maximal 33 Tr. Einzeldosis)

Stufe 0: Reizabschirmung, Kühlung, ätherische Öle

Abb. 12: Stufenschema der Deutschen Migräne- und Kopfschmerzgesellschaft für die Therapie der Migräneattacke bei Kindern und Jugendlichen (mod. n. Evers et al. 2002)

Kasten 15: Akuttherapie bei leichter bis mittelschwerer Migräneattacke

Insgesamt gelten folgende „therapeutische Grundregeln":

- Wenn die Attacke durch Hinlegen zufrieden stellend kupiert werden kann, keine Analgetika verabreichen (insbesondere bei jüngeren Kindern).
- Wenn dies erfahrungsgemäß nicht möglich ist, das Analgetikum so früh wie möglich verabreichen.
- In Abhängigkeit von Alter und Symptomatik eventuell ein Antiemetikum 10 bis 20 Minuten vor dem Analgetikum geben (s. u.).
- Monopräparate verwenden.
- Dem Kind sollte ein sorgsamer Umgang mit Analgetika vermittelt werden, um zu verhindern, dass sich im Erwachsenenalter ein Medikamentenabusus entwickelt.

Für Kinder und Jugendliche gilt ebenfalls, was die Deutsche Migräne- und Kopfschmerzgesellschaft Erwachsenen rät: „Bekämpfen Sie Migräne nicht länger als drei Tage hintereinander und nicht öfter als zehn Tage pro Monat mit Schmerz- oder Migränemitteln. Dies gilt für alle Medikamente, unabhängig von den Wirkstoffen und davon, ob das Medikament einen oder mehrere Wirkstoffe enthält." (Haag et al. 2004 , www.dmkg.org, 31.7.05)

Ab dem Alter von 14 Jahren kann eine leichte bis mittelschwere Attacke wie im Erwachsenenalter behandelt werden: nämlich durch Kombination eines Antiemetikums, das die Bewegung des Magen-Darm-Trakts normalisiert, und eines ausreichend dosierten Analgetikums. Die Gabe von Antiemetika wie Metoclopramid oder Domperidon bessert nicht nur die vegetativen Begleitsymptome, sondern führt über eine Wiederanregung der zu Beginn der Migräneattacke zum Erliegen gekommenen gastrointestinalen Motilität zu einer besseren Resorption und Wirkung der anschließend gegebenen Analgetika (Volans 1975). Metoclopramid hat darüber hinaus auch eine therapeutische Wirkung auf die Kopfschmerzen (Volans 1975; Ellis et al. 1993). Das gilt auch für andere „dopaminerge" Antiemetika und wird wahrscheinlich über die Dopamin-Rezeptor-Blockade vermittelt. Die Antiemetika sollten 10 bis 20 Minuten vor dem Schmerzmittel (Metoclopramid – Gastrosil®, Paspertin® – in einer Dosierung von 10–20 mg p.o. bzw. 20 mg rektal; Domperidon – Motilium® – 20–30 mg p.o.) verabreicht werden. Unter 14 Jahren besteht für beide Präparate eine Anwendungsbeschränkung wegen erhöhtem Auftreten von Dyskinesien (in Einzelfällen), wobei das Risiko bei Metoclopramid etwas größer zu sein scheint.

Bei den Analgetika sollten Monopräparate bevorzugt werden: Ibuprofen (Havanka-Kanniainen 1989; Nebe et al. 1995) und Paracetamol sind erste Wahl (optimale Dosis: Ibuprofen 10 mg/kg, Paracetamol 15 mg/kg). Ibuprofen sollte bevorzugt in Form einer Brause- oder Kautablette eingenommen werden (schnellere Resorption). Paracetamol wird besser nach rektaler als nach oraler Gabe resorbiert und hat sich besonders bei initialer Übelkeit und Erbrechen als günstig erwiesen. Die bei Erwachsenen häufig eingesetzte Substanz Acetylsalicylsäure wird für Kinder unter zwölf Jahren nicht empfohlen. Sollte sie dennoch eingesetzt werden, darf eine Einzeldosis von 10 mg/kg KG und eine Tagesdosis von 25 mg/kg KG nicht überschritten werden (Pinsky et al. 1988).

Bei Erwachsenen wird mittlerweile die fixe Kombination aus Acetylsalicylsäure (500 mg) mit Paracetamol (400–500 mg) und Koffein (100–130 mg) – z.B. Thomapyrin® – ebenfalls als Mittel der ersten Wahl empfohlen. Es zeigt in kontrollierten Studien sogar bessere Wirksamkeit als die Einzelsubstanzen oder eine Kombination aus Acetylsalicylsäure und Paracetamol (Diener et al. 2005). Für Kinder unter zwölf Jahren kann die Kombination aus o. g. Gründen nicht empfohlen werden, für Jugendliche zwischen 12 und 18 Jahren liegen keine Untersuchungen vor.

Für schwere Migräneattacken ab dem Schulalter wird Sumatriptan als Nasenspray (10–20 mg) empfohlen (Evers et al. 2002). Es hat sich in Studien auch bei Kindern ab sechs Jahren als wirksam und sicher erwiesen (Überall/Wenzel 1999; Winner et al. 1999). Sumatriptan nasal ist in Deutschland mittlerweile für Kinder zugelassen. Auch Zolmitriptan oral (u. a. als Schmelztablette erhältlich) hat sich bei der Akuttherapie von Kindern als wirksam erwiesen. Beide Substanzen sind als so genannte „Triptane" spezifische Migränemittel und wirken über Serotoninrezeptoren ($5\text{-}HT1_B/_D$-Rezeptoragonisten). Ihre Wirkung ist bei Erwachsenen durch viele Studien belegt, beim Spannungskopfschmerz sind sie unwirksam. Sie müssen nicht unbedingt unmittelbar zu Beginn der Attacke genommen werden und erfordern keine antiemetische Vorbehandlung. Alle Akutmedikamente können zu medikamenteninduzierten Kopfschmerzen führen (Evers et al. 1999; Limmroth et al. 1999) und sollten an nicht mehr als zehn Tagen im Monat eingesetzt werden. Ergotaminpräparate haben im Kindesalter weitgehend an Bedeutung verloren, bis zum Alter von zwölf Jahren sollte auf ihren Einsatz verzichtet werden (Diener et al. 1997).

schwere Attacke

Psychiatrische Komorbidität kann Implikationen für eine medikamentöse Prophylaxe haben: Bei Erwachsenen mit Migräne und einer Depression wird so z. B. die Kombination eines trizyklischen Antidepressivums – z. B. Amitriptylin – mit einem Serotonin-Widerauufnahmehemmer, SSRI, empfohlen (Radat/Swendsen 2005). Bei Kindern gibt es noch keine ausreichende Studienlage.

7.3.1.2 Prophylaktische Therapie

Migräneprophylaxe kann im Kindes- und Jugendalter durch nichtmedikamentöse (z. B. Verhaltenstherapie, s. u.) oder medikamentöse Verfahren erfolgen. Ausschlaggebend für die Therapiebedürftigkeit ist der mit den Kopfschmerzen verbundene Leidensdruck. Dieser kann insbesondere dann angenommen werden, wenn die Kopfschmerzen häufig auftreten, stark sind oder lange anhalten und zu wiederholtem Schulausfall oder regelmäßiger Schmerzmitteleinnahme führen. Der Leidensdruck bei Mädchen steigt dabei vor der Pubertät deutlicher als bei Jungen an (Metsahonkala et al. 1998). Nichtmedikamentöse verhaltensmedizinische und psychologische Verfahren sind im Kindes- und Jugendalter zumeist gut wirksam und medikamentösen Optionen potentiell sogar überlegen (Hermann et al. 1995). Sie unterscheiden bezüglich des therapeutischen Vorgehens nicht oder nur marginal zwischen Migräne und Spannungskopfschmerzen und sind daher weiter unten für beide Diagnosen aufgeführt.

Prophylaktische Medikation

Indikation Eine Migräneprophylaxe ist indiziert bei einer Frequenz von drei oder mehr Migräneattacken pro Monat, hohem Leidensdruck z. B. durch häufiges Schulversäumnis, sehr starke Schmerzen, lange Anfallsdauer (> 48 Stunden) und fehlende Wirksamkeit einer geeigneten Akutbehandlung. Die medikamentöse Prophylaxe sollte durch einen Spezialisten erfolgen und oral über einen Zeitraum von drei bis sechs Monaten eingenommen werden. Das Führen eines Kopfschmerzkalenders ist zur Verlaufsbeobachtung und Abschätzung des Effekts therapeutischer Maßnahmen unerlässlich.

Auch hier ist die Studienlage schlecht; Flunarizin muss als die am besten untersuchte wirksame Substanz für das Kindesalter gelten, die jedoch ein hohes Nebenwirkungsspektrum aufweist. Ebenso kommen auch Betablocker (Propranolol, 2 mg/kg, und mit geringerer Evidenz Metoprolol, 1–1,5 mg/kg) als Mittel der ersten Wahl in Betracht. Diese Empfehlung stützt sich jedoch mehr auf Erfahrungen von Kopfschmerzexperten über Wirksamkeit und Nebenwirkungen bei Kindern und auf die Analogie zum Erwachsenenalter als auf die aktuelle Studienlage. Pizotifen und ASS werden als Substanzen der zweiten Wahl empfohlen.

Zusätzlich wird, jedoch ohne wissenschaftliche Evidenz, auch Valproat (Dosis 300–600 mg/d) als Reservesubstanz empfohlen. Für den Einsatz dieser Substanz liegen aufgrund von anderen Indikationen genügend Erfahrungen im Kindesalter vor, und eine Wirksamkeit kann auch im Kindesalter angenommen werden. Valproat sollte wegen der potentiellen hepatotoxischen Nebenwirkungen nur von einem mit dieser Substanz erfahrenen Arzt verabreicht werden (Evers et al. 2002). Auch Topiramat, Levetiracetam, Cyproheptadin und Amitriptylin sind vom klinischen Eindruck her vielversprechend (Lewis et al. 2004).

Eine nebenwirkungsarme Alternative ist möglicherweise ein pflanzliches Medikament, ein spezielles Pestwurzextrakt, das sich bei Erwachsenen mit Migräne in kontrollierten Studien als effektiv erwiesen hat (Göbel et al. 2001; Diener et al. 2004; Lipton et al. 2004). Bei Kindern gibt es ebenfalls Hinweise auf gute Wirksamkeit in einer offenen (Pothmann/Danesch 2005) und einer kürzlich abgeschlossenen prospektiven, randomisierten, doppelblinden und placebokontrollierten Studie (Oelkers-Ax et al. 2005a).

Nichtmedikamentöse Verfahren

Für die Prophylaxe sind nichtmedikamentöse Verfahren (Entspannungsverfahren, Biofeedback, psychologische Therapie etc.) im Kindesalter ebenfalls wirksam (Kröner-Herwig 1992; Hermann et al. 1995). Aus ökonomischen Gründen und aufgrund mangelnder Verfügbarkeit kommen diese Verfahren in der Praxis zumeist jedoch nur für Kinder mit einer überdurchschnittlich starken Migräne in Betracht, Kinder mit mindestens wöchentlichen Attacken scheinen gut zu profitieren. Die erfolgreichen verhaltensmedizinischen Verfahren bei kindlichen Kopfschmerzen lassen sich drei Hauptgruppen zuordnen:

1. Entspannungsverfahren wie die Progressive Muskelrelaxation nach Jacobson und Phantasiereisen sowie (mit Einschränkungen) das autogene Training,
2. Biofeedback-Verfahren (Hauterwärmungstraining, Vasokonstriktionstraining, EMG-Feedback, Neurofeedback) und
3. verhaltensmedizinische „Multikomponentenprogramme", die neben den beiden erstgenannten Therapieansätzen das Erlernen von Stress- und Schmerzbewältigung und das Reizverarbeitungstraining in den Mittelpunkt der Behandlung stellen. Diese Programme berücksichtigen neben dem Erlernen von Techniken auch die Elternarbeit und Edukation (Evers et al. 2002).

Für Progressive Muskelrelaxation nach Jacobson, kognitive Verhaltenstherapie und Biofeedback (z. B. Hauterwärmungstraining, EMG-Feedback) ist Wirksamkeit wissenschaftlich nachgewiesen. Auch schlafhygienische Maßnahmen scheinen vielversprechend (Bruni et al. 1999).

Bei der Progressiven Muskelrelaxation (PMR) nach Jacobson lernen die Kinder, verschiedene Muskeln ihres Körpers bewusst

PMR

152 Psychotherapeutische Behandlung

für kurze Zeit anzuspannen und sie dann wieder zu entspannen. Die positive Wirkung ist durch mehr als eine valide klinische Studie gut belegt. Im Kindesalter hat sich eine Kombination mit Imaginationsübungen (z. B. Phantasiereisen) bewährt.

autogenes Training Das autogene Training ist wahrscheinlich weniger wirksam und für Kinder unter zehn Jahren in Reinform nicht empfehlenswert. Mittlerweile sind jedoch viele Anleitungen verfügbar, die autogenes Training in kindgerechter Form über Imaginationsverfahren vermitteln und auch bei jüngeren Kindern mit gutem Erfolg praktisch eingesetzt werden (z. B. Kapitän-Nemo-Geschichten, Petermann 2001; s. Kap. 7.6.2.1).

Die Entspannungsverfahren haben den Vorteil, dass die Kinder von Geräten unabhängig sind und sie direkt im Alltag, z. B. vor oder gar während einer Klassenarbeit, eingesetzt werden können.

Biofeedback Bei den Biofeedback-Verfahren werden meistens die Spannung des Stirn- oder Schläfenmuskels (Kröner-Herwig/Ehlert 1992; Kröner-Herwig et al. 1998) und die Hauttemperatur (Powers et al. 2001), seltener der Durchmesser der Schläfenarterie (Sartory et al. 1998) aufgezeichnet und den Kindern akustisch oder optisch zurückgemeldet. Das Vasokonstriktionstraining scheint im Kindesalter keinen spezifischen Vorteil zu haben. In den letzten Jahren wurden Versuche mit Neurofeedback gemacht, das darauf abzielt, die kortikale Reizverarbeitungsstörung über die Messung und Rückmeldung langsamer Hirnpotentiale (z. B. der Contingenten negativen Variation, CNV, s. Kap. 4.1.1.3) positiv zu beeinflussen (Siniatchkin et al. 2000b). Die Wirksamkeit von Biofeedback-Verfahren bei kindlichen Kopfschmerzen ist ebenfalls durch Studien gut belegt und vergleichbar effektiv wie Entspannungsverfahren (Kröner-Herwig/Ehlert 1992; Kröner-Herwig et al. 1998). Die Biofeedback-Verfahren sind für Kinder motivierend, da sie am heutigen Medienverhalten ansetzen.

Multikomponentenprogramme Evaluierte verhaltenstherapeutische Programme liegen ebenfalls vor (McGrath et al. 1990; Luka-Krausgrill 1998; Denecke/Kröner-Herwig 2000). Alle Programme können therapeutengeleitet in einem Einzelkontakt oder in einer Gruppe durchgeführt werden. Studien, die die Überlegenheit eines bestimmten Settings belegen, liegen nicht vor. Multikomponentenprogramme weisen statistisch eine ähnliche Wirksamkeit auf wie pharmakologische Verfahren, haben jedoch wahrscheinlich eine bessere Langzeitwirkung (Hermann et al. 1995). Verhaltensmedizinische Multikomponentenprogramme sind typischerweise aus folgenden Bausteinen zusammengesetzt (Evers et al. 2002; zum Inhalt und der konkreten Durchführung der einzelnen Elemente s. Kap. 7.6.2):

- Aufklärung über die Kopfschmerzen, Entwicklung eines einfachen Schmerzmodells (Edukation)
- Erkennen von Auslösern durch Führen eines Kopfschmerztagebuchs
- Erlernen eines Entspannungsverfahrens (alternativ oder additiv Biofeedback)
- Erkennen eines Zusammenhangs zwischen Stress- bzw. Reizsituationen und körperlichen Reaktionen
- Erlernen von Stressbewältigung bzw. Reizverarbeitung wie Erkennen negativer Gedanken, kognitive Umstrukturierung, gedankliche Schmerzkontrolle, Selbstsicherheit, Problemlösestrategien
- Erlernen spezieller Schmerzbewältigung wie z. B. Aufmerksamkeitsumlenkung
- Informationen für Eltern

Besonders zu empfehlen sind multimodale Therapieansätze, die auch Stress- und Reizverarbeitungstraining und Schmerzbewältigungstechniken enthalten. Verschiedene Programme sind als Manuale veröffentlicht, die im Einzel- oder Gruppensetting verwendet werden können – diese werden unter Kap. 7.5.1.1 beschrieben.

Zu den Verfahren mit noch ungeklärtem Stellenwert gehören Akupunktur, Ernährungsberatung mit der Verwendung einer oligoantigenen Ernährung, transkutane elektrische Nervenstimulation (TENS), Homöopathie, Hypnose und Sporttherapie. Ungeklärt heißt hierbei, dass bisher keine sicheren Studienergebnisse vorliegen, die eine günstige oder ungünstige Wirkung belegen. Dies kann durch das Fehlen entsprechender (methodisch ausreichender) Studien oder durch widersprüchliche Studienergebnisse bedingt sein.

Wirksamkeit ungeklärt

Der Nutzen diätetischer Maßnahmen wird kontrovers diskutiert (Millichap/Yee 2003). In den bisherigen Studien zeigte sich dieses Verfahren insbesondere bei Kindern mit einer hohen Migränefrequenz (wenigstens einmal pro Woche) und weiteren Begleitsymptomen als wirksam. Das Fortlassen folgender Nahrungsbestandteile hatte statistisch einen positiven Einfluss auf Migräne bei Kindern: Kuhmilch, Lebensmittelfarbstoffe, Konservierungsstoffe, Schokolade, Weizenmehl, Eier, Käse, Tomaten, Fisch, Schweinefleisch, Soja (Egger et al. 1983). In jedem Fall

Ernährungsoptimierung

muss individuell ausgetestet werden, welche Nahrungsbestandteile zu einer Verstärkung der Migräne führen können und inwieweit eine entsprechende Eliminationsdiät tatsächlich den gewünschten Erfolg hat. Welche Mechanismen in diesem Zusammenhang die Migräne beeinflussen, ist nicht belegt. Möglicherweise ist hier zusätzlich auf Verhaltensebene auch die veränderte Familieninteraktion wirksam (Evers et al. 2002).

Etwa ein Drittel der Kinder mit Migräne geben Nahrungsmittel als Triggerfaktoren an, meist handelt es sich um Käse, Schokolade und Zitrusfrüchte. Auch Fleischzubereitungen, Joghurt, Süßstoff, Geschmacksverstärker und Alkohol können Kopfschmerzattacken triggern. Eine Ernährungsumstellung mit Vermeidung einer langen Liste von Nahrungsbestandteilen wird heute nicht mehr empfohlen. Insbesondere bei Jugendlichen können starre Diät-Regimes, die die Eltern verzweifelt zu etablieren versuchen gegen den Widerstand eines in Ablösungskämpfen befindlichen Jugendlichen, zusätzliche Anspannung und Stress produzieren. Sinnvoller ist es, mithilfe des Kopfschmerztagebuchs zu überprüfen, ob eine feste zeitliche Beziehung zwischen einzelnen Stoffen und Kopfschmerzattacken besteht (der Abstand liegt typischerweise zwischen 3 und 27 Stunden) und dann ggf. einzelne (!) Nahrungsbestandteile zu meiden (Lewis 2004).

Akupunktur/ Homöopathie

Für die Wirkungen von Akupunktur und homöopathischen Verfahren bei kindlichen Kopfschmerzen gibt es im Kindes- und Jugendalter bisher noch keine ausreichend kontrollierten Studien. Die Deutsche Migräne- und Kopfschmerzgesellschaft gibt keine klare abschließende Empfehlung für Akupunktur bei kindlicher Migräne, eine Wirksamkeit ist jedoch möglich (Melchart et al. 1999).

Insgesamt haben psychologische Interventionen bei Kindern und Jugendlichen einen größeren Effekt als bei Erwachsenen mit schon chronifizierten Kopfschmerzen. Die Langzeitwirkung ist wahrscheinlich größer als bei medikamentöser Prophylaxe. Es besteht die Hoffnung, dass durch frühzeitige Modifikation der Bewältigungsmuster für Stress und Schmerzen eine Chronifizierung der Kopfschmerzen ins Erwachsenenalter hinein vermindert oder verhindert werden kann.

7.3.2 Therapie von Spannungskopfschmerz

7.3.2.1 Akuttherapie

Kopfschmerzen vom Spannungstyp haben zumeist eine geringere Intensität als der Migränekopfschmerz, so dass bei Kindern häufig Allgemeinmaßnahmen wie Ruhe, eventuell Hinlegen und lokale Kälteanwendung zur Schmerzbekämpfung ausreichen. Lokale Applikation von Pfefferminzöl kann unterstützend wirken (Göbel et al. 1994). Falls diese Maßnahmen nicht ausreichen, so sollten Monoanalgetika (Paracetamol, Ibuprofen) verwendet werden. Die Dosierung kann zumeist niedriger sein als bei einer Migräneattacke (Paracetamol 10 mg/kg, Ibuprofen ca. 5 mg/kg). Auch Flupirtin (Katadolon® Kps. oder supp., Dosierung 50 mg von 6–8 Jahren und 100 mg von 9–12 Jahren) hat sich beim Spannungskopfschmerz in einer doppelblinden Vergleichsstudie als wirksam erwiesen (Pothmann 2000).

Nicht angewendet werden dürfen beim Kopfschmerz vom Spannungstyp ergotaminhaltige Präparate und Triptane. Allerdings muss darauf hingewiesen werden, dass für sämtliche empfohlenen Substanzen keine doppelblinden und placebokontrollierten Studien für diese Indikation vorliegen und es sich somit um eine Analogieempfehlung handelt.

Von großer Wichtigkeit bei Kopfschmerzen vom Spannungstyp sind nichtmedikamentöse Verfahren im Intervall zur Bewältigung von Stress- und Überforderungssituationen. Beim chronischen Spannungskopfschmerz sollten diese Verfahren zusammen mit einer spezifischen Behandlung der dabei fast immer vorhandenen psychiatrischen Komorbidität ganz im Vordergrund stehen.

Medikamentöse Akuttherapie birgt die Gefahr des Missbrauchs und sekundärer medikamenteninduzierter Kopfschmerzen. Eine medikamentöse Prophylaxe kann zurzeit nicht empfohlen werden. Die bei Erwachsenen mit chronischem Spannungskopfschmerz empfohlenen trizyklischen Antidepressiva sind bei Kindern mit dieser Indikation nicht ausreichend untersucht, scheinen jedoch insgesamt nicht oder erheblich schlechter als im Erwachsenenalter zu wirken (Pfefferbaum/Hagberg 1993; Ambrosiani 2000).

7.3.2.2 Nichtmedikamentöse Prophylaxe

transkutane elektrische Nervenstimulation

Die unter Migräne beschriebenen nichtmedikamentösen Verfahren sind generell für Spannungskopfschmerzen ähnlich geeignet. Nur ein Verfahren scheint bei Spannungskopfschmerzen besser zu wirken: die transkutane elektrische Nervenstimulation (TENS). Dieses Verfahren wirkt bei kindlichen Spannungskopfschmerzen wahrscheinlich besser als bei Migräne. Ab dem sechsten Lebensjahr kann das Kind dazu selbst ein- bis zweimal am Tag für ca. 30 Minuten mit selbstklebenden Elektroden seinen Nackenbereich über ein batteriebetriebenes Taschengerät stimulieren, was wahrscheinlich körpereigene Schmerzkontrollsysteme aktiviert (Pothmann 1990). Der Vorteil der TENS liegt auch in der Unabhängigkeit vom Therapeuten und damit einer verbesserten Selbstkontrollüberzeugung.

7.3.3 Somatisierung

Für die Therapie von Somatisierungsphänomenen im Kindes- und Jugendalter ist die Datenbasis noch schmaler als beispielsweise für die Therapie des kindlichen Kopfschmerzes, so dass von einer wirklichen „Evidenzbasierung" nicht gesprochen werden kann. Ein Grund dafür ist die (bislang) fehlende diagnostische Klassifizierbarkeit vieler Somatisierungsphänomene gerade im Kindes- und Jugendalter: Die gebräuchlichen kategorialen Systeme haben sehr strenge Kriterien für somatoforme Störungen (s. Kap. 5.4), dementsprechend sind die Prävalenzen niedrig. Die weiter unten ausgeführten Therapieempfehlungen für Somatisierungsphänomene und somatoforme Störungen im Kindes- und Jugendalter beruhen daher weitgehend auf zusammengetragenem Erfahrungswissen respektierter Experten und nicht auf kontrollierten wissenschaftlichen Studien, die EBM-Kriterien genügen. Auch die Leitlinien für somatoforme Störungen im Kindes- und Jugendalter der Deutschen Gesellschaft für Kinder- und Jugendpsychiatrie, -psychosomatik und -psychotherapie stützen sich auf solches Erfahrungswissen (Psychotherapie 2003). Bei somatoformen und Konversionsstörungen wird die Wichtigkeit interdisziplinärer Zusammenarbeit zwischen Kinder- und Jugendpsychiater und Kinderarzt betont. Kognitiv-verhaltenstherapeutische Techniken, die die Familie einbeziehen, ggf. durch Antidepressiva unterstützt, scheinen am ehesten hilfreich zu sein (Garralda 1999).

Besonders trizyklische Antidepressiva (z. B. Amitriptylin) **Antidepressiva**
sind bei Erwachsenen für das Management chronischer Schmerzen bewährt und gut etabliert. Sie werden u. a. erfolgreich beim chronischen Spannungskopfschmerz eingesetzt. Im Tierversuch sind Antidepressiva, die sowohl das Noradrenalin- als auch das Serotonin-System beeinflussen (z. B. Amitriptylin und Mirtazapin) deutlich stärker antinozizeptiv – d. h. vermindern schmerzassoziiertes Verhalten – als reine Serotonin-Wiederaufnahmehemmer (SSRIs, z. B. Citalopram; Bomholt et al. 2005). Bei Kindern und Jugendlichen fehlen systematische Studien, die Wirksamkeit scheint jedoch deutlich schlechter zu sein als im Erwachsenenalter oder ganz zu fehlen (Pfefferbaum/Hagberg 1993; Ambrosiani 2000). Bei somatoformen Schmerzstörungen können Antidepressiva einen unter mehreren Therapiebausteinen darstellen. Es werden sowohl trizyklische als auch SSRIs eingesetzt, wobei hier häufig auch eine depressive Symptomatik Zielsymptom ist. Auch für Antikonvulsiva gibt es bislang keine kontrollierten Studien, die für einen positiven Effekt bei Schmerzerkrankungen im Kindes- und Jugendalter sprechen (Weydert et al. 2003).

Antidepressiva, sowohl trizyklische als auch SSRIs, sind für die Behandlung von Schmerzsyndromen im Kindes- und Jugendalter weder systematisch evaluiert noch zugelassen. Die Wirksamkeit scheint deutlich schlechter zu sein als bei Erwachsenen. Antidepressiva sollten deswegen vorwiegend gegen depressive Zielsymptomatik (oder bei Bestehen einer derartigen Komorbidität) erwogen werden. Von einem breiten Einsatz zur Verminderung chronischer Schmerzen bei Kindern und Jugendlichen ist nach heutigem Kenntnisstand eher abzuraten.

Verhaltenstherapeutische Konzepte zur Therapie von Kindern mit funktionellen Bauchschmerzen sind entwickelt und mit **Bauchschmerzen**
Erfolg angewendet worden (z. B. Sanders et al. 1989). In einer Übersicht über neun Therapiestudien wurden kognitiv-verhaltenstherapeutische Verfahren als „wahrscheinlich effektiv" bewertet. Ballaststoffreiche Ernährung war insbesondere bei mit Verstopfung vergesellschafteten Beschwerden vielversprechend, während operante Verfahren keinen klaren Nutzen zeigten (Janicke/Finney 1999). Ein neuerer Übersichtsartikel bewertet randomisierte Therapiestudien und konnte davon aus 57 Artikeln zehn einschließen (Weydert et al. 2003): Evidenz fand sich für die Wirksamkeit nichtmedikamentöser Therapien (kognitiv-behaviorale Therapie und Biofeedback) sowie bestimmter Medikamente (nämlich Pizotifen, den Histamin-H2-Rezeptor-Antagonisten Famotidin oder Pfefferminzöl in magensaftresistenten

Kapseln). Ergebnisse zum Effekt ballaststoffreicher Kost sind widersprüchlich, laktosefreie Kost führte zu keiner relevanten Besserung. Die Medikamente zeigten die größte Wirkung, wenn sie passgenau für eine bestimmte Zielsymptomatik eingesetzt wurden: Famotidin gegen Dyspepsie, Pizotifen gegen abdominelle Migräne und Pfefferminzölkapseln gegen Reizdarmsyndrom. Die verhaltensmedizinischen Therapien schienen einen generellen positiven Effekt zu haben.

Ein Cochrane-Review zu psychologischen Therapien von chronischen und rezidivierenden Schmerzen bei Kindern und Jugendlichen (Eccleston et al. 2003b) konnte von 28 randomisierten, kontrollierten Studien 18 in die Analyse einschließen – davon 15 zur Therapie der Kopfschmerzen, zwei zur Bauchschmerztherapie und eine zur Therapie von Schmerzen bei Sichelzellanämie. Ein wesentliches Ergebnis war, dass die Anzahl von Patienten, die behandelt werden müssen, um einen Therapieeffekt der psychologischen Therapien zu erzielen, der mindestens 50 % größer ist als in der Kontrollgruppe, 2,32 beträgt. Evidenz für eine Therapie von Schmerzsyndromen außer Kopfschmerzen fehlt. Ebenso ist bisher unklar, ob die untersuchten Therapien außer dem Schmerz selbst signifikante Effekte haben, z. B. auf Schulfähigkeit und Familie.

Auch das Management von durch Schmerzen sehr stark beeinträchtigten Kindern und Jugendlichen wurde bisher kaum systematisch untersucht. Intensive interdisziplinäre Programme von kognitiv-behavioraler Therapie scheinen bei Jugendlichen mit schweren Schmerzsyndromen, die mehrheitlich in ihrem Schulbesuch stark eingeschränkt sind, zu einer vielversprechenden Besserung zu führen (Eccleston et al. 2003a).

7.3.4 Sonstige Schmerzen

Für die Therapie postoperativer Schmerzen oder Tumorschmerzen spielen Medikamente eine wichtige Rolle. Ein anerkanntes Schema zur Auswahl von Analgetika ist das WHO-Stufenschema, wobei je nach Schweregrad der Schmerzen die Behandlung auf Stufe I, II oder III beginnt:

- Stufe I: verwendet Nicht-Opioid-Analgetika wie Paracetamol, Ibuprofen und Metamizol,
- Stufe II: schwache Opioide (z. B. Tramadol und Codein), ggf. können zusätzlich Stufe-I-Medikamente beibehalten werden,
- Stufe III: verwendet starke Opiode wie Morphin, ggf. erneut mit Nicht-Opioiden kombiniert.

Ziel einer solchen Analgesie ist es, Schmerzfreiheit zu erlangen. Dafür sollten die Analgetika individuell dosiert nach einem festen Zeitplan gegeben werden, um Schmerzen frühzeitig abzufangen. Oral verabreichbare Medikamente sollten bevorzugt werden (Schmid 2002).

7.4 Einbeziehung des Umfelds

In die Therapie chronischer und rezidivierender Schmerzen bei Kindern und Jugendlichen sollte die Familie (insbesondere die Eltern) unbedingt und regelhaft einbezogen werden. Je jünger das Kind ist und je stärker es funktionell durch die Schmerzen beeinträchtigt ist, umso wichtiger sind die Eltern für die Therapie. Eine Einbeziehung des weiteren sozialen Umfelds, z. B. der Schule, ist im Gegensatz dazu nicht routinemäßig erforderlich, kann aber im Einzelfall hilfreich sein.

7.4.1 Familienberatung

Der hohe Stellenwert der Familienberatung erklärt sich zum einen dadurch, dass Schmerzsyndrome familiär gehäuft auftreten. Dies kann sowohl durch genetische als auch durch Lernfaktoren vermittelt werden. Das heißt: Sehr viele Kinder, insbesondere mit funktionellen chronischen oder rezidivierenden Schmerzen, haben Eltern, die ebenfalls unter Schmerzen (z. B. Kopf- oder Rückenschmerzen) oder psychosomatischen Beschwerden leiden. In manchen Familien sind Schmerzen und andere körperliche Symptome eine bevorzugte Art, auf Belastungen zu reagieren („Somatisierung als Familienstil", s. Kap. 5.1.1). Zum anderen tragen bei stark funktionell bedingten Schmerzen, wie sie sich bei somatoformen Störungen finden, interaktionelle Muster oft wesentlich zur Aufrechterhaltung der Symptomatik bei. Ohne konstruktive Einbeziehung der Familie sind dabei therapeutische Erfolge nahezu unmöglich.

Das Ausmaß der Familieneinbindung in der Psychotherapie kindlicher Schmerzsyndrome reicht von „bloßer" allgemeiner Information und Aufklärung über intensives Erklären und beispielhaftes Vorführen der therapeutischen Interventionen zu direkter Einbeziehung im Rahmen einer Familientherapie:

1. **Information und Aufklärung:** Wie bei jeder therapeutischen Intervention bei Kindern und Jugendlichen ist Information der Eltern über das vorliegende Krankheitsbild, die geplanten Therapiemaßnahmen und die wahrscheinliche Prognose unabdingbar, rechtlich erforderlich und Voraussetzung eines Arbeitsbündnisses mit hinreichender Compliance von Eltern und Kind. Information und Aufklärung sind weiterhin für eine kompetente Position der Eltern unerlässlich. Dabei empfiehlt es sich, insbesondere bei jüngeren Kindern, die Eltern gleichsam zu Co-Therapeuten zu machen und in die Behandlung einzubinden: Bei jüngeren Kindern sind die Eltern unverzichtbare Partner, um häusliche Maßnahmen durchführen zu können, z. B. das Kind ein Kopfschmerztagebuch führen oder Therapie-„Hausaufgaben" machen zu lassen sowie Entspannungszeiten zu etablieren. Es ist aber wichtig, darauf zu achten, dass das Kind selbst mehr und mehr zum „Experten" seiner eigenen Symptomatik wird und die Eltern nur unterstützende Funktionen wahrnehmen. Auf keinen Fall sollte das Tagebuch z. B. allein von den Eltern ausgefüllt werden.

2. **Exemplarisches Erleben:** Es hat sich sehr bewährt, die Eltern nicht nur theoretisch über Diagnose und Therapie aufzuklären, sondern sie beispielhaft einzelne Therapieelemente erleben zu lassen. Dieses exemplarische Vorführen dient nicht nur der genauen Information, sondern lässt Eltern oft selbst die Erfahrung machen, dass und wie sehr sie selbst (im Nebenschluss) profitieren können. Die Eltern von Kindern mit funktionellen Schmerzsyndromen (besonders Kopf- und Bauchschmerzen) sind oft ebenfalls sehr leistungsorientiert und auf „Funktionieren" im Alltag ausgerichtet. Deswegen nehmen sie (wie ihre Kinder) ihre eigenen Körperbedürfnisse und -signale häufig schlecht wahr und neigen dazu, sich zu überfordern. Dabei kommt es ihrer eher „pflichterfüllenden" Haltung entgegen, an Elternberatungen teilzunehmen, die im Rahmen einer Kinderschmerztherapie angeboten werden, um gut informiert zu sein und die Therapie ihres Kindes optimal unterstützen zu können. Diese Art der Eltern-„Beratung" stellt demnach einen sehr wirksamen und niederschwelligen Zugang zu psychologischen und verhaltensmedizinischen Interventionen dar und ermöglicht es, viele Eltern gleichsam „über die Hintertür" therapeutisch zu erreichen.

Kinder-Gruppentherapie-Programme lassen sich gut mit regelmäßigen Eltern-Gruppenabenden (z. B. alle 4 Wochen) kombinieren. In diesen können die Eltern ausgewählte Interventionen selbst erfahren, z. B. Entspannungs- oder Körperwahrnehmungsübungen. Eltern geben oft die Rückmeldung, eine Besserung ihrer eigenen (oft nicht explizit angesprochenen) Symptomatik zu erleben. Je positiver die Eltern solche therapeutischen Interventionen erlebt haben, desto besser können sie ihre Kinder unterstützen.

3. Direkte Therapieeinbindung der Eltern: Eine gezielte Therapie von Kind und Eltern erfolgt mittels systemischer Ansätze, ist aber auch in einigen verhaltensmedizinischen Programmen wesentlicher Teil des Konzepts.

Ein Kurzzeit-Konzept für systemische Familienberatung bei kindlichen Kopfschmerzen wurde von Ochs und Schweitzer aus einem umfangreicheren interdisziplinären Konzept mit hypnotherapeutisch orientierter Gruppentherapie (Seemann et al. 2001) und Familiengesprächen gleichsam „herausdestilliert" (Ochs/Schweitzer 2005): Übrig geblieben ist ein kurzzeittherapeutisches, auf drei Familiensitzungen beschränktes und sehr familienzentriertes Vorgehen, das in Form einzelner Bausteine manualisiert ist. Es wird besonders bei „unkomplizierten" Kopfschmerzen ohne massive Komorbidität oder Schulprobleme des Kindes sowie ohne gravierende Paarkonflikte der Eltern empfohlen. Die einzelnen Bausteine können variabel eingesetzt werden. Sie versuchen, die vorhandenen Ressourcen der Familie zu stärken, weniger erfolgreiche Lösungsversuche bewusst zu machen, möglicherweise neue Muster von Spaß, Entspannung und Wohlergehen zu etablieren und die Funktion der Kopfschmerzen, aber auch die besondere Empfindlichkeit des Schmerzpatienten zu würdigen. Das Setting wendet sich dabei – klassisch systemisch – an die Familie. Es finden keine Termine oder therapeutischen Interventionen allein mit dem Kind statt. Die beispielhafte Darstellung von Therapiebausteinen aus diesem Programm erfolgt in Kap. 7.6.2.3.

systemische Kurztherapie

Viele Kinder-Gruppenprogramme binden die Eltern in unterschiedlichem Ausmaß ein:

Verhaltensmedizin

- Das psychoedukative Schulungsprogramm MIPAS(= Kürzel für MIgränePAtientenSeminar)-Family z. B. (s. in Gerber/Gerber-von-Müller 2003, 2005) konzeptualisiert intensive Elterneinbindung und beinhaltet alternierend ein Kinder-

bzw. Jugendlichentraining und ein Elterntraining. Die Elternschulung ist dabei fester Bestandteil des Konzepts. Die Eltern sollen die Übungen für ihre Kinder nicht nur kennen lernen, sondern auch selbst üben, damit sie zu Hause ggf. ihre Kinder anleiten können. Ein weiteres Ziel ist, dass die Eltern ihre Erziehungseinstellungen und -praktiken reflektieren und falls erforderlich modifizieren. Zentrale Elemente des Schulungsprogramms sind Reizverarbeitungstraining (für Migräne) bzw. Stressbewältigungstraining (für Spannungskopfschmerzen), s. a. Kap. 7.5.1.1.

- Eine standardisierte Einbindung erfolgt in geringerem Maße auch in den kognitiv-verhaltenstherapeutisch orientierten Trainingsprogrammen „Kopfschmerztherapie mit Kindern und Jugendlichen" von Denecke und Kröner-Herwig (2000; Einführungs- und Abschlussgespräch mit den Eltern) und „Help yourself" (McGrath et al. 1990; mehrere Termine zusammen mit den Eltern) sowie in einem manualisierten musiktherapeutischen Behandlungskonzept (monatliche Elterntermine; Nickel et al. 2002, 2003a).

Therapie somatoformer Störungen

Ebenfalls unerlässlich ist die intensive Einbeziehung der Eltern in die Therapie bei somatoformen Störungen. Hier ist ein wichtiges erstes Therapieziel, überhaupt ein therapeutisches Bündnis zu etablieren und das häufig auftretende „doctor shopping" zu unterbrechen. Aber gerade bei der Therapie somatoformer Störungen, bei denen die Eltern häufig noch viel mehr als das Kind ein sehr stark organisch orientiertes Krankheitsmodell vertreten, ist ein kind-(und nicht eltern!)zentrierter Ansatz der Elternberatung wichtig. Damit werden bei den Eltern Schuldgefühle und Behandlungsabbrüche minimiert und sie als „Mitexperten" im „Kampf" gegen die Schmerzsymptomatik des Kindes gewonnen. Ein sehr wichtiges Therapieteilziel ist erreicht, wenn Eltern linear-kausale organische Krankheitsmodelle zugunsten von regelkreisbasierten, interaktiven Vulnerabilitäts-Stress-Modellen aufgeben, die Einflussmöglichkeiten psychischer Mechanismen implizieren.

Therapie von Bauchschmerzen

In eine ähnliche Richtung weisen Befunde, dass bei rezidivierenden kindlichen Bauchschmerzen eine unspezifische Beratung der Eltern durch den Kinderarzt wenig hilfreich ist (Faull/Nicol 1986). Dahingegen nehmen die Schmerzen ab und lassen sich besser „managen", wenn Eltern einen Zusammenhang zwischen körperlichem und psychischem Schmerz verstehen lernen (Wasserman et al. 1988). Es gibt Hinweise darauf, dass die Besserung der kindlichen Schmerzsymptomatik mit Änderungen der Familieninteraktion assoziiert ist (Ochs et al. 2002). Daraus lässt sich folgende Empfehlung ableiten:

Die Familie sollte dann in die Behandlung kindlicher Schmerzsyndrome vermehrt einbezogen werden, wenn rigide Familieninteraktionsmuster bestehen und eine Symptombesserung mit einfachen (beratenden) Maßnahmen nicht erzielt werden kann.

Für die wesentlichen Tipps und Verhaltensmaßnahmen für Eltern bei kindlichen Kopf- und Bauchschmerzen s. Kap. 7.6.2.1.

7.4.2 Schule

Eine Einbindung der Schule bzw. betreuenden Lehrer in den Behandlungsprozess ist bei Kindern und Jugendlichen mit chronischen oder rezidivierenden Schmerzen dann wichtig und sinnvoll, wenn der Schulbesuch beeinträchtigt ist durch entweder

(A) erhöhte Krankheits- und Fehlzeiten bis hin zu einer schulvermeidenden Symptomatik (die fast immer mit Somatisierung einhergeht) oder
(B) durch Schmerzen, die mit größerer Wahrscheinlichkeit ständig oder attackenweise während des Schulbesuchs auftreten.

Bei erhöhten Fehlzeiten bis hin zur Schulvermeidung (A) ist ein wichtiges Ziel, (möglichst) regelmäßigen Schulbesuch wieder zu etablieren. Dafür ist es gut, wenn die Lehrer um die Problematik des Kindes wissen und regelmäßigen Schulbesuch aktiv unterstützen. Hierzu sind „Runde-Tisch-Gespräche" mit betreuendem Therapeuten, Eltern und Lehrer(n) besonders hilfreich. Dabei sollte ein Gesamtkonzept besprochen werden, das folgende Elemente enthält:

Fehlzeiten und Schulvermeidung

- *Absprachewege zwischen Eltern und Lehrern:* Es sollte ein „direkter Draht" zwischen Eltern und (Klassen-)Lehrer etabliert werden. Die Eltern sollten Schwierigkeiten beim morgendlichen In-die-Schule-Gehen durch körperliche Symptomatik, aber auch „gravierendere" Erkrankungen, bei denen kein Schulbesuch mehr möglich ist, dem Lehrer melden. Umgekehrt sollte der Lehrer bei deutlichen, in der Schule auftretenden Symptomen die Eltern informieren, besonders, wenn sie weitere Unterrichtsteilnahme unmöglich machen.

- *Vorgehen bei körperlicher Symptomatik:* Ziel ist die Wiedergewinnung der Funktionalität. Bei vielen Kindern mit Somatisierung lässt sich die Funktionalität (Schulteilnahme) in der Regel eher wiederherstellen als eine deutliche Verminderung oder ein Sistieren der Beschwerden. Daher sollte, insbesondere bei stark funktionellen Beschwerden mit deutlichem sekundären Krankheitsgewinn, das Kind ermutigt und angehalten werden, trotz seiner Beschwerden die Schule zu besuchen. Dabei sollte dem Kind unbedingt geglaubt werden (also nicht: „Du hast bestimmt keine Schmerzen, also gehst du in die Schule"). Es hat sich bewährt, den Schulbesuch als Versuch darzustellen: „Trotz deiner Schmerzen solltest du es versuchen, heute in die Schule zu gehen. Ich sage der Lehrerin Bescheid, und wenn es gar nicht geht, kommst du wieder nach Hause."
- *Vorgehen bei dennoch entstehenden Fehlzeiten:* Ist ein Schulbesuch trotz enger Absprache zwischen Eltern und Lehrern nicht möglich, sollte (erneut besonders bei einer Symptomatik mit starkem sekundären Krankheitsgewinn) versucht werden, den sekundären Krankheitsgewinn zu minimieren. Dafür sollten, wenn schon der Schulbesuch nicht möglich ist, auch andere, „angenehmere" Aktivitäten wegfallen. Außerdem sollte, sofern die Symptomatik es zulässt, darauf gedrängt werden, dass der entsprechende Schulstoff nachgearbeitet wird. Auch hier ist eine enge Absprache zwischen Eltern und Lehrern von großem Nutzen.

Schmerzen während der Schulzeit

Geht das Kind regelmäßig in die Schule und leidet dort kontinuierlich oder attackenweise unter Schmerzen, durch die es aber eher nicht versucht, Anforderungen zu vermeiden, so ist das Vorgehen ein grundlegend anderes: Hier sollten die Lehrer über die Symptomatik des Kindes und auch möglicherweise erforderliche oder hilfreiche Maßnahmen informiert werden (wie etwa ggf. nötige Medikamenteneinnahme). Viele Lehrer von Kindern und Jugendlichen mit Kopfschmerzen wissen z. B. gar nichts von den Beschwerden. Viele Kinder und Jugendliche mit Kopfschmerzen versäumen wegen ihrer Schmerzen selten oder nie die Schule, sondern eher nachmittags angenehme Freizeitaktivitäten. Sie sind oft sehr pflichtbewusst und „beißen die Zähne zusammen" oder nehmen Medikamente, um die an sie gestellten schulischen Anforderungen noch erfüllen zu können und sich erst am Nachmittag ins Bett zu legen. Hier ist es gut, wenn die Lehrer um die Symptomatik des Kindes wissen und es ggf. zu frühzeitigen Auszeiten ermutigen können.

Manche Kinder und Jugendlichen können im Rahmen einer Therapie lernen, so gut auf ihren Körper zu hören, dass sie drohende Überforderung merken, bevor sie Kopfschmerzen bekommen (s. Kap. 7.6.2.3). In einem solchen Fall ist es sehr hilfreich, mit den Lehrern abzusprechen, dass dem Kind oder Jugendlichen eine kurze Auszeit gewährt wird (z. B. 5 Minuten aus dem Klassenzimmer gehen), wenn es diese Überforderung spürt, und z. B. ein ausgemachtes Zeichen oder Codewort verwendet. Mit dem Rest der Klasse muss diese Ausnahmeregelung natürlich besprochen werden.

7.5 Setting, Frequenz, Dauer

Setting, Frequenz und Dauer psychotherapeutischer Verfahren sind stark abhängig von dem Ausmaß „komplizierender" Faktoren wie z. B. psychiatrische Komorbidität, gestörte Familieninteraktion oder starke funktionelle Bedeutung der Beschwerden mit hohem sekundären Krankheitsgewinn. Die Art des Schmerzsymptoms spielt dahingegen eine weniger wichtige Rolle. So ist z. B. einem Kind mit einer „einfachen" Migräne ohne psychiatrische Komorbidität, bei erhaltenem Schulbesuch und intakter Familieninteraktion durch wenige, eher beratende Sitzungen, in denen allgemeine Maßnahmen vermittelt werden, mit großer Wahrscheinlichkeit zu helfen.

Im Gegensatz dazu erfordert eine somatoforme Schmerzstörung mit monatelangem Schulausfall, Paarkonflikten und unklarer Eltern-Kind-Kommunikation ein interdisziplinäres, multimodales Vorgehen mit wahrscheinlich einem initial stationären Aufenthalt und anschließender längerfristiger ambulanter Psychotherapie. Im Folgenden sollen daher typische Settings und standardisierte Programme für gegebene Indikationen kurz vorgestellt werden.

7.5.1 Kindlicher Kopf- und Bauchschmerz

Für kindliche Kopfschmerzen gibt es das im Bereich der kindlichen Schmerztherapie das größte Angebot an standardisierten und manualisierten Therapieprogrammen. Sie können teilweise sowohl im Einzel- als auch im Gruppensetting angewendet werden. Im Zuge zunehmender Ressourcenknappheit erscheint es aber sinnvoll, die Therapie einer derart häufigen Erkrankung wie des primären Kopfschmerzes bei Kindern und Jugendlichen in Form eines Stufenkonzepts aufzubauen. In diesem kommen aufwändigere Therapieverfahren entweder bei erkennbaren komplizierenden Faktoren (wie z.B. psychiatrische Komorbidität oder ausgeprägte Auffälligkeiten in der Familieninteraktion) oder bei Nichterfolg einfacherer Maßnahmen (s. Kap. 7.5.1.2) zum Einsatz. Die veröffentlichten Therapieprogramme ähneln sich, obwohl aus unterschiedlichen Schulen stammend – wenn auch nicht in der „Verpackung", so doch in Art und Zielrichtung der verwendeten Therapieelemente. Die wichtigsten dieser Elemente, die sich individuell kombinieren und mit Akzenten versehen lassen, werden unter Kap. 7.6.2 vorgestellt. Im Folgenden werden die zur Verfügung stehenden Programme kurz allgemein präsentiert und hinsichtlich Setting, Frequenz, Indikationsspektrum etc. beschrieben.

7.5.1.1 Einzel- und Gruppenprogramme

Für Kinder und Jugendliche mit primären Kopfschmerzen sind kognitiv-verhaltenstherapeutische (McGrath et al. 1990; Luka-Krausgrill 1998; Denecke/Kröner-Herwig 2000) oder verhaltensmedizinisch-psychoedukative (Gerber/Gerber-von-Müller 2005) sowie hypnotherapeutische (Seemann 1998; Seemann et al. 2001), musiktherapeutische (Nickel et al. 2002, 2003a; Nickel 2004) und systemische Programme (Ochs 2004; Ochs/Schweitzer 2005) veröffentlicht. Außerdem gibt es ein psychoedukatives Programm für Familien (MIPAS-Family; Gerber/Gerber-von-Müller 2005).

Verhaltensmedizinische Programme: Das Trainingsprogramm *„Kopfschmerztherapie mit Kindern und Jugendlichen"* von Denecke und Kröner-Herwig (2000) basiert auf der Sichtweise, dass chronischer Kopfschmerz eine funktionelle neurologische Erkrankung darstellt, für die eine eindeutige kausale Behandlung bisher nicht existiert. Wesentliches Ziel ist die Verminderung der Häufigkeit von Kopfschmerzattacken, weitere Ziele sind Reduzierung von Schmerzintensität und Attackendauer sowie Aufbau von Kontrollüberzeugung und Bewältigungsstrategien. Das Training zielt daher nicht nur auf Verbesserung des Umgangs mit Kopfschmerzen, sondern v.a. darauf, Kindern Strategien zur Verhaltensänderung in der attackenfreien Zeit zu vermitteln sowie potentiell schmerzauslösende Belastungen zu verringern ("Stressmanagement"). Außerdem sollen Selbstsicherheit und Problemlösekompetenz gesteigert werden und so operante Bedingungen der Aufrechterhaltung aufgehoben werden.

Das Training ist ursprünglich als Gruppentraining konzipiert, kann jedoch auch in das Einzelsetting übertragen werden. Es beinhaltet ein Anamnesegespräch, acht wöchentlich stattfindende Trainingssitzungen à 90 Minuten und ein Abschlussgespräch (s. Tab. 4). Ein Gruppensetting ist vorzuziehen, nicht nur, weil es weniger therapeutische Ressourcen erfordert. Die Kinder lernen so „Mitbetroffene" kennen, können gegenseitig am Modell lernen und erfahren gegenseitige Verstärkung und soziale Unterstützung (Denecke/Kröner-Herwig 2000). Eine Gruppengröße von sechs Kindern wird empfohlen. Die Kinder erhalten Übungs- und Verstärkungsmaterial in Form von kindgerecht gestalteten Anleitungen und Urkunden. Zu Hause sollte ein Kassetten- oder CD-Spieler für die Durchführung der Entspannungsübungen zur Verfügung stehen. Die Kinder erhalten üblicherweise „Hausaufgaben" für die Zeit zwischen den Gruppensitzungen, die beim nächsten Mal besprochen werden. Zu den Trainingsinhalten s. Tab. 4, in der letzten Spalte wird auf die nähere Beschreibung ähnlicher Therapieelemente im nächsten Kapitel verwiesen.

Am besten evaluiert ist das Training für Kinder von 11 bis 14 Jahren, ab acht Jahren wurde es erfolgreich angewendet. Als Teilnahmekriterien werden angegeben: Migräne oder/und Spannungskopfschmerz seit mindestens sechs Monaten mit durchschnittlich mindestens zwei Attacken pro Monat, ausreichende Deutsch-, Lese- und Schreibkenntnisse sowie keine psychopathologischen Auffälligkeiten (z. B. hyperkinetisches Syndrom; Denecke/Kröner-Herwig 2000).

Ähnlich aufgebaut ist das *„Help-yourself"-Programm* von McGrath und Mitarbeitern (1990): Auch hier sind acht Wochen Training mit kognitiv-verhaltenstherapeutischen Behandlungselementen standardisiert, dazu kommen eine jeweils vierwöchige Vor- und Nachphase. Das Material kann in Gruppen für Kinder ab zwölf Jahren, aber auch in Einzelsitzungen angewendet werden. Das Programm geht vom Prinzip größtmöglicher altersgemäßer Verantwortung der Teilnehmer aus und will einen aktiven Umgang mit der Erkrankung fördern. Eine Besonderheit ist hier, dass das Training auch im *Selbsthilfeformat* angewendet werden kann. Hier sehen sich Teilnehmer und Therapeuten nur zu drei Sitzungen und besprechen ansonsten einmal pro Woche telefonisch den Fortgang des Trainings (Kerbeck/Luka Krausgrill 1999). Die Selbsthilfeform reduziert dabei Kopfschmerzen ge-

Tab. 4: Aufbau des Trainingsprogramms „Kopfschmerztherapie mit Kindern und Jugendlichen" von Denecke und Kröner-Herwig (2000)

Zeitpunkt	Trainingsinhalt	Teilnehmer	s. Kap.
6 Wo. vorher	Anamnese Eingangsdiagnostik	Eltern, Kind, Therapeut	5.1.1, 5.2
Baseline	4 Wo. Kopfschmerztagebuch	Kind, (Eltern)	5.2.1
Wo. 1	Informationen über Schmerz	Kind (Gruppe), Therapeut	7.6.2.1, Abschnitt „Aufklärung über Diagnose und Krankheitskonzepte"
Wo. 2	Entspannung	Kind (Gruppe), Therapeut	7.6.2.1, Abschnitt „Entspannung und Stressmanagement"
Wo. 3	Triggerfaktoren und Auslöser	Kind (Gruppe), Therapeut	7.6.2.1, Abschnitt „Kontrolle der Triggerfaktoren"
Wo. 4	Dysfunktionale Kognitionen	Kind (Gruppe), Therapeut	7.6.2.3, Abschnitt „Ersetzen dysfunktionaler Kognitionen"
Wo. 5	Aufmerksamkeitslenkung	Kind (Gruppe), Therapeut	7.6.2.3, Abschnitt „Fokussierung von Aufmerksamkeit"
Wo. 6	Selbstsicherheit	Kind (Gruppe), Therapeut	7.6.2.3, Abschnitt „Förderung emotionaler Ausdrucksfähigkeit"
Wo. 7	Problemlösekompetenz	Kind (Gruppe), Therapeut	7.6.2.3, Abschnitt „Förderung emotionaler Ausdrucksfähigkeit"
Wo. 8	Wiederholung und Transfer	Kind (Gruppe), Therapeut	7.6.2.3, Abschnitt „Transfer in den Alltag"
Danach	Abschlussgespräch Kopfschmerztagebuch	Eltern, Kind	

nauso effektiv wie die therapeutengeleitete Form, ist jedoch deutlich kosten- und zeitsparender (McGrath et al. 1992).

Auch hier sind in Tab. 5 – exemplarisch für die Selbsthilfeform – die Inhalte sowie Verweise auf entsprechende Beschreibungen im folgenden Kapitel aufgeführt. Die Teilnahmekriterien entsprechen den o. a., an die Lese- und Verständnisfähigkeit der Kinder werden bei der Selbsthilfeform etwas höhere Anforderungen gestellt: Sie sollten in der Lage sein, während der Trainingswochen begleitend Textkapitel zu lesen und die entsprechenden Übungen selbst regelmäßig durchzuführen. Das Kopfschmerztagebuch wird während der gesamten Behandlungsdauer geführt, viermal täglich sollen etwaige Kopfschmerzen, Begleitsymptome und mögliche Auslöser notiert werden. Das regelmäßige und sorgfältige Ausfüllen der Kopfschmerztagebücher in der Vorphase ist Bedingung für eine weitere Teilnahme und somit Test für die Kooperationsbereitschaft. Als Entspannungsverfahren wird die Progressive Muskelrelaxation nach Jacobson vermittelt.

Hypnotherapeutisches Programm: Das hypnotherapeutisch orientierte Gruppentherapieprogramm von Seemann (Seemann et al. 2001) benutzt Elemente mit ähnlicher Zielrichtung wie in den o. a. Programmen. Es ist ebenfalls für Kindergruppen konzipiert und geht über zwölf Wochen mit wöchentlichen Gruppenterminen für die Kinder und regelmäßigen begleitenden Elternabenden, in denen Information, Aufklärung und exemplarisches Erleben von Therapieelementen stattfindet. In den Kindergruppen sind Entspannung und Körperwahrnehmung zentrale Elemente, wobei viel mit Phantasiereisen und Visualisierungsübungen gearbeitet wird.

Das Programm unterscheidet sich in der therapeutischen Grundhaltung von den kognitiv-verhaltenstherapeutischen durch ein weniger direktives Vorgehen: Als wichtiges Therapieziel wird angesehen, dass die Kinder unterscheiden lernen, was ihnen gut tut und was nicht, und dass sie schließlich auswählen können. Dies findet sich auch im Konzept wieder, das nach Art eines „Bauchladens" ganz unterschiedliche Elemente und Methoden anbietet und die Kinder bewusst ermuntert, genau zu erspüren, ob sie bei einer bestimmten Übung mitmachen wollen oder nicht. So ist es nicht nur geduldet, sondern sogar ausdrücklich erwünscht, bestimmte Übungen nicht mitzumachen. Hierdurch lernen die Kinder bessere Abgrenzung und „Nein"-Sagen idealerweise schon modellhaft im therapeutischen Setting.

Tab. 5: Aufbau des „Help-yourself"-Programms von McGrath und Kollegen (1990)

Zeitpunkt	Trainingsinhalt	Teilnehmer	s. Kap.
4 Wo. vorher	Anamnese, Eingangsdiagnostik, Information über Training	Eltern, Kind, Therapeut	5.1.1, 5.2
Vorphase	Kopfschmerztagebuch, Textbuch: Informationen über Schmerz	Kind	5.2.1, 7.6.2.1, Abschnitt „Aufklärung über Diagnose und Krankheitskonzepte"
Sitzung 1	Triggerfaktoren und Auslöser, Allgemeinmaßnahmen, Stresswahrnehmung, Entspannung	Kind, Therapeut	7.6.2.1, 7.6.2.3, Abschnitt „Wahrnehmung von Stressanzeichen und -auslösern"
Wo. 1	Stresswahrnehmung, Entspannung (PMR)	Kind	7.6.2.3, Abschnitt „Wahrnehmung von Stressanzeichen und -auslösern", 7.6.2.1, Abschnitt „Entspannung und Stressmanagement"
Wo. 2+3	Dysfunktionale Kognitionen, Entspannung	Kind	7.6.2.3, Abschnitt „Ersetzen dysfunktionaler Kognitonen"
Wo. 4+5	Aufmerksamkeitslenkung, Visualisierung gegen Schmerz, Phantasiereisen	Kind	7.6.2.3, Abschnitt „Arbeit am Symptom ‚Schmerz'", 7.6.2.1, Abschnitt „Entspannung und Stressmanagement"
Wo. 6	Stressmanagement, Selbstsicherheit	Kind	7.6.2.3, Abschnitt „Förderung emotionaler Ausdrucksfähigkeit"

Wo. 7	Problemlösekompetenz	Kind	7.6.2.3, Abschnitt „Förderung emotionaler Ausdrucksfähigkeit"
Wo. 8	Wiederholung und Transfer	Kind	7.6.2.3, Abschnitt „Transfer in den Alltag"
Nachphase	Kopfschmerztagebuch	Kind	
Abschluss	Auswertung Trainingseffekt, „Troubleshooting"	Kind, Eltern, Therapeut	

Musiktherapeutisches Programm: In Heidelberg wurde ein musiktherapeutisches Behandlungskonzept für Kinder mit Migräne entwickelt, das auf dem biopsychosozialen Modell (Engel 1977) basiert. Wesentlich ist auch die Grundannahme, dass Schmerzpatienten in ihrem Erleben stark auf den Schmerz fokussiert und in ihrer emotionalen Ausdrucksfähigkeit gehemmt sind. Musikalische Flexibilisierung wird dabei als spezifischer Wirkfaktor von Musiktherapie angenommen. Das Programm wurde *für acht- bis zwölfjährige Kinder* mit Migräne konzipiert, die mindestens zwei Attacken pro Monat erleiden. Wissen über altersspezifische Schmerzkonzepte und entwicklungsspezifische Bewältigungskompetenz sind ebenso wie familientherapeutische Überlegungen in das Konzept eingeflossen. Es werden kindgerechte imaginative und musikbegleitete Entspannungstechniken eingesetzt.

Das Programm ist für ein *Einzelsetting* konzipiert mit zwölf wöchentlich stattfindenden Behandlungseinheiten in einem für Musiktherapie ausgestatteten Behandlungsraum und monatlichen begleitenden Familiensitzungen. Nach ausführlicher Anamnese mit der Familie wird auch eine musiktherapeutische Anamnese erhoben (musikalische Sozialisation und Präferenz des Kindes, musikalische Responsibilität, Variabilität im musikalischen Ausdruck). In den Familiensitzungen wird v.a. auf den Einfluss des Symptoms auf die Familieninteraktion sowie Umgang der Familie mit Leistung, Gefühlen und Konflikten sowie Nähe-Distanz-Regulation eingegangen.

Für die musiktherapeutische Einzelbehandlung wurde das „schulenübergreifende Phasenmodell" (Lueger 1995) berücksichtigt: Zuerst verbessert sich demnach das „subjektive Wohlbefinden", dann nehmen die Symptome ab, und in einer dritten

schulenübergreifendes Phasenmodell

Phase verbessert sich das allgemeine Funktionieren (Nickel et al. 2002). Entsprechend geht es in der ersten Therapiephase um Beziehungsaufnahme und Therapieeinstieg. Es werden Einführungs- und Abschlussrituale eingeführt, Entspannungs- und Körperwahrnehmungsübungen verwendet. In einer zweiten Phase steht die Arbeit am Symptom (z. B. durch Improvisationen, Imagination und Externalisierung, s. Kap. 7.6.2.3) im Vordergrund. Zugleich wird eine emotionale Flexibilisierung durch Ritual- und Tagtraumimprovisation angestrebt. Die dritte Phase widmet sich schließlich dem Transfer in den Alltag (s. Kap. 7.6.2.3). Hier geht es um die musikalische Erprobung flexibler und alternativer Verhaltens- und Erlebnisweisen (z. B. Nein-Sagen-Üben) und ihre Implementierung im Alltag.

Psychoedukatives Programm: Das von Gerber und Gerber-von-Müller (Gerber 1998; Gerber/Gerber-von-Müller 2003, 2005) entwickelte psychoedukative Programm für Eltern und Kindern MIPAS(= Migräne-Patienten-Seminar)-Family richtet sich ausschließlich an Patienten mit Migräne. Es enthält neben den oben schon mehrfach erwähnten Elementen von Information, Aufklärung, Vermittlung pathophysiologischer Konzepte, Erkennen von Migräneauslösern, angemessener Akuttherapie, Stress- und Körperwahrnehmung sowie Entspannung Elemente, die darauf zielen, dass die Eltern ihre Erziehungspraktiken reflektieren sowie als speziellen Baustein ein Reizverarbeitungstraining. Das Programm beginnt mit einer Einzelberatung, in der v. a. auch die Motivation der Eltern überprüft wird, daran schließen sich Gruppensitzungen an (abwechselnd für Kinder und Eltern).

Reizverarbeitungstraining

Das von Gerber entwickelte *Reizverarbeitungstraining* basiert wesentlich auf dem pathophysiologischen Konzept von Migräne als einer *Informationsverarbeitungsstörung* (s. Kap. 4.1.1.3) und wird in drei Schritten durchgeführt: Im ersten Schritt lernen die Patienten durch reale Konfrontation mit Reizen verschiedener Sinnesmodalitäten (visuell, auditiv, Geruch etc.), Reize zu identifizieren, die bei ihnen Körperreaktionen bewirken können. Gleichzeitig führen sie ein Tagebuch über Körperreaktionen auslösende Reize im Alltag. Im zweiten Schritt werden Entspannungstechniken vermittelt. Diese sollten im dritten Schritt sicher beherrscht werden, damit sich die Patienten, während sie entspannt sind, systematisch mit den identifizierten Reizen konfrontieren können (z. B. Entspannen bei Lärm). Ziel ist, dass sich die Patienten ungünstigen Reizen stellen und sie nicht vermeiden („Habituationstraining"; Gerber/Gerber-von-Müller 2005).

7.5.1.2 Minimalinterventionen

Minimale therapeutische Interventionen scheinen insbesondere bei „unkomplizierten" kindlichen Kopfschmerzen, also Migräne oder Spannungskopfschmerzen ohne psychiatrische Komorbidität oder stark gestörte Familieninteraktion, gut wirksam zu sein. Sie scheinen die Kopfschmerzattacken in einem Ausmaß zu reduzieren, das sich mit aufwändigeren Verfahren durchaus messen kann (Rowan/Andrasik 1996). Allerdings gibt es hierzu noch erheblichen Forschungsbedarf, auch zur Frage, bei welchen zusätzlichen Faktoren welche Therapie indiziert ist. Minimalinterventionen enthalten in zwei bis drei Sitzungen in etwa vier- bis sechswöchigem Abstand meist folgende Elemente:

- Aufklärung bezüglich Diagnose,
- einfache pathophysiologische Konzepte,
- Beruhigung und Rückversicherung, dass es sich nicht um eine lebensbedrohliche Erkrankung handelt,
- Information über medikamentöse und nichtmedikamentöse Akutmedikation und ggf. prophylaktische Behandlung,
- Analyse der Triggerfaktoren und Beratung über Kontrollmöglichkeiten (z. B. Entspannungsverfahren),
- Vermittlung einer allgemeinen Haltung sowie
- ggf. Beratung hinsichtlich individueller Belastungsfaktoren (z. B. Schulproblematiken, Zeitmanagement, Freizeitausgleich).

Solche Minimalinterventionen lassen sich auch im Rahmen der medizinischen Primärversorgung (Haus-, Kinderarzt) durchführen. Bewährt hat sich eine Ressourcenorientierung und Verstärkung funktionierender Lösungsversuche. Ein Leitfaden für eine semistrukturierte Beratung über zwei bis fünf Sitzungen bei unkomplizierten kindlichen Kopfschmerzen findet sich im Anhang (Kap. 11.2.3). Als Minimalintervention kann auch eine systemische Kurztherapie wie oben beschrieben zum Einsatz kommen (s. Kap. 7.4.1).

7.5.2 Somatoforme Störungen

Das Behandlungssetting kann ambulant, stationär oder kombiniert (initial stationär, später ambulant oder ambulant mit stationären Kriseninterventionen etc.) sein. Für die Wahl des Settings spielen Dauer, Ausprägung, Schweregrad, Auswirkungen auf die normalen Lebensvollzüge, aber auch erzielbare Compliance eine Rolle. Eine stationäre Behandlung wird empfohlen (Psychotherapie 2003), wenn

- eine sehr enge oder gar symbiotische Beziehung zwischen Eltern und Kind besteht, die zum Teil auch störungsreaktiv erklärt werden kann oder/und Kommunikationsmuster, die zur Aufrechterhaltung der Störung beitragen können,
- ein besonderes Misstrauen nicht ausschließlich somatisch orientierten Behandlungsansätzen gegenüber besteht, das die Compliance gefährdet,
- die soziale Anpassung besonders schwer gestört ist mit sekundärem Leiden von Patient und Eltern oder
- eine Krisenintervention stattfinden soll.

Nach den Leitlinien der Deutschen Gesellschaft für Kinder- und Jugendpsychiatrie, Psychosomatik und Psychotherapie (Psychotherapie 2003) sollte die Therapie, ungeachtet des Settings, folgende Interventionen umfassen:

- Aufklärung aller Beteiligten über unerlässliche Rahmenbedingungen des (ggf.) stationären Settings (eventuell Besuchspausen, Bestehen auf ausführlicher Beobachtung des Spontanverlaufs ohne immer neue medizinische Interventionen, Festlegung einer realistischen Mindestdauer der Behandlung von 2–3 Monaten, Dämpfung überhöhter Erwartungen an die Therapie)
- Erheben einer Baseline gemeinsam mit dem Patienten (Schmerztagebuch, Beschwerden notieren o. Ä.)
- Zurückhaltende medikamentöse Unterstützung am Anfang bei klarer Deklaration des Ziels völliger Medikamentenfreiheit
- Unterstützende roborierende Therapiemaßnahmen (z. B. individuell angepasste Krankengymnastik)
- Verhaltensorientierte Gestaltung des stationären Milieus: knappes Eingehen auf dargebotene, geklagte Symptome, Verstärkung gesunder Verhaltensweisen
- Ggf. Anwendung vorwiegend verhaltenstherapeutischer Schmerzbewältigungstechniken
- Je nach Symptomausprägung Erlernen beschwerdenantagonistischer Entspannungsverfahren (z. B. autogenes Training, Progressive Muskelrelaxation etc.) mit dem Lernziel: sich wohl fühlen lernen im eigenen Körper

- Erarbeitung eines veränderten, individuellen Störungskonzepts mit behutsamen Deutungsangeboten
  - Eltern-, später Familiengespräche zum Stellenwert von Schmerzen in der familiären Kommunikation
  - Hinsichtlich der ggf. erlebten emotionalen Mangelsituation inhaltliche (nicht mehr krankheitsbezogene) Umstrukturierung der intrafamiliären Zuwendung zum Kind
  - Sorgfältige Gestaltung der Rückgliederung in das Herkunftsmilieu mit steigender Frequenz von Belastungserprobungen
  - Unterstützend je nach psychiatrischer Komorbidität: psychotherapeutische Bearbeitung individueller und relevanter familiärer Probleme, ggf. entwicklungsfördernde Übungsbehandlung bei leistungsmäßigen Überforderungen bzw. Schritte zu direkten Entlastungen.

Bei einigen Patienten ist es sinnvoll, die Verselbständigung durch Jugendhilfemaßnahmen zu unterstützen.

Als entbehrlich werden gegenwärtig eine dauerhafte, symptomorientierte medikamentöse Therapie und „schonende" Maßnahmen wie Hausbeschulung oder Bettruhe ebenso angesehen wie immer neue diagnostische Schritte (um zu „beweisen", dass keine organische Störung besteht) oder Mutter-Kind-Kuren.

entbehrliche Therapiemaßnahmen

7.6 Verlauf

Im Folgenden werden die wesentlichen, im Rahmen der verschiedenen Programme verwendeten und auch individuell kombinierbaren Therapieelemente im Einzelnen exemplarisch beschrieben. Davor wird auf Rahmenbedingungen der Therapie, allgemeine Gestaltung und hilfreiche Grundhaltungen eingegangen.

7.6.1 Allgemeines

Zu Beginn jeder Psychotherapie ist es außerordentlich hilfreich, den **Kontext** zu klären, in dem die Therapie stattfindet und einen klaren Auftrag vom Patienten und seiner Familie (bei Kindern besonders wichtig) einzuholen. Hier können wenige Minuten der Klärung einige Wochen an fruchtlosen Bemühungen auf Pfaden sparen, die der Patient und die Familie u. U. sowieso nie gehen wollten. Zur Kontextklärung gehören die folgenden Fragen:

Auftrags- und Kontextklärung

1) Was ist der Überweisungskontext: Kommt die Familie/der Patient auf eigene Initiative oder wurde sie geschickt/überwiesen? Bei *Eigeninitiative*: Wer hatte die Idee bzw. wurde initiativ? Von wem kommt die Idee (gute Erfahrung von Bekannten, Vortrag, Zeitung, Telefonbuch etc.)? Bei *Überweisung:* Was ist die Idee des Überweisers, warum Psychotherapie hier sinnvoll sein könnte? Oder was will der Überweiser sonst?

B Ein elfjähriger Patient wird vom Kinderarzt nach multiplen Abklärungen überwiesen, weil es organisch keinen Grund für die Beschwerden gäbe. Die Eltern kommen sehr widerwillig zum ersten Gespräch und fühlen sich vom Kinderarzt schlecht behandelt und missverstanden. Sie denken, dass Psychotherapie vollkommen der falsche Weg sei, weil „in der Familie alles ganz normal ist bis eben auf die Schmerzen des Kindes". Bei einem solchen Überweisungskontext geht es zuallererst darum, die Kooperation der Familie zu gewinnen, also ihre Skepsis wertzuschätzen und besonders anzuerkennen, dass sie trotz ihrer gegensätzlichen Meinung zum ersten Gespräch gekommen sind. Dann kann es um die Frage gehen, was ihnen bzw. ihrem Jungen denn, da sie nun schon einmal hier seien, wenigstens ein „ganz kleines bisschen" helfen könnte. Im günstigsten Fall lässt sich so schrittweise ein Arbeitsbündnis etablieren. Begegnet man dieser Familie hingegen so, als ob sie Psychotherapie für den Weg der Wahl hielte, um innerfamiliäre Konflikte z. B. besser lösen zu können, und beginnt sofort eine sehr psychodynamisch orientierte Anamnese, so ist die Gefahr sehr groß, dass die Familie sich weiter missverstanden und falsch behandelt fühlt und zu einem zweiten Termin nicht mehr kommen wird.

Die Idee dessen, der die Initiative zum Erstkontakt ergriffen hat, kann vollkommen anders sein, als der Therapeut es selbstverständlich annimmt. Daher empfiehlt es sich wirklich, die o. g. Fragen nach dem Überweisungskontext explizit mit dem Patienten und der Familie zu besprechen und nicht indirekt zu erschließen. Familien können z. B. die Idee haben, das Kind werde für eine Zeit krankgeschrieben und brauche die Schule, in der es viele Konflikte gibt, nicht mehr zu besuchen. Oder die Mutter hat einen Vortrag über ein neues Medikament gehört und verspricht sich jetzt von diesem eine vollständige Heilung.

2) Wie ist der Familienkontext: Was denken die anderen Familienmitglieder über die Idee einer Psychotherapie? Was denkt der Patient? Wer will die Therapie am meisten, wer am wenigsten? Wer hat wen durch welche Mittel bewegen können, trotz Skepsis mitzukommen?

3) Warum gerade jetzt? Bei länger bestehender chronischer oder rezidivierender Symptomatik sollte danach gefragt werden, was gerade jetzt dazu geführt hat, weitere Hilfe zu suchen.

4) Wer muss noch berücksichtigt werden: Gibt es weitere Behandler oder Helfersysteme, die einbezogen werden sollten (Kinderarzt, Schmerztherapeut, Logopädin, Therapeutin der Mutter etc.)? Je länger die Liste der Vorbehandler, umso wahrscheinlicher ist eine somatoforme Schmerzstörung und umso wichtiger ist es, Informationen und Befunde der Vorbehandler einzuholen und enge Absprachen mit den gleichzeitig behandelnden Ärzten zu etablieren. Gibt es andere wichtige Personen (in Familie und Freundeskreis), die entweder ähnliche Symptome zeigen oder zeigten (Modell) oder klare Vorstellungen (hilfreich oder nicht) über pathophysiologische Zusammenhänge und Behandlung der gezeigten Symptome haben?

Die Idee, die dem Kontakt oder der Überweisung zugrunde liegt, hat oft schon viel mit dem **Auftrag** zu tun, der (spätestens) am Ende der diagnostischen Klärung mit dem Patienten und der Familie klar und explizit verhandelt werden sollte. Auch hier empfiehlt es sich sehr, dass der Therapeut explizit nachfragt und nicht stillschweigend einen ihm einleuchtenden Auftrag voraussetzt, z. B. „Schmerzen loswerden". Manchmal ist das Ziel nämlich entweder ein ganz anderes: z. B. „eine Bescheinigung zu bekommen, dass mein Sohn intelligent genug ist für das Gymnasium", oder die einzelnen Familienmitglieder haben ganz unterschiedliche Ziele: Die Mutter möchte, dass der Sohn weniger Kopfschmerzen hat; der Vater möchte, dass der Sohn selbstbewusster wird und sich gegen Gleichaltrige besser durchsetzen kann, und der Sohn wünscht sich, dass der Vater mehr Zeit in der Familie verbringt... Es ist günstig, wenn die Ziele positiv formuliert werden, d. h. der Wunsch, die Schmerzen mögen verschwinden, sollte ergänzt werden durch das, was dann (neu oder wieder) „da" ist und an die Stelle der Schmerzen tritt. Dabei ist es besser, beobachtbares Verhalten zu wählen: „Ich würde wieder Basketball spielen und nachmittags meine Freunde treffen" als abstrakte Beschreibungen: „Wir wären wieder eine normale Familie", „Es ginge mir besser".

Wunderfrage

Eine gute Möglichkeit, den Auftrag zu klären, bietet die so genannte „Wunderfrage" (de Shazer 1992, 24): „Angenommen, es würde eines Nachts, während Sie schlafen, ein Wunder geschehen, und Ihr Problem wäre gelöst: Wie würden Sie das merken? Was wäre anders?" Für Kinder kann man die Wunderfrage gut in Form einer kleinen Geschichte erzählen: „… von einer Fee, die in der Nacht kommt und das Problem wegzaubert…" (hier am besten ungenau bleiben und „Problem" sagen und nicht z. B. „Kopfschmerz", weil für den Patienten das „Problem" etwas ganz anderes sein kann als vermutet), „… weil du aber geschlafen hast, hast du gar nichts gemerkt von der Fee – woran wirst du es am nächsten Morgen denn merken? Was wirst du tun? Wer wird es sonst merken und woran?"

Ist der Auftrag formuliert, sollte sich der Therapeut überlegen, ob er ihn für realistisch hält und übernehmen will. Bei Schmerzen und körperlichen Symptomen ist es oft besser, bescheiden zu bleiben und die Teilziele bewusst niedrig zu stecken. Es ist oft hilfreich, dem Patienten und der Familie zu sagen, dass der Schmerz, der ja nun schon so lange besteht, sich eher langsam vermindern und möglicherweise nicht vollkommen weggehen wird, und dass sie ja vielleicht lernen können, besser mit dem Schmerz umzugehen oder trotz Schmerz mehr am normalen Leben teilzunehmen. Zu hoch gesteckte Versprechungen (z. B. Schmerzfreiheit) wecken falsche Erwartungen. Sie führen später, wenn es in der Therapie schwierig wird, oft zu Complianceproblemen oder Abbrüchen.

Das gemeinsame Behandlungsziel kann zusammen mit den Rahmenbedingungen (Dauer und Häufigkeit der Termine, Teilnehmer etc.) mit Eltern und Kind in einer Art Vertrag festgehalten

gegenseitige Verpflichtung

werden. In diesen lassen sich die gegenseitigen Verpflichtungen mit aufnehmen: Kind und/oder Eltern verpflichten sich, pünktlich zu den Treffen zu kommen, ggf. Hausaufgaben (Schmerztagebuch ausfüllen, Übungen) zu erledigen. Im Gegenzug verpflichtet sich der Therapeut z. B., Fragen zu beantworten, so gut er kann zu helfen und sich Sachen auszudenken, die auch Spaß machen.

Material und Verstärker

Bei jüngeren Kindern hat sich eine Unterlagensammlung für das Kind als hilfreich erwiesen: Protokollbögen, Tagebuch, kindgerechte Informationen, aber auch Urkunden für erworbene Fähigkeiten (Beispiele s. in Denecke/Kröner-Herwig 2000). Urkunden lassen sich als Verstärkersysteme nutzen, darüber hinaus kann man die Kinder für „Hausarbeiten" wie z. B. Tagebuchausfüllen auch durch Aufkleber oder kleine Spielzeuge belohnen.

Generell hat sich eine Haltung der Ressourcen- und Lösungsorientierung in der Therapie chronischer oder rezidivierender Schmerzen bewährt, d. h. eine Konzentration auf die Fragen: **Ressourcenorientierung**

- Was hat gut funktioniert in der letzten Woche?
- Wann waren die schmerz-/symptomfreien(armen) Zeiten?
- Wie hast du/haben Sie das geschafft?
- Wer hat noch dazu beigetragen?

Wichtig ist hier, nicht lockerzulassen: Jeder noch so kleine Unterschied ist ein Schlüssel zur Symptomverbesserung und sollte herausgearbeitet und besser verstanden werden. Auch noch so unwichtig oder verrückt wirkende positive Lösungsversuche sollten gewürdigt und hervorgehoben werden!

Allerdings ist es gerade in der Psychotherapie von Schmerz wichtig, nicht völlig auf die Seite von Ressourcen- und Lösungsorientierung zu gehen, sondern ein Gleichgewicht zwischen Ressourcen- und Lösungsorientierung auf der einen Seite und Problem-/Symptomorientierung auf der anderen Seite zu finden. Insbesondere während der diagnostischen Phase und zu Beginn der Therapie ist es wichtig, auch die Probleme, den Schmerz und die Symptome wahrzunehmen, um ein Arbeitsbündnis zu etablieren. Fragt der Therapeut von Anfang an nur nach dem, was das Kind kann und gut macht und den Zeiten, in denen es sich wohl fühlt, entsteht bei Familien mit Schmerzpatienten leicht der Eindruck, nicht ernst genommen zu werden: Schließlich kommen sie wegen der Schmerzen und nicht wegen dem, was alles gut läuft.

Die Krankheitskonzepte, die sich der Therapeut zu eigen macht und (ganz oder in Ausschnitten) auch in die Gespräche einführt, sollten interaktiv und regelkreisbasiert sein im Sinne biopsychosozialer Konzepte (s. Kap. 1.1.3). Er sollte nicht einseitig und linear-kausal eine rein oder vorwiegend somatische oder psychogene Genese vertreten. **Krankheitskonzept**

7.6.2 Kindlicher Kopf- und Bauchschmerz

7.6.2.1 Basiselemente der Therapie

Die einzelnen Therapieelemente werden unter der Überschrift „Kopf- und Bauchschmerz" beschrieben, weil sie für dieses Indikationsgebiet am besten manualisiert und untersucht sind. Sie eignen sich aber auch für andere Schmerzsyndrome.

Am integrativen Modell der Migränepathogenese (s. Kap. 4.1.1.5) lassen sich Angriffspunkte verschiedener Therapieelemente gut verdeutlichen (s. Abb. 7). Die Darstellung der Therapieelemente ist im Folgenden so gestaltet, dass die basalen Elemente, die unbedingt integriert werden sollten, zuerst beschrieben werden. Elemente, die nicht immer zum Einsatz kommen und bei mittel- oder längerfristigen Therapien sowie bestimmten Problemkonstellationen sinnvoll sind, werden danach dargestellt.

Allgemeine Tipps

Lebensführung

Diese Tipps für Kinder und Eltern zur Alltags- und Lebensführung haben sich besonders bei „unkomplizierten" Kopf- oder Bauchschmerzen bewährt. Wenn die Familieninteraktion nicht durch pathologische Muster stark gestört ist und keine anderweitigen schwerwiegenden Belastungen in der Familie vorliegen und auch keine psychiatrische Komorbidität besteht, kann die ganze Familie profitieren und eine nennenswerte Abnahme von Kopf- oder/und Bauchschmerzen erfolgen. Die Tipps sind Hilfe zur Selbsthilfe und v. a. für Kinder bzw. Familien geeignet, die Anregungen gut umsetzen können, über viele Ressourcen verfügen und eher einen „Schubs" und Rückversicherung brauchen, um eigenständig Entwicklungen anzustoßen.

Die Tipps sind modifiziert nach Gerber und Gerber-von-Müller und in der ursprünglichen Form ausführlich und „familiengerecht" im Elternratgeber von Gerber und Gerber-von-Müller (2003) beschrieben (s. zu einzelnen Unterpunkten auch Kap. 7.6.2.1):

1) Freizeitkalender entrümpeln: Besonders Kinder mit Kopfschmerzen „neigen oft dazu, möglichst viel in ihren Alltag hineinzupacken: einen Balletttermin um 16 Uhr, einen Sporttermin um 18 Uhr, neben Hausaufgaben, Spielen mit Freunden usw. Dies führt oftmals dazu, dass die Kinder von einem Termin zum anderen hetzen." (Gerber/Gerber-von-Müller 2003, 47f) Lässt man sich den Kalender des Kindes zeigen mit Schulstunden und Nachmittagsaktivitäten, so ist dieser nicht selten ähnlich voll wie bei einem Manager und bietet keine oder kaum unstrukturierte Zeit zum Spielen, Nichtstun, Träumen etc. Hier ist es oft hilfreich, den Kalender so zu gestalten, dass neben festen Freizeitaktivitäten (z. B. Musikschule), Schule, Hausaufgaben und sonstigen Pflichten noch ausreichend Zeit wirklich frei bleibt. Bei jüngeren Kindern sollten besonders die Abende von festen Terminen frei bleiben, um die Zeit vor dem Einschlafen ruhig gestalten zu können. Dieser Tipp ermutigt Eltern oft indirekt, auch sich selbst den Tagesplan nicht mehr ganz so voll zu packen, was dann für Eltern und Kind hilfreich ist.

2) „Dabei sein ist alles": „Gerade Kinder mit Kopf- und Bauchschmerzen sind häufig ehrgeizig, wenn es um Leistungen geht. Oftmals werden sie von ihren stolzen Eltern darin noch unterstützt." (Gerber/Gerber-von-Müller 2003, 48) Es dürfen also auch einmal nicht so gute Leistungen sein – viel wichtiger ist, dabei zu sein und Spaß an einer Sache zu haben. Manchen Eltern und Kindern hilft schon diese ausgesprochene „Erlaubnis", nicht immer Höchstleistungen bringen zu müssen und sich auch bewusst zwischendurch nicht direkt zielorientierten Aktivitäten hinzugeben.

3) Auch mal „Nein" sagen: „Gerade Migränekinder drängen sich oftmals durch ihre vermutlich angeborene Überempfindlichkeit in den Vordergrund und lernen, immer stärker auf die Wünsche anderer Menschen einzugehen. So sind erwachsene Migränepatienten häufig unfähig, einfach Nein zu sagen, da sie Angst haben, zurückgewiesen zu werden. Die mangelnde Selbständigkeit, die Migränekinder oft zeigen, ist Ausdruck dieses Verhaltens." (Gerber/Gerber-von-Müller 2003, 49) Hier können Eltern lernen, den Widerspruch des Kindes (auch ihnen selbst gegenüber, das ist anfänglich oft unangenehm oder zumindest ungewohnt) zuzulassen und ernst zu nehmen. Dazu gehört auch, ein „Jetzt nicht" zu akzeptieren, wenn sich das Kind selbst Ruhepausen verschafft. Dies kann man durch äußere Zeichen noch unterstützen, wie z. B. durch ein gemaltes „Bitte nicht stören!"-Schild, das das Kind für seine Zimmertür gestaltet.

4) Pause nach der Schule: Nach Schule und Mittagessen sollte das Kind nicht sofort mit den Hausaufgaben oder Aktivitäten in z. B. Vereinen beginnen, sondern erst einmal mindestens 15 Minuten Pause machen.

5) Entspannung im Alltag: Auch in Aktivitätsphasen wie z. B. den Schulstunden sollten regelmäßige kleine Pausen eingebaut werden. „Ganz besonders wichtig sind kurze Pausen, denn die betroffenen Kinder sind häufig bis zur Erschöpfung ruhelos." (Gerber/Gerber-von-Müller 2003, 50) Eine solche Kurzpause kann z. B. in ausgiebigem Räkeln und Strecken bestehen; ist die

Vermittlung eines Entspannungsverfahrens praktischer Bestandteil der Therapie, kann dieses auch durch z. B. „Ankern" in einer Kurzform in den Alltag integriert werden.

6) Richtig schlafen: Ein regelmäßiger Schlafrhythmus ist für Kinder mit Kopf- oder Bauchschmerzen besonders wichtig. Änderungen des Schlaf-Wach-Rhythmus, z. B. länger schlafen am Wochenende oder Schlafdefizite, sind häufig Triggerfaktoren. Trifft dies zu, so sollte darauf geachtet werden, „dass das Kind täglich zum gleichen Zeitpunkt einschläft und morgens zum gleichen Zeitpunkt wieder aufwacht" (Gerber/Gerber-von-Müller 2003, 50). Dies gilt auch für das Wochenende, wobei das Kind nach dem Aufwachen ja noch im Bett liegen bleiben und „herumtrödeln" kann.

7) Fernsehen und Computer dosieren: Computer und Fernsehen bieten komplexe visuelle und akustische Stimulation, die insbesondere bei der bekannten Reizüberflutung der Migräniker ungünstig ist.

8) „Vorsicht vor Reizüberflutung": Hier ist es gut, das Konzept der Reizüberempfindlichkeit und Reizverarbeitungsstörung bei Migräne im Kopf zu haben und dann individuell mit dem Kind zu beobachten (z. B. mithilfe eines Tagebuchs), welche Reize – z. B. Lärm, flackerndes Licht, Handyklingeln etc. – im Einzelfall besonders unangenehm sind und vielleicht sogar Kopfschmerzen auslösen können. Es ist viel besser, einige individuell triggernde Reize gezielt zu vermeiden, als durch zu viele Verbote das Kind zum Außenseiter zu machen.

9) „Gesunden Sport treiben": „Kopf- und Bauchschmerzkinder vermeiden Sport oft, weil sie das Gefühl haben, wegen ihrer Beschwerden keinen Sport treiben zu können oder damit die Schmerzen sogar erst heraufzubeschwören." (Gerber/Gerber-von-Müller 2003, 51) Regelmäßiger, insbesondere auf Ausdauer ausgerichteter Sport am besten in einer Gruppe (z. B. Handball, Fußball, Basketball) scheint aber günstige Effekte zu haben. Auf Leistungssport sollte eher verzichtet werden. Auch sportliche Aktivitäten, die der ganzen Familie Spaß machen (z. B. Fahrradtour), sind zu empfehlen.

10) „Rauslassen ist besser": „Die besonders sensiblen Kopf- und Bauchschmerzkinder machen sich oft viele Gedanken um sich selbst, um Familie und Freunde. Gerade in Familien, in denen durch Trennung, Scheidung oder häufigen Streit der Eltern große Belastungen bestehen, neigen speziell die Bauchschmerzkinder dazu, ihre Ängste und Sorgen in sich hineinzufressen. Hier haben Eltern eine besondere Verantwortung." (Gerber/Gerber-von-Müller 2003, 53) Sie sollten dem Kind ein offenes Ohr bieten, ohne sofort fertige, „erwachsene" Lösungen parat zu haben.

11) Regelmäßig essen und trinken: Dies scheint bei Kindern mit Kopfschmerzen wichtiger zu sein als bei Erwachsenen. Viele Kinder geben an, dass Migräneanfälle auftreten, wenn sie zu wenig getrunken oder Mahlzeiten ausgelassen haben. Empfehlenswert sind (auch für Jugendliche) mindestens drei (zeitlich annähernd feste) Mahlzeiten pro Tag – wobei das Frühstück auf keinen Fall ausgelassen werden sollte – sowie eine ausreichende Trinkmenge (Lewis 2004).

Auch zum konkreten Umgehen mit Schmerzsymptomen gibt es Tipps für Eltern, angelehnt an die von Gerber und Gerber-von-Müller formulierten (2003) oder aus dem „Help-yourself"-Programm von McGrath und Mitarbeitern (1990, zit. in Besken/Mohn 1994) stammenden. Wesentliches Ziel ist hierbei, die normalen Aktivitäten möglichst beizubehalten und den sekundären Krankheitsgewinn zu minimieren. Die Tipps eignen sich auch für den Umgang mit funktionellen Schmerzen im Rahmen von somatoformen Störungen in einem vollstationären Behandlungssetting:

Schmerzbewältigung

1) Schmerzen immer ernst nehmen – nie diskutieren, ob das Kind wirklich Schmerzen hat oder wie stark sie sind. Infragestellen der Schmerzen führt nur zu noch stärkerem Schmerzverhalten.

2) Mit den Schmerzen ruhig und sachlich umgehen. Das Kind trösten (aber nicht zu lange und auf keinen Fall belohnen). Bei schweren Schmerzen Akutmaßnahmen (hinlegen, Kälte oder Wärme, ggf. Medikamente), bei leichten Schmerzen eher ermutigen, sich abzulenken und normale Aktivitäten beizubehalten. Bei leichten bis mäßigen Kopfschmerzen ggf. dem Kind zeigen, wie es sich selbst massieren (z. B. mit Pfefferminzöl) oder den Kopf kühlen kann. Bei Bauchschmerzen eventuell Wärmflasche und magenfreundlichen Tee verabreichen.

3) Exzessive Beschwerden (Jammern etc.) und Schmerzverhalten eher ignorieren. Nicht ständig und zu oft über die Schmerzen sprechen.

4) Keine Privilegien aufgrund der Schmerzen. Das Kind sollte keine Pflichten wegen der Schmerzen vermeiden. Falls nötig, können die Pflichten erledigt werden, wenn die Schmerzen nachgelassen haben. Wenn das Kind so krank ist, dass es in der Schule fehlen muss, sollte es zu Hause im Bett bleiben, ohne Fernseher oder andere Vergnügungen.

5) Schulbesuch und Verbleib in der Schule sollten immer (unabhängig von den Schmerzen) das Ziel sein.

6) Bei Schmerzen Ablenkung versuchen, das Kind loben, wenn es die Schmerzen vergisst.

7) Kurze „Zwischendurch"-Pausen und Durchführung der Entspannung mitten im Alltag unterstützen.

Aufklärung über Diagnose und Krankheitskonzepte

Die Aufklärung von Kind bzw. Jugendlichem und Eltern über die bestehende Diagnose und die Vermittlung von pathophysiologischen Konzepten, die eigene Einflussmöglichkeiten und damit Therapieansätze implizieren, sollte zu jeder Therapie chronischer oder rezidivierender Schmerzen gehören. Wichtig ist oft allein schon die Feststellung, dass es sich um keine lebensbedrohliche Erkrankung (z. B. Hirntumor) handelt. Anschließen lässt sich daran gut ein Konzept von „lästig, aber beeinflussbar", etwa im folgenden Sinne: Der Kopf- oder Bauchschmerz ist die „schwache Stelle" im Körper, er ist lästig, aber man kann auch lernen, ihn zu vermindern oder sich weniger von ihm stören zu lassen.

Bevor pathophysiologische Konzepte eingeführt werden, ist es sinnvoll, Kind und Eltern nach ihrem Vorwissen und ihren subjektiven Schmerz- und Krankheitsmodellen zu fragen, z. B.: Was, denken Sie, passiert im Kopf bei einer Kopfschmerzattacke, was passiert davor oder danach, was tun Sie dagegen, was hilft oder hat schon geholfen und warum, was hilft nicht, woher kommt der Schmerz, was ist die Ursache, womit hängt er zusammen? In den Antworten finden sich oft nützliche Bilder oder Konzepte, an die sich später anknüpfen lässt, z. B. bei der Symptomexternalisierung (s. Kap. 7.6.2.3, Abschnitt „Externalisierung").

Für Migräne, Spannungskopfschmerzen und rezidivierende Bauchschmerzen können die in Kap. 4 vorgestellten Modelle in stark vereinfachter Form vermittelt werden. Bei Migräne hat sich insbesondere das Konzept von einer Reizverarbeitungsstörung mit Überempfindlichkeit („Filterstörung") zur Vermittlung bewährt. Gut geeignet sind weiterhin alle Modelle, die auf eine Interaktion von Körper, Psyche und Umwelt fokussieren (s. Kap. 4.1.1.5 „Integratives Modell" für Migräne oder Kap. 1.1.3). Beim Spannungskopfschmerz ist ein Regelkreismodell aus Stress, Muskelanspannung und Schmerzen geeignet (Beispiel mit kindgerechten comicartigen Illustrationen findet sich in Denecke/Kröner-Herwig 2000).

Für den Schmerz selbst lässt sich Schmerzweiterleitung und -verarbeitung gut mit dem Bild des „Schmerztores" illustrieren (Denecke/Kröner-Herwig 2000), das im Gehirn sitzt und den Schmerz hindurchlassen kann oder nicht. Das „Schmerztor" entspricht dabei in etwa dem Thalamus und kann von uns selbst weiter geöffnet oder geschlossen werden. Öffnung wäre z. B. durch Konzentration auf den Schmerz, negative Gefühle, Hilflosigkeit, katastrophisierende Erwartungen etc. zu erreichen; Schließung durch Ablenkung, Entspannung, Selbstvertrauen und das Gefühl der Selbstwirksamkeit etc. Hier lassen sich sehr gut zusammen mit dem Kind weitere Möglichkeiten suchen.

Schmerztor

Weiterhin sollten Kind und Eltern über Akutmaßnahmen bei Schmerzen aufgeklärt werden. Für die Migräne sollte ggf. eine konkrete medikamentöse Empfehlung nach dem Stufenschema der DMKG gegeben werden (s. Kap. 7.3.1.1).

Kontrolle der Triggerfaktoren

Individuelle Triggerfaktoren oder Auslöser lassen sich am besten über prospektive Beobachtung mithilfe eines standardisierten Schmerztagebuches erfassen. Besonders sollte auf Triggerfaktoren fokussiert werden, die sich vermeiden oder einschränken lassen.

Bei Triggerfaktoren handelt es sich um biologische Faktoren oder Umwelteinflüsse, die bei entsprechender innerer Reaktionsbereitschaft eine Attacke auslösen können (aber nicht müssen). Sie sollten nicht mit Ursachen verwechselt werden. Migräneattacken werden häufig getriggert durch Schwankungen der Geschlechtshormone bei Mädchen und Frauen, Wetterumschwünge, Änderungen des Schlaf-Wach-Rhythmus, Licht, Lärm, Stress oder Entlastung von Stress, Schwankungen des

Koffeinspiegels, seltener durch Rotwein, Käse oder Schokolade.

Bei Vorliegen der entsprechenden Triggerfaktoren im Einzelfall kann u. U. durch z. B. Einführen eines regelmäßigen Schlaf-Wach-Rhythmus (auch am Wochenende zur gewohnten Zeit aufstehen) oder Meiden von direkter Lichtexposition (Sonnenbrille, Aufenthalt im Schatten) die Attackenfrequenz gesenkt werden. Beeinflussbare (z. B. Schlaf-Wach-Rhythmus) und unbeeinflussbare (z. B. Wetterumschwung) Triggerfaktoren sollten dabei unbedingt auseinander gehalten werden. Ziel ist es immer, beeinflussbare Faktoren ausfindig zu machen.

Entspannung und Stressmanagement

Entspannung und Stressmanagement sind ganz zentrale Elemente in der nichtmedikamentösen Therapie von chronischen und rezidivierenden Schmerzen und wichtiger Teil aller bekannten manualisierten Konzepte. Obwohl die Evidenzbasierung im Kindes- und Jugendalter schlecht ist, scheint Progressive Muskelrelaxation nach Jacobson (PMR) dem autogenen Training überlegen zu sein. Letzteres wurde insbesondere für jüngere Kinder als schlechter evaluiert. Bei Kindern und Jugendlichen ist es jedoch sehr wichtig, Entspannungsmethoden altersgerecht und mit „Spaßfaktor" zu vermitteln. In der Praxis hat es sich daher als hilfreich erwiesen, gerade beim Thema „Entspannung" viel Flexibilität zu erlauben und eine jeweils individuelle Lösung zu suchen.

Es gibt eine große Fülle an Literatur zum Thema Entspannung mit Kindern und Jugendlichen, die mit Geschichten, Imaginationen und Körperübungen arbeitet. Besonders bildhafte Vorstellungen und Phantasiereisen haben sich bei Kindern und Jugendlichen sehr bewährt und lassen sich auch einsetzen, um die Übungen des klassischen autogenen Trainings zu vermitteln, z. B. mithilfe der Kapitän-Nemo-Geschichten von Petermann (2001). Bei jüngeren Kindern sollten die kürzere Konzentrationsspanne und der häufig vorhandene Bewegungsdrang berücksichtigt werden. Auch hierfür gibt es zahlreiche Anleitungen mit Geschichten und Übungen (z. B. Friedrich 1998). Auch für Progressive Muskelrelaxation gibt es kindgerechte Arten der Vermittlung (z. B. in Denecke/Kröner-Herwig 2000 oder Ohm 2000). Schließlich stellt Yoga für Kinder (z. B. Pilguj 2002 oder Kurse an Volkshochschulen und in Yoga-Studios) eine gute Alternative dar.

Kuscheltieratmung

Bei jüngeren Kindern kann die so genannte „Kuscheltieratmung" eine gute Entspannungsmöglichkeit sein: Das Kind legt sich (selbst auf dem Rücken liegend) ein Kuscheltier auf den Bauch, beobachtet, wie es sich durch die Atmung auf und ab bewegt und wird angehalten, durch seinen Atemrhythmus das Kuscheltier zu „beruhigen" oder „zum Einschlafen zu bringen".

Während der Migräneattacke sollten keine Entspannungsübungen durchgeführt werden!

Manche Patienten, besonders Jungen und Jugendliche, lehnen diese „herkömmlichen" Formen der Entspannung ab. Es macht wenig Sinn, ein Kind oder einen Jugendlichen zu einem Verfahren zu drängen, zu dem es/er keine Lust hat, das würde nur neuen Stress und das Gegenteil von Entspannung bedeuten. Deswegen ist es gut, wenn der Therapeut in einer Art Bauchladen viele Vorschläge parat hat, aus denen ein passender mit dem Patienten zusammen ausgewählt werden kann. Einige Kinder und Jugendliche profitieren sehr von japanischen Kampfsportarten, die die Körperbeherrschung fördern und zwischen Phasen von Anspannung und Entspannung abwechseln. Patienten, die gemachte Angebote ablehnen, haben oft selbst Ideen, wie sie am besten entspannen können, z. B. beim Musikhören auf dem Bett oder bei einer halben Stunde Inlinerfahren. Diese Ideen lassen sich gut aufgreifen und ausprobieren. Als Einziges vermieden werden sollten Fernsehen und Computerspielen als Entspannungsmethoden.

Insgesamt gilt: Bloß kein Stress mit der Entspannung! Wichtig ist, dass Kinder oder Jugendliche sich damit wohl fühlen und die gewählte Methode (und das ist das Allerwichtigste) auch im Alltag umsetzen! Wichtig ist nicht, dass das Verfahren etabliert, zertifiziert oder in Buchform herausgegeben ist. Die Kinder selbst haben dazu meist die besten Ideen.

> Um die Umsetzung in den Alltag zu erleichtern, kann man anregen, ein Schild mit der Aufschrift „Bitte nicht stören" zu malen, das das Kind an die Zimmertür hängen kann (Ziel wäre: mindestens einmal täglich!). In dieser Zeit darf niemand das Zimmer betreten. Schon nach Vorbringen dieses Vorschlags zeigen sich manchmal Stress- und Unruhefaktoren in der Familie. Es heißt beispielsweise, das sei ja völlig unmöglich, weil der jüngere Bruder sich an keine Grenzen halte und jederzeit in alle Zimmer hineinkommen könne.

Entspannung (in welcher Form auch immer) muss geübt oder zumindest regelmäßig praktiziert werden, um zu wirken. Das ist, wie viele Änderungen des Alltagsablaufs, im Einzelfall oft sehr schwierig, mittel- und langfristig jedoch außerordentlich wirksam. Die klinische Erfahrung zeigt, dass sich bei den meisten Kindern und Jugendlichen mit chronischen oder rezidivierenden Kopf- oder Bauchschmerzen die Schmerzen deutlich vermindern oder sogar verschwinden, wenn sie es schaffen, irgendeine Form von Entspannung sicher in ihren Alltag zu integrieren.

Mini-Entspannung

Ist irgendeine Form von Entspannung ritualisierter Teil der Therapiesitzungen im Einzel- oder Gruppensetting (was bei mittel- und längerfristigen Therapien unbedingt zu empfehlen ist), so kann diese durch z. B. „Ankern" in einer Kurzform in den Alltag integriert werden: Anker kann dabei ein „Geheimwort" oder ein „Zaubergegenstand" (z. B. besonders schöner Stein) sein, den das Kind sich selbst aussucht und regelhaft immer zusammen mit der angeleiteten Entspannung verwendet. Wird die Entspannung schließlich gut beherrscht, kann eine „Mini-Entspannung" (Denecke/Kröner-Herwig 2000) überall und unbemerkt zwischendurch durchgeführt werden, um einer aufkommenden Anspannung entgegenzusteuern.

Auch z. B. in der Schule oder im Bus ist diese Form der Entspannung gut durchzuführen. Dazu setzt sich das Kind bequem hin, sagt sich das Geheimwort (z. B. „Ruhe" oder „Relax" oder was auch immer dem Kind selbst passend erscheint), konzentriert sich auf den Atem und spricht leise in sich hinein, z. B. Sätze wie diese (Denecke/Kröner-Herwig 2000, 62): „Ich bin ganz ruhig und entspannt. Mir kann keiner etwas anhaben, denn ich habe Kontrolle. Ich fühle mich gut und die Spannung fällt von meinem Körper ab." Diese Form der „Mini-Entspannung" kann gut mit einer Lieblings-Phantasiereise verbunden werden, dann sollte sich das Wort oder der Gegenstand auf diesen Phantasieort beziehen. Für Kinder, die mit Bewegungsübungen (z. B. Yoga) am besten entspannen, kann auch eine Geste, die an eine „Lieblingsübung" erinnert, ein guter Anker sein.

7.6.2.2 Kasuistik: Leo, elf Jahre, Migräne ohne Aura

Der elfjährige Leo ist Ihnen schon aus Kap. 2.1.1.1 bekannt. Seine Kopfschmerzen ließen sich als Migräne ohne Aura klassifizieren, die Familienanamnese ist positiv (Mutter hat gegenwärtig noch Migräne, Vater hatte in seiner Jugend Kopfschmerzen). Leo wurde von der Mutter als ehrgeizig beschrieben, hatte Schlafschwierigkeiten, weil er sich viele Sorgen machte und Angst hatte. Zentrale Themen waren dabei, den Eltern könne etwas zustoßen oder er könne versagen. Die internistisch-neurologische Untersuchung ergab einen komplett unauffälligen und altersentsprechenden Befund, ein Besuch beim Augenarzt erbrachte ebenfalls keine Auffälligkeiten. Beim ersten Termin waren Leo und seine Mutter über die Diagnose und die mögliche Pathophysiologie aufgeklärt worden (Konzept der Reizverarbeitungs- und Filterstörung), ihnen waren allgemeine Maßnahmen und zur Akutmedikation Paracetamol empfohlen worden. Außerdem war Leo mit dem Kopfschmerztagebuch vertraut gemacht worden.

Der zweite Termin in der Ambulanz fand sechs Wochen später statt, in der Zwischenzeit hatte Leo das Kopfschmerztagebuch geführt. In den ersten drei Wochen waren zwei Kopfschmerzattacken pro Woche aufgetreten, in den letzten drei Wochen insgesamt nur noch zwei Attacken. (Eine solche Reduktion findet sich häufig, wenn ein Kopfschmerztagebuch eingeführt wird.) Die Mutter berichtete, Leo achte von sich aus jetzt mehr darauf, regelmäßig zu essen und zu trinken und ausreichend Schlaf zu bekommen. Aus dem Kopfschmerztagebuch ergibt sich, dass Leo bei den insgesamt acht Attacken nur zweimal Paracetamol genommen hatte, obwohl er eine Schmerzstärke von sechs bis acht auf einer Zehner-Skala angab. Es wird ihm empfohlen, in Zukunft bei Herannahen einer schweren Attacke Paracetamol frühzeitig und in ausreichender Dosierung einzunehmen.

Weil beim ersten Termin viele Hobbies erwähnt wurden, wurde der Freizeitkalender angesprochen und mit Leo und seiner Mutter durchgegangen. Es zeigte sich, dass Leo an jedem Nachmittag regelhaft ein bis zwei Veranstaltungen in Sportvereinen oder der Musikschule besuchte (Fußball, Basketball, Querflötenunterricht, Orchester, Musiktheorie), insgesamt sieben Veranstaltungen in der Woche. Querflöte spielte er recht gut und sollte und wollte demnächst an einem Preisträgerkonzert teilnehmen, was tägliches Üben zu Hause erforderte. Neben Hausaufgaben und Zusammentreffen mit Freunden (was nur selten möglich war aufgrund des vollen Kalenders) blieb Leo praktisch keine unstrukturierte Zeit zum Spielen oder Nichtstun. Es wurde empfohlen, den Freizeitkalender etwas „abzuspecken" und solche unstrukturierten Zeiten regelhaft einzurichten.

Weiterhin wurde mit Leo das Thema „Entspannung" angesprochen. Er berichtete, er höre gern das „Wohltemperierte Klavier" von Bach und könne sich dabei sehr gut entspannen, tue das aber nur sehr selten. Leo wurde ermutigt, sich jeden Tag in einer ihm gut und angenehm erscheinenden Form zu entspannen. Ihm wurden keine strukturierten Entspannungsprogramme empfohlen, um seinen ohnehin schon sehr vollen Kalender nicht noch mit einer weiteren „Pflicht" zu belasten. Leo wurde gebeten, das Kopfschmerztagebuch kontinuierlich weiterzuführen.

Weitere fünf Wochen später fand der dritte Termin statt. Leo hatte inzwischen drei Kopfschmerzattacken gehabt, das entspricht etwa der Attackenfrequenz in den drei Wochen vor dem zweiten Ambulanztermin. Er berichtete, er habe jedes Mal Paracetamol (auch frühzeitig) eingenommen, das habe aber nur einmal wirklich gut geholfen. Ihm wird alternativ Ibuprofen als Akutmedikation empfohlen. Es wird angeregt, dass er wenige Tabletten als „Notfallpäckchen" auch in der Schule dabei hat, damit er bei einer beginnenden Attacke schnell reagieren kann und sie erst gar nicht so stark wird. Die Mutter ist zuerst skeptisch, ihrem Sohn Tabletten mitzugeben; er verspricht ihr dann, sie zu benachrichtigen, wenn er Tabletten einnimmt und traut sich auch zu, verantwortungsvoll mit ihnen umzugehen. Die Mutter ist schließlich einverstanden. Sie berichtet, Leo mache jetzt von sich aus mehr Pausen, lasse sich nicht mehr so hetzen. Er mache nichts Bestimmtes in diesen „Pausen", trödele manchmal einfach herum oder liege auf dem Bett und lese Comics.

Auf den Freizeitkalender angesprochen berichtet Leo, er habe die Häufigkeit von Fußballtraining und Querflötenunterricht von je zweimal pro Woche auf je einmal reduziert, so dass er jetzt noch fünf Freizeitveranstaltungen pro Woche besuche und einen Nachmittag „frei" habe. Er könne immer noch sehr schlecht einschlafen und mache sich viele Sorgen, dass der Mutter etwas zustoßen könne oder dass es ihr nicht gut gehe.

Leo wird als „Hausaufgabe" aufgegeben, in der Zukunft mindestens dreimal pro Woche in irgendeiner ihm entsprechenden Form „Pause" zu machen. Er wird ermutigt, öfter mal „Nein" zu sagen, wenn ihm etwas zu viel ist oder er es nicht tun will.

Der nächste Termin findet zehn Wochen später statt, ein früher ausgemachter Termin war von der Mutter kurzfristig abgesagt worden. Leo hatte in diesen Wochen fünf Kopfschmerzattacken, die Häufigkeit hat sich also etwas weiter reduziert. Er berichtet, die Schmerzen seien jetzt meist schwächer, er habe sich nur bei zwei Attacken hinlegen müssen, habe auch nur zweimal Ibuprofen gebraucht, obwohl er die Tabletten jetzt immer dabei habe. Es habe ihm gut geholfen. Auf die Pausen angesprochen sagt er, er habe nicht das Gefühl, dass er wesentlich mehr Pausen mache als früher. Die Mutter lacht dazu und schüttelt den Kopf. Sie berichtet, er mache jetzt eigentlich jeden Tag eine „Pause" nach dem Mittagessen, bevor er mit den Hausaufgaben beginne. Er lege sich allerdings nicht mehr auf das Bett, höre auch nicht mehr das „Wohltemperierte Klavier", sondern gehe auf den gegenüberliegenden Schulhof und spiele allein ca. 20 Minuten Basketball, das mache ihm Spaß.

Wenn er dann an den Hausaufgaben sitze, käme es öfter vor, dass er sie unterbreche oder Teile auf den nächsten Tag verschiebe, so etwas habe er früher nie gemacht. Insgesamt komme er ihr weniger ehrgeizig und perfektionistisch vor. Er habe keinerlei Schlafstörungen mehr und klage auch nicht mehr über Ängste. Leo und seine Mutter fanden weitere Termine nicht mehr erforderlich. Leo sagte, mit einer (meist leichteren) Kopfschmerzattacke etwa alle zwei Wochen könne er gut leben, das störe ihn kaum. Die Mutter sagt zum Abschluss: „Es hat sich so viel geändert: Die ganze Familie hat so profitiert, wir erlauben uns jetzt alle, Pausen zu machen." Sie selbst habe auch viel seltener Kopfschmerzen. Die Therapie wurde hier beendet.

Dies ist ein Beispiel für einen Jungen mit einer „einfachen" Migräne ohne Aura und begleitenden Ängsten sowie Schlafstörungen aus einer eher leistungsorientierten Familie mit ebenfalls zu Kopfschmerzen neigenden Eltern. Es bestand allerdings keine gravierende Komorbidität, und Leo und seine Familie verfügten über viele Ressourcen und konnten Anregungen sehr gut nutzen und umsetzen, so dass durch wenige Beratungen mit Kopfschmerztagebuch und einige Anregungen eine deutliche Besserung erzielt werden konnte. Obwohl die Beratung auf Leo zentriert war, hat die Mutter (und möglicherweise auch andere, nie bei den Terminen anwesenden Familienmitglieder) „im Nebenschluss" für sich selbst profitiert.

7.6.2.3 Zusätzliche Therapieelemente

Nicht immer ist eine durchgreifende Besserung so einfach zu erzielen. In Therapien, die länger als zwei bis fünf Sitzungen dauern, können zusätzlich gut die im Folgenden beschriebenen Elemente verwendet werden.

Körperwahrnehmung

Kinder und Jugendliche mit häufigen Kopf- oder Bauchschmerzen haben oft eine ausgezeichnete Wahrnehmung für das Außen („feine Antennen"), und zwar nicht nur für Sinnesreize aus der unbelebten Welt, sondern auch für die Signale und Bedürfnisse anderer Menschen. Sie versuchen oft, es anderen recht zu machen und deren Bedürfnisse zu erfüllen. Im Gegensatz zu der ausgezeichneten Außenwahrnehmung ist ihre Innenwahrnehmung, nämlich die ihres Körpers, ihrer Gefühle, Impulse und Bedürfnisse, oft schlecht ausgeprägt.

Alles, was diese Kinder und Jugendlichen also in besseren Kontakt mit sich selbst und ihrem Körper bringt, kann langfristig die Sensibilität auch für „Innen" erhöhen und so eine Balance ermöglichen zwischen Außen- und Innenanforderungen. Gelingt eine solche Balance besser, werden die Schmerzen meist seltener. Grundidee ist hierbei, die Signale des Körpers so frühzeitig wahrzunehmen und zu verstehen (z.B. als Wunsch nach Pause oder Ruhe), dass der Körper mit seinen Signalen nicht immer und immer deutlicher werden muss und sich schließlich mit Schmerzen „Gehör" zu schaffen versucht („Was will dir dein Kopf sagen, wenn er dir weh tut?"). Auch hier ist es wichtig, die verwendeten Therapieelemente dem Alter und dem Entwicklungsstand der Kinder oder Jugendlichen anzupassen.

Für Kinder im Gruppensetting eignen sich zur Verbesserung der Körperwahrnehmung Bewegungs- und Fühlspiele, die man anfangs mit offenen, später mit geschlossenen Augen durchführen kann. Auch Atem- und Stimmübungen sowie das Verwenden des eigenen Körpers als Instrument und Klangkörper („Bodypercussion") sind hilfreich.

Bewegungs- und Fühlspiele

Spaziergang mit Körpergeräuschen (Baer 1999): Dieses Spiel eignet sich für eine Gruppe von Kindern ab vier Jahren. Der Spielleiter erzählt eine Geschichte, alle Kinder machen seine Bewegungen mit: Wir machen einen Spaziergang (mit den Händen auf die Knie klopfen), ... kommen auf eine Wiese und hören das Gras rauschen (Hände aneinander reiben). Da kommt eine Holzbrücke (Fäuste klopfen gegen die Brust), ... und nun wieder eine Wiese (Hände reiben)... So lässt sich die Geschichte weiterentwickeln, mit vorgestelltem Erleben aller Sinnesmodalitäten kombinieren und mit „Körpergeräuschen" illustrieren.

Für Kinder ab dem Ende des Grundschulalters eignen sich z.B. „Zoospaziergang" oder „Wettermassage", das sind Berührungs- und Fühlübungen, die sich entweder zu zweit oder in der

Gruppe – ein Gruppenmitglied wird von allen übrigen berührt – durchführen lassen. Hierbei ist es wichtig, von vornherein bestimmte Grundregeln zu besprechen: Mitmachen sollte nur der, der will (für manche Kinder ist Berührtwerden zusätzlicher Stress!). Die Berührungen sollten nicht grob oder schmerzhaft sein, und bestimmte Körperzonen sollten ausgespart werden. Sobald die Kinder in die Pubertät kommen, empfiehlt es sich u. U., Jungen und Mädchen nicht mehr zu mischen.

Beim „**Zoospaziergang**" erzählt der Spielleiter eine Geschichte über einen Zoobesuch: Passend zu den verschiedenen Tieren massiert bzw. berührt jeweils ein Gruppenmitglied einen Partner am Rücken (z. B. breiter Druck mit beiden Händen abwechselnd im Elefantengehege, leichtes Trommeln mit den Fingerspitzen bei den Mäusen, über den Rücken gestrichene Bahnen bei den Schlangen etc.). Ähnlich funktioniert die „**Wettermassage**" (Baer 1999). Hier werden verschiedene Wetterlagen ebenfalls durch Berührungen illustriert (z. B. Nieselregen durch Fingerspitzentrommeln, Sturm durch leichtes Hin- und Herrollen oder Sonnenschein durch flaches Auflegen beider Hände etc.). Der Phantasie sind hier keine Grenzen gesetzt, und leicht lassen sich weitere Themen finden, ggf. angelehnt an verwendete Phantasiereisen.

Für ältere Kinder und Jugendliche eignen sich z. B. „Atembilder": Hierbei steht jeder Teilnehmer vor einem großen Papier und hält in jeder Hand einen farbgetränkten Pinsel oder Zeichenstift. Mit dem Kommen und Gehen des Atems werden die Arme und Hände bewegt, so dass sich der Luftstrom als Gestalt in lockeren Schwüngen und Linien auf dem Blatt abzeichnet. Tiefe Atemzüge sind wichtig, aber noch wichtiger ist, dass jeder seinem eigenen Rhythmus folgt und dadurch zur eigenen Form findet. Es reicht, eine oder zwei Farben zu verwenden. Diese Übung lässt sich auch am Tisch sitzend durchführen, wobei da die Größe der möglichen Bewegungen eingeschränkt ist.

Atembilder

Auch das „Genusskarussell" (Baer 1999) ist für Kinder ab dem Mittelschulalter und für Jugendliche gut geeignet. Man braucht dazu zwei gleich große Gruppen mit vier bis acht Teilnehmern. Die eine Gruppe legt sich sternförmig in einen Kreis, so dass die Füße zur Mitte zeigen. Die anderen knien sich an ihre Köpfe. Jeder überlegt sich eine freundliche Bewegung seinem Partner gegenüber (z. B. über den Kopf streichen, Arme massieren etc.) und führt sie dann aus. Die oben erwähnten Grundregeln sollten vorher besprochen sein. Nach ein bis zwei Minuten wechselt der gesamte Außenkreis um eine Person nach links.

Genusskarussell

Wenn alle wieder am Ausgangspunkt angekommen sind, tauschen die Gruppen.

> Bei all diesen Fühlspielen in der Gruppe oder zu zweit sollte ein Schwerpunkt auf der genauen Wahrnehmung liegen („Ich horche mit dem Körper auf die Berührungen"), und zwar am besten mit geschlossenen Augen. Ein zweiter Schwerpunkt kann dann gut auf das Auswählenlernen gelegt werden: „Was (welches Tier, welches Wetter, welche Berührung etc.) hat dir denn ganz persönlich am besten gefallen?" Die persönliche Präferenz kann am Ende in der Gruppe besprochen, aber auch noch einmal erlebt werden (jeder darf sich von seinem Partner noch einmal das wünschen, was ihm am besten gefallen hat). Wichtig ist, klarzustellen, dass es hier kein Richtig oder Falsch gibt, sondern dass jeder andere Vorlieben hat und dass dies in Ordnung ist. So lernen die Kinder und Jugendlichen, wieder direkt zu **erfühlen**, was ihnen gut tut und was nicht.

Körperlandkarte

Der Teilnehmer legt sich auf ein großes Papier (ca. 1x2 m), ein zweiter oder der Therapeut malt seine Umrisse auf das Papier ab. Dann wird versucht, diesen Umriss gestalterisch zu füllen. Das Vorgehen hierzu kann je nach Setting (einzeln oder Gruppe), Alter der Teilnehmer, Störungsbild, therapeutischem Auftrag und therapeutischer Beziehung unterschiedlich komplex sein.

Im Gruppensetting kann nach dem Malen der Umrisse eine angeleitete Phantasiereise durch den Körper erfolgen. Auch diese kann (z. B. bei jüngeren Kindern) stärker Vorgaben machen oder (z. B. bei Jugendlichen, die mit Phantasiereisen und In-sich-Hineinspüren schon Erfahrung haben) nur wenig Impulse geben und längere Phasen des individuellen Fühlens und Ausgestaltens beinhalten. Auch der Art der bildnerischen Gestaltung der Körperlandkarte, die die individuellen Fühlerfahrungen „zu Papier bringen" soll, sind kaum Grenzen gesetzt: In einer einfachen Form können die einzelnen Regionen nach Kriterien mit wenigen Kategorien (z. B. „deutlich gespürt", „etwas gespürt", „nicht gespürt" oder „warm", „lauwarm", „kühl" oder „angenehm", „neutral", „unangenehm") in verschiedenen Farben angemalt werden. Gibt es differenzierte innere Bilder zu verschiedenen Körperteilen (z. B. Landschaften oder abstrakte Farben und Formen), so können diese mit Farben, Bildern, Collagen aus Zeitschriften, kleinen Gedichten etc. gestaltet werden. In einer Jugendlichengruppe, die sich schon kennt, ist dies oft einfacher als im Einzelsetting. Die einzelnen Teilnehmer können sich nämlich mit ihren verschiedenen Ansätzen und Ideen gegenseitig inspirieren.

Im Einzelsetting ist es dagegen leichter, an den persönlichen Themen des Jugendlichen zu bleiben, da er nicht in die Welten der anderen fliehen oder ausweichen kann (was bei der ausgeprägten Außenwahrnehmung durchaus eine Gefahr ist). Auch ist es hier einfacher, das Wahrnehmen des eigenen Körpers oder bestimmter Regionen zu unterstützen, wenn es nicht oder nur zögernd gelingt. So können z. B. Fühlübungen für bestimmte Körperteile (z. B. mit unterschiedlichen Materialien wie Federn, Reis, Sand, Rasierschaum, aber auch mit verschiedenen Arten von Gewicht und Druck, z. B. durch Sandsäckchen) mit Phasen abwechseln, in denen die Körperlandkarte bildnerisch gestaltet wird. Im Einzelsetting ist es möglich, sich genau auf das individuelle Tempo und die jeweilige Ausgangslage einzustellen. Auch kann es hilfreich sein, mithilfe der Körperlandkarte auf Belastungen einzugehen, die sie mit bestimmten Körperteilen verbinden (z. B. Schmerzen im Kopf, Engegefühl in der Brust, Schwäche im Fuß etc.), aber auch auf Fähigkeiten und Ressourcen (z. B. Hände können Klavier spielen, Nase genießt bestimmte Düfte etc.). Dies ist wegen der interindividuellen Unterschiede im Gruppensetting nur schlecht möglich.

Wahrnehmung von Stressanzeichen und -auslösern

„Stress" (oder das Nachlassen von „Stress" z. B. am Wochenende oder Urlaubsbeginn) wird nicht nur von Erwachsenen, sondern auch von Kindern und Jugendlichen als einer der häufigsten Auslöser von Kopfschmerzen genannt. „Stress" kann positiv, so genannter „Eustress", oder negativ, so genannter „Distress", sein. Jetzt ist aber „Stress" nichts objektiv Messbares, weder in der Qualität (der eine empfindet als unangenehmen Stress, was für den anderen eine lohnende Herausforderung ist) noch in der Quantität (der eine fühlt sich durch eine Kette von Anforderungen schon gestresst, die einen anderen noch langweilen). Stress ist auch nicht generell vermeidbar, ein Leben ohne „Stress" ist unrealistisch und wohl auch nicht wünschenswert.

Daher ist es wichtig, a) die persönlichen Stressoren kennen zu lernen und b) innerhalb der verschiedenen Stressoren unterscheiden zu lernen – mit dem Ziel, sich diejenigen besonders vorzunehmen, die sich ändern, vermeiden oder beeinflussen lassen. Um die Stressoren, also die Stressauslöser ausfindig zu machen, ist es zuvor wichtig, die Signale zu kennen, mit denen der eigene Körper auf Stress reagiert.

Um die eigenen Stressanzeichen herauszufinden, kann man in **Stressanzeichen** der Gruppe körperliche Anzeichen von Stress sammeln (z. B. einzeln aufschreiben und an eine Tafel heften lassen), wie: kalte Hände, körperliche Unruhe, Gähnen, Müdigkeit, Reizbarkeit, harte Muskeln im Gesicht oder am Nacken, Übelkeit etc. Die Stressanzeichen sind individuell sehr unterschiedlich, meist sind sie aber intraindividuell sehr konstant. Das heißt, ein bestimmtes Kind reagiert fast immer mit kalten Händen und Herzklopfen, ein anderes mit Übelkeit auf „Stress". Es ist wichtig, das persönliche Muster zu kennen, mit dem der Körper auf Stress reagiert. Vielleicht lässt sich in dem persönlichen Muster auch eine zeitliche Abfolge ausmachen, z. B. zuerst kalte Hände, dann leichte Übelkeit, dann Muskelverspannungen im Nacken – umso eher ist es möglich, diese Kette durch Gegenmaßnahmen wie Entspannung frühzeitig zu unterbrechen.

Ist es nicht so ohne weiteres möglich, die persönlichen Körperantworten auf Stress herauszufinden, dann kann im Rahmen des Schmerztagebuchs gezielt die Aufgabe gegeben werden, prospektiv „stressige" Ereignisse, ihre körperlichen Folgen und etwaige daraus entstehende Kopfschmerzen zu protokollieren. Auch sollte hier genau auf den zeitlichen Zusammenhang geachtet werden: Beginnen die Kopfschmerzen direkt bei oder nach dem Stress oder gibt es eine Latenzzeit von ein oder gar mehreren Tagen? Stehen die Kopfschmerzen eher mit aufkommendem oder nachlassendem Stress im Zusammenhang? So ist es möglich, die persönlichen Stressauslöser zu identifizieren.

Stressauslöser Bei den Stressauslösern hat sich eine Einteilung in „große" und „kleine", „vermeidbare" und „unvermeidbare" bewährt. Ein Beispiel findet sich in Tab. 6. Die Bewertung von Stressoren ist individuell unterschiedlich, dennoch empfinden die meisten Kinder Familienprobleme oder gar eine Scheidung der Eltern oder schlechte Schulleistungen als „großen" Stress; schlechte Zeitplanung (hetzen müssen), starke körperliche Anstrengungen, Lärm im Klassenzimmer sind eher „kleiner" Stress. In der Tabelle findet sich ein Beispiel für eine mögliche Einteilung, die nicht für jeden so zutreffen muss.

An der Tabelle wird deutlich, dass auch die Möglichkeit und der Grad der Beeinflussbarkeit im Einzelfall sehr variieren kann: Lärm kann man beeinflussen, wenn er aus dem eigenen Radio kommt, aber nicht oder kaum, wenn das Kinderzimmer an einer lauten Straße liegt etc. „Angeschnauzt"-Werden, lange Autofahrten, schlechte Schulleistungen können je nach Situation beeinflussbar oder unbeeinflussbar sein. Ziel ist es, sich auf die individuell **beeinflussbaren** Stressoren zu konzentrieren und diese

Tab. 6: Bewertung von Stressoren

„Stress"	Beeinflussbar	Unbeeinflussbar
„klein"	Zeitdruck (zu voller Kalender, zu spät aufstehen etc.), Lärm, helles Licht, Geärgertwerden durch Geschwister	„Angeschnauzt"-Werden, Klassenarbeit, Straßenlärm im Kinderzimmer, lange Autofahrten
„groß"	Schlechte Schulleistungen	Eltern wollen sich trennen

nach Möglichkeit zu vermindern oder auszuschalten. Es empfiehlt sich, mit den **kleinen** anzufangen, weil hier meist schneller Erfolge zu erzielen sind. Bei den **unvermeidbaren** Stressoren lässt sich möglicherweise der Umgang verbessern: Hier ist es einen Versuch wert, die (mittlerweile sicher verfügbare) Entspannung, in Form beispielsweise der „Mini-Entspannung", als „Wunderwaffe" einzusetzen, z. B. vor der Mathearbeit.

Geht es um Sinnesreize, die „zu viel" werden, wie z. B. Lärm, helles Licht oder generell das „Gefühl von zu viel Input", dann kann die **„Schirm"-Imaginationsübung** (Seemann et al. 2001) hilfreich sein: Sie sollte zunächst vom Therapeuten angeleitet werden, kann aber hinterher auch gut in Alltags- und Schulsituationen übertragen werden. Das Kind wird angeleitet, sich vorzustellen, an einem schönen Ort unter einem großen Sonnen- oder Regenschirm zu sitzen, dessen Ränder weit herunterreichen, so dass Licht und Lärm (und was sonst noch unangenehm oder „zu viel" ist) nur gedämpft hereindringen. Das Kind soll sich diesen Schirm so genau wie möglich vorstellen und in Gedanken Griff, Farben, Muster, Material etc. bis ins Detail gestalten. Im Anschluss kann dieser Schirm dann gemalt oder durch eine Collage gestaltet werden.

Imaginationsübung

Ein ganz typischer Auslöser, der beeinflussbar ist und sich daher anbietet, um etwas zu ändern, ist das „Chaos am Tag". Dieses vereinigt oft einige Kopfschmerztriggerfaktoren in sich: Lisa steht morgens oft zu spät auf, dadurch ist es vor der Schule sehr hektisch, die Mutter schimpft, das Frühstück muss ausfallen, sie rennt zum Bus, den sie gerade noch erreicht, ist aber im Bus dann schon müde, genervt und spürt das leichte Pochen in der Schläfe. Wenn dann noch die Mathelehrerin krank ist, die Klasse zur Vertretung mit einer anderen zusammen unterrichtet wird, so dass der Lärmpegel insgesamt hoch ist, sie nach der Schule schnell zu Mittag isst, um anschließend ins Balletttraining zu gehen – hier wäre es fast ein Wunder, wenn sich nicht spätestens nach dem Ballett die Migräneattacke melden und bis nach dem Abendessen ruhiges Liegen erzwingen würde ...

Arbeit am Symptom „Schmerz"

Direkte Arbeit am Symptom „Schmerz" ist aus verschiedenen Gründen ein wichtiger Therapiebaustein:

- Erfolge auf diesem Gebiet, d.h. das Gefühl, auf den „Schmerz" selbst einwirken zu können, erhöhen bei dem Betroffenen das Gefühl von Kontrolle und Selbstwirksamkeit und vermindern das Gefühl von Hilflosigkeit. Dies stellt einen wichtigen Wirkfaktor der Therapie dar und vermindert weiter Schmerzen im Sinne eines positiven Circulus vitiosus, also gewissermaßen eines „Engelskreises".
- Arbeit am Symptom ist für Patienten und Eltern unmittelbar einleuchtend und verständlich und kann damit die Compliance verbessern. Gerade bei Schmerzen, bei denen psychodynamische Faktoren für die Aufrechterhaltung eine wichtige Rolle spielen (z.B. somatoforme Störungen), ist dies ein wichtiger Ansatzpunkt, da die Compliance hier oft sehr schwer zu gewinnen (und zu halten) ist.
- Gerade bei substantieller Beteiligung psychodynamischer Faktoren bietet die Arbeit am Symptom „Schmerz" einen Weg, diesen Faktoren und den „guten Gründen" für das Symptom Schritt für Schritt gemeinsam mit dem Patienten auf die Spur zu kommen (z.B. über „Externalisierung", s. Abschnitt weiter unten).

Drei Methoden für „Arbeit am Symptom" sollen im Folgenden kurz vorgestellt werden: Fokussierung von Aufmerksamkeit, Ersetzen dysfunktionaler Kognitionen und Externalisierung.

Fokussierung von Aufmerksamkeit

Dieses Element greift direkt auf das Konzept des „Schmerztores" zurück, das der Betroffene selbst (zumindest teilweise) öffnen und schließen kann (s. Kap. 7.6.2.1). Eine wichtige Methode, um es weiter zu schließen, ist Ablenkung auf ein inneres Bild oder eine Tätigkeit, das oder die mit starken positiven Gefühlen verbunden ist. Hier lässt sich gut auf den Erfahrungsbereich von Kindern und Jugendlichen zurückgreifen: Dass sie z. B. nicht merken, wenn sie sich verletzen, wenn sie draußen mit ihren Freunden ins Spiel vertieft sind oder sich bei einem wichtigen Tennismatch eine leichte Sportverletzung zuziehen. Fakire, die durch Lenkung ihrer Aufmerksamkeit auf Nägeln sitzen können, ohne Schmerz zu spüren, sind ein Extrembeispiel.

Denecke und Kröner-Herwig führen zur Erläuterung das Bild des „Aufmerksamkeitsscheinwerfers" ein, der beweglich und mit dem „Schmerztor" verbunden ist (2000, 57):

> „Auch bei Kopfschmerz oder viel Stress ist der Aufmerksamkeits-Scheinwerfer so eingestellt, dass nur noch der Kopfschmerz oder der Stress im hellen Licht steht. Wenn das der Fall ist, spürt man den Kopfschmerz viel stärker oder empfindet den Stress als viel drückender. Jetzt gilt es, den Scheinwerfer zu drehen. Bei Kindern und Jugendlichen hatte der Scheinwerfer auch noch nicht viel Gelegenheit festzurosten, er ist viel beweglicher als bei Erwachsenen."

Es kann dann gemeinsam überlegt werden, worauf sich der Scheinwerfer denn richten könnte, wenn er sich vom Schmerz wegdreht – hierzu haben die Betroffenen oft selbst die besten Ideen. Gut geeignet sind Phantasiereisen, Tagträume, leise Musik oder Geschichten; Fernsehen oder Computerspielen sollten vermieden werden. Bei nicht zu starken Schmerzen können Visualisierungsübungen hilfreich sein, wobei es gut ist, das hilfreiche Gegenbild im Einzelfall zu erarbeiten. Manche finden bei leichten Kopfschmerzen die Vorstellung angenehm, um den Kopf herum sei alles weit und schwarz und kühl, andere bevorzugen die Vorstellung von Wärme.

Bei starken Schmerzen, wie sie bei Migräneattacken typischerweise auftreten, ist Ablenkung oft wenig hilfreich. Hier ist es besser, Akutmaßnahmen (s. in Kap. 7.3.1.1) einzusetzen.

Ersetzen dysfunktionaler Kognitionen

Es gibt Gedanken, die bestehende Schmerzen eher schlimmer machen, indem sie um ein denkbar schlimmes Szenario, die eigene Hilflosigkeit und die Unausweichbarkeit der Situation kreisen. Solche Gedanken neigen zur Generalisierung des

Schlechten und vergrößern Anspannung und Stress und damit indirekt auch den Schmerz. Es sind Gedanken wie: „Jetzt geht das schon wieder los!", „Ich werde mindestens drei Tage lang Kopfschmerzen haben und nicht auf die Party übermorgen gehen können!", „Warum denn schon wieder ich?", „Es wird ja überhaupt nicht besser", „Immer muss das mir passieren", „Ich kann doch überhaupt nichts machen" etc.

Der erste Schritt ist hier, wie bei den Stressanzeichen, solche Gedanken überhaupt zu erkennen. In einem zweiten Schritt werden sie gestoppt, indem z. B. erst laut, später leise das Wort „Stopp" gesagt wird. Kinder können auch ein richtiges Stoppschild malen und sich das Schild später in Gedanken vorstellen, wenn sie laut „Stopp" sagen. Sie können sich hierfür auch eine begleitende Geste ausdenken, z. B. mit der Hand leicht auf das Bein zu schlagen.

In einem dritten Schritt werden diese Gedanken durch „freundlichere" Gedanken ersetzt: Hier bedarf es anfänglich oft einiger Hartnäckigkeit, damit solche Gedanken erst überhaupt einmal vorstellbar und dann auch gefunden werden. Es sind Gedanken, die die eigenen Einflussmöglichkeiten, die Relativität und Begrenztheit der Situation oder positive andere Dinge betonen: „Der Schmerz wird vorbeigehen", „Er ist schon ein kleines bisschen besser", „Ich kann das und das dagegen tun", „Ich freue mich auf …, wenn der Schmerz vorbei ist", „Diesen und jenen Vorteil hat die Situation jetzt trotz des Schmerzes".

Dysfunktionale Gedanken zu ersetzen kann (und muss) man regelrecht lernen. Am Anfang ist das ungewohnt und schwierig. Deswegen ist es besonders am Anfang wichtig, jeden noch so kleinen Ansatz wahrzunehmen und zu loben. Mit der Zeit und zunehmender Übung wird das „Schlechte-Gedanken-Ersetzen" immer leichter und selbstverständlicher.

Externalisierung

Die Symptomexternalisierung eignet sich für viele Arten von Symptomen, erscheint für das Symptom „Schmerz" jedoch besonders günstig. Sie verlagert den als schwierig, unangenehm und problembeladen erlebten Teil nach außen und ermöglicht so, im Gegenzug die Ressourcen, Kompetenzen und Bewältigungsmöglichkeiten nach innen zu verlagern. Kinder und Jugendliche sind für diese Art von „Verbildlichung" besonders empfänglich.

Die Symptomexternalisierung gehört zu den assoziativen

hypnotherapeutischen Techniken und zielt zunächst darauf, eine „Schmerzgestalt" zu konstruieren, um sie anschließend Schritt für Schritt zu verändern. Dabei bildet sich die „Schmerzgestalt" auf einer anderen Sinnesmodalität ab als die Schmerzen selbst. Sie wird durch diese Abbildung auf den Fernsinnen (visuell, auditiv, taktil) „externalisiert" und im Außen in neuer Weise zugänglich und veränderbar (Peter 2005). Einleitende Fragen können z. B. sein:

- „Wenn man den Schmerz sehen/hören/berühren könnte, wie sähe er aus/hörte sich an/fühlte sich an?"
- „Wenn der Schmerz ein Wesen wäre oder eine (auch abstrakte) Gestalt hätte, wie wäre das?"
- „Wie nennst du das selbst? Was wäre ein guter Name dafür (z. B. „Herr Schmerz", „Horror-Schmerz" etc.)?

Die Externalisierung lässt sich auch gut in eine Phantasiegeschichte einbinden, indem das Kind oder der Jugendliche nach einer Einleitung einem Wesen begegnet, das den Schmerz verkörpert. Oder der Jugendliche kommt in eine Ausstellung oder ein Museum, in der/dem unter einem großen weißen Tuch „Etwas" ist, was für den Schmerz steht und allmählich enthüllt wird. In solchen Phantasiegeschichten kann man nach und nach alle Sinnesmodalitäten ansprechen, um so das Bild zu verdichten.

Wichtig ist hier, dass der Betroffene seine eigenen Bilder entwickelt. Daher sollte der Therapeut keine Vorschläge machen, die seinen eigenen Assoziationen entsprechen. Er sollte beim Fragen geduldig sein und noch so kleine Impulse verstärken, die vom Kind oder Jugendlichen kommen. Auch dies ist für viele Kinder und Jugendliche anfänglich ungewohnt, und sie sagen vielleicht: „Ich kann den Schmerz doch gar nicht sehen – wie weiß ich denn, wie er dann aussehen würde?" Hier kann man die Zweifel aufgreifen und gleichzeitig (in der Möglichkeitsform) die Frage wiederholen: „Natürlich kannst du ihn nicht sehen und kannst nicht wissen, wie er aussieht. Aber einmal **angenommen**, du könntest das – wie würde er denn dann **am ehesten** aussehen?" Auch bei weiterem „Widerstand" kann man das weiterspielen und z. B. sagen: „OK, du kannst dir nicht vorstellen, wie er aussieht, aber **mal angenommen, du könntest dir irgendeine Kleinigkeit vorstellen**, die man am Schmerz sehen kann, was könnte das denn **am ehesten** sein?"

Manche Kinder und Jugendliche haben Angst, etwas Falsches zu sagen, und lassen sich durch die wiederholte Feststellung beruhigen, dass es ja nur ein Gedankenexperiment ist, das überhaupt nichts mit der Wirklichkeit zu tun haben muss. In den meisten Fällen führen hier Geduld, Hartnäckigkeit und Lust am Spielen zu Bildern der Betroffenen, die sich gut im weiteren therapeutischen Prozess verwenden lassen: Ist ein Bild (oder eine Übertragung in eine andere Sinnesmodalität) gefunden, so lässt sich diese gut mit kreativen Medien gestalten (z. B. malen oder mit Musikinstrumenten „vertonen"). Mit dieser in einer anderen Sinnesmodalität manifestierten Schmerzgestalt lässt sich auf unterschiedliche Weise weiterarbeiten:

1) Veränderung der Qualität in der neu gewonnenen Sinnesmodalität: Ist der Schmerz ein intensiver roter Kreis, lässt sich z. B. die visuelle Qualität verändern: „Wenn man das Rot blasser oder dunkler machen würde, was würde dann geschehen?" Ähnlich lassen sich auditive oder taktile Qualitäten verändern (Peter 2005).

2) Schmerzgestalt als Wesen behandeln: Dies gibt die Möglichkeit, die Beziehung zwischen dem Betroffenen und der „Schmerzgestalt" zu erfragen und ggf. zu verändern:

> „Wo wohnt denn der Herr Schmerz? Wohnt er bei euch zu Hause oder kommt er zwischendurch zu Besuch? Wohnt er in deinem Zimmer oder an einem anderen Ort bei euch in der Wohnung? Wie viele Kilometer wohnt er jetzt entfernt? Hast du ihn heute mitgebracht oder zu Hause gelassen? Wann wird er wieder zu Besuch kommen und wie lange wird er bleiben?"

Hier lassen sich gut die Einflussmöglichkeiten des Betroffenen erfragen. Dazu sollten keine Ja/Nein-Fragen verwendet werden (diese verführen zum Nein-Sagen!), sondern „W-Fragen":

> „Wann ist es dir das letzte Mal gelungen, dass der Herr Schmerz zwei Wochen nicht zu Besuch gekommen/später gekommen/früher wieder gegangen ist? Wie hast du das denn geschafft? Welche Teile in dir haben das denn geschafft? Was hat dir geholfen?"

3) Ausgestaltung der Bewältigungsmöglichkeiten und Ressourcen: Diese eigenen Teile, die schon einmal gegen das Symptom etwas erreicht haben, lassen sich dann ihrerseits in der Vorstellung oder mit kreativen Medien ausgestalten, verbild- und versinnlichen, benennen etc. Es lassen sich auch noch weitere „Teile" hinzufügen: „Wer oder was könnte dir dabei noch helfen, da noch stärker zu werden? Wie müsste ein Wesen, eine Gestalt, ein Klang etc. beschaffen sein, der/die an der Schmerzgestalt etwas ändern kann?"

4) Das „Gute am Schlechten": Schließlich kann man versuchen, eine Bedeutung oder einen Sinn der „Schmerzgestalt" zu finden. Hier ist der Leitgedanke: „Was ist das Gute am Schlechten"? Bei dieser Vorgehensweise ist die Gefahr der Irritation der Betroffenen besonders groß. Daher empfiehlt es sich, die Fragen vorsichtig einzuführen und sprachlich abzuschwächen, z. B.:

> „Ich weiß, das ist jetzt eine komische Frage. Aber meine Erfahrung ist, dass Symptome ja nicht blöd sind, sie kommen nicht einfach so, sie wollen meist was Bestimmtes. Und beim Schmerz, der ja eigentlich ein Freund des Menschen ist, weil er ihn schützt vor Schlimmem und Gefährlichem, da glaube ich das ganz besonders. Meistens will der auch was Gutes. Mal angenommen, dein Herr Schmerz wäre neben all dem Unangenehmen und Scheußlichen auch noch ein kleines bisschen für etwas gut oder wollte etwas für dich, was könnte das am ehesten sein?"

Hier gilt ebenso wie oben beschrieben, dass Geduld, die Möglichkeitsform und das Eingeständnis, dass es aber wirklich auch eine komische Frage ist, hier meist zum Ziel führen.

Hat man einen möglichen Sinn der „Schmerzgestalt" herausgefunden, dann lassen sich Überlegungen anschließen, ob der Sinn des Symptoms denn nicht auf anderem Weg zu erfüllen wäre. Ist z. B. die Idee des Kindes, der „Herr Kopfschmerz" komme immer und schimpfe mit ihm, wenn es sich zu viel aufgeladen habe, kann man genau hieran mit dem Kind und der Familie arbeiten (z. B. den Freizeitkalender „entrümpeln", Entspannungszeiten einführen und Nein-Sagen lernen etc.).

Förderung emotionaler Ausdrucksfähigkeit

Von der Förderung emotionaler Ausdrucksfähigkeit profitieren wahrscheinlich Patienten mit unterschiedlichen Schmerzen unabhängig davon, ob zusätzlich eine psychiatrische Komorbidität besteht oder nicht. Therapeutische Angebote müssen dabei noch eine Stufe früher ansetzen, nämlich bei der Wahrnehmung von

Emotionen. Patienten mit Schmerz und/oder Somatisierungssymptomen haben nämlich oft Schwierigkeiten, (besonders negative) Emotionen als solche wahrzunehmen. Sie sind in ihrem Erleben stark auf Körpersymptome und Schmerz ausgerichtet. Diese entsprechen Level-I-Emotionen nach dem Modell der Emotionsentwicklung von Lane und Schwartz (1987; s. Kap. 4.3).

Therapeutisches Ziel ist die Verbindung von impliziter, d. h. unbewusster und „körperlicher" Emotionsverarbeitung mit der expliziten, bewussten Ebene. Hierzu kann es hilfreich sein, durch Aufnehmen und „Spiegeln" der wahrnehmbaren Impulse und Befindlichkeiten des Kindes oder Jugendlichen allmählich eine größere Bewusstheit und Wahrnehmungsfähigkeit insbesondere für negative Gefühle zu fördern. Nonverbale therapeutische Zugänge (z. B. Musiktherapie) eignen sich besonders, um die Lücke zwischen impliziter und expliziter Wahrnehmung spielerisch zu überbrücken. Gefühle können dann (statt über Körpersymptome) zunächst musikalisch ausgedrückt werden. In einem weiteren Schritt ist über diesen musikalischen Ausdruck dann oft eine Reflexion zusammen mit dem Therapeuten möglich.

B Der zehnjährige Peter ist wegen Trennungsangst und einer somatoformen Kopfschmerzstörung in stationärer kinder- und jugendpsychiatrischer Therapie. In den ersten beiden Wochen des Aufenthalts klagt er beinahe ständig über Kopfschmerzen, sieht selbst auch keine Änderungen in Schmerzstärke oder -charakter. Dem betreuenden Team fällt auf, dass er oft Kopfschmerzen äußert, wenn er etwas nicht tun möchte. Die Betreuer sprechen ihn dann jeweils an: „Du sagst, du hast Kopfschmerzen. Vielleicht hast du aber auch gar keine Lust, mit wandern zu gehen? Wenn das so wäre, könnten wir überlegen, was wir stattdessen tun könnten…" Allmählich beginnt er, auch negative Gefühle (Wut, Unlust) bei sich wahrzunehmen und zu äußern, und unterscheidet auch beim abendlichen Ausfüllen des Kopfschmerztagebuchs eher zwischen: „Heute war ich schlecht gelaunt" und „Heute hatte ich Kopfschmerzen". In der Musiktherapie erhält er, als er wütend und gereizt wirkt, das Angebot, mit dieser Wut „mal richtig auf die Pauke zu hauen". Er nimmt das Angebot an und schlägt minutenlang heftig auf die Pauke ein. Als die Therapeutin ihn fragt, ob er jetzt die Wut „aus sich herausgehauen habe", sagt er, spürbar ärgerlich: Nein, und das wolle er auch gar nicht. Sie gehöre zu ihm, und er wolle sie „bei sich behalten".

Nonverbale Zugänge (über Malen, Musik etc.) ermöglichen es, negative Emotionen spielerisch und ohne allzu viel Angst zu erleben, auszudrücken und zu gestalten. Sie eignen sich für das spielerische Ausprobieren flexibler oder alternativer Verhaltensweisen in der Beziehung: So kann mit Musikinstrumenten z. B. eine spielerische Auseinandersetzung gestaltet werden, indem ein Instrument mit einem anderen „streitet" oder „argumentiert". Ein solcher musikalischer Streit ist ein „Probehandeln" unter geschützten Bedingungen. Sind solche „Gehversuche" mit neuen Verhaltensweisen ermutigend ausgefallen, fällt es leichter, sie schließlich im Alltag auszuprobieren.

Auch die Förderung von Selbstsicherheit und Problemlösekompetenz ist Bestandteil einiger standardisierter Programme zur Kopfschmerztherapie bei Kindern und Jugendlichen. Hierzu gibt es reichlich verhaltenstherapeutisch orientiertes Material, z. B. im Kopfschmerzprogramm von Denecke und Kröner-Herwig (2000), aber auch eigene Bücher zum Thema (z. B. Petermann/Petermann 2003 eher für Kinder oder Petermann/Petermann 1996 eher für Jugendliche).

Transfer in den Alltag

Der Erfolg all dieser Interventionen hängt wesentlich davon ab, ob es dem Kind bzw. dem Jugendlichen und seiner Familie gelingt, davon etwas in ihren Alltag zu übertragen. Das kann sehr bewusst und planvoll in Form von z. B. „Hausaufgaben" oder regelmäßigen Entspannungsübungen erfolgen, kann aber auch unbewusst und wie von selbst passieren wie im oben erwähnten Fallbeispiel (s. Kap. 7.6.2.2): Leo hatte bewusst gar nicht das Gefühl, im Alltag etwas anders zu machen, aber seine Mutter konnte einiges an Änderungen wahrnehmen. Sie erlebte auch als „Pausen", was für ihn vielleicht einfach nur „draußen spielen" war. Manchmal genügt es, Ideen von Veränderung gesprächsweise und nebenbei in die Familie zu bringen und damit gleichsam eine „Erlaubnis" zu geben, sich mehr Pausen zu gönnen oder öfter mal „Nein" zu sagen.

Welcher Weg der bessere ist, kann wohl nur im Einzelfall (von Patient zu Patient und von Therapeut zu Therapeut) entschieden werden. Manchmal lässt sich die eher pflichtbewusste Haltung von Kopfschmerzpatienten nutzen, um ihnen Pausen und andere Schutzmechanismen gleichsam zu verordnen – und sie können dann die pflichtbewusste Haltung nutzen, um pflichtbewusst die „Pflicht etwas ruhen zu lassen". Wählt man diesen

Weg, dann können gezielte Nachfragen, Protokolle und Checklisten eine gute Hilfe sein.

Anderen bekommt es besser, wenn keine Hausaufgaben im engeren Sinne erfolgen, die kontrolliert und ggf. verstärkt werden, sondern wenn sie mehr lernen, darauf zu hören, was ihnen zu welchem Zeitpunkt gut tut. Auch hier sollte in den nächsten Sitzungen gefragt werden, was versucht worden ist und was nicht und warum und was davon geholfen hat. Hier ist es wichtig, alle noch so kleinen Einflussmöglichkeiten und Erfolge, aber auch schon das Auswählen und Erspürenkönnen aufzunehmen und wertzuschätzen (und auch vielleicht einmal das gezielte „Nicht-Entspannen", weil etwas anderes wichtiger oder „spannender" war).

Werden flexiblere und alternative Erlebnis- und Handlungsweisen in der Therapie spielerisch erprobt, kann man dieses „Spiel" der Realität und dem Alltag immer näher kommen lassen. Wenn eine Erlebnis- oder Verhaltensweise ins Repertoire aufgenommen ist, das Spektrum also größer geworden ist, wird sie wahrscheinlich auch irgendwann in der Realität verwendet werden.

Begleitende Elternberatung

Auf die Notwendigkeit und den Nutzen einer begleitenden Elternberatung wurde oben (s. Kap. 7.4.1) ausführlich eingegangen. Von den oben beschriebenen Allgemeinmaßnahmen und einzelnen Therapieelementen sind in der Elternberatung besonders wichtig:

- Aufklärung über Diagnose und pathophysiologische Konzepte, Beruhigung und Rückversicherung,
- Aufklärung über Allgemein- und Akutmaßnahmen sowie Triggerfaktoren,
- Ermutigung zu regelmäßigen Pausen, Ermutigung, dem Kind Rückzug zu ermöglichen, nicht nur strukturiert, sondern auch mal als „Alle Fünfe grade sein lassen", „Herumtrödeln", „Nichtstun" und
- Überbehütung, Leistungsorientierung und Reizüberflutung in Frage stellen.

Um diese Anregungen zu vertiefen, eignen sich folgende Bausteine aus dem systemischen Kurztherapie-Konzept von Ochs und Schweitzer (2005; s. a. Kap. 7.4.1):

- *„Stress-Wohlfühl-Waage"*: Diese Intervention wird empfohlen, um beide Seiten der für Migräne typischen kortikalen Vulnerabilität auszubalancieren – erhöhte Sensibilität einerseits und erhöhte Stressanfälligkeit andererseits –, und ist an Seemann angelehnt (2002, 147ff): Der Familie wird das Bild einer Waage angeboten, auf deren einer Seite sich Anstrengung, Neugier etc. findet, das durch eine entsprechende Menge an Ruhe, Spaß, Ausgleich und Entspannung ausbalanciert werden sollte. Dieses Bild impliziert, dass es nicht unbedingt notwendig ist, Anstrengung, Neugier und Sensibilität zu reduzieren, wenn dafür ein entsprechender Ausgleich erfolgt bzw. ein entsprechendes Gegengewicht vorhanden ist.
- *„Familien-Hängematten-Tag"*: Dies ist eine Möglichkeit, um für die ganze Familie das Gewicht auf der „Ausgleichsseite" zu erhöhen. Es wird empfohlen, Entspannung „konsequent" mit Spaß haben und Wohlfühlen in Verbindung zu bringen. Hat die Familie dazu selbst nur wenige Ideen, kann die transgenerationale Perspektive einbezogen werden (Wie haben es sich die Eltern der Eltern gut gehen lassen?). Der „Familien-Hängematten-Tag" kann der ganzen Familie als „Entspannungshausaufgabe" gegeben werden: „Vielleicht finden Sie bis zum nächsten Mal etwas Neues, wie Sie es sich als Familie insgesamt gut gehen lassen können. Manchmal empfehlen wir Familien, alle zwei Wochen einen ‚Hängemattentag' einzuführen. Mit Hängemattentag meinen wir, dass jeder in der Familie sich an diesem Tag einfach der Muße hingibt, tut wozu er gerade Lust hat, man zusammen – wie es neudeutsch so schön heißt – ‚abhängt', man gemeinsam, bildlich gesprochen, in der Familienhängematte flätz, es sich dort gut gehen lässt." (Ochs/Schweitzer 2005, 24)

7.6.3 Somatoforme Störungen

Im Gegensatz zu „einfachen" Kopf- oder Bauchschmerzstörungen sind somatoforme Störungen praktisch regelhaft durch z. B. schwierige familiäre Interaktionen, die symptomaufrechterhaltend wirken können, und/oder psychiatrische Komorbidität kompliziert. Sie bedrohen daher häufig auch langfristig die Funktionsfähigkeit in verschiedenen psychosozialen Bereichen (Schule, Peergroup etc.) und die Entwicklungsfähigkeit des Kindes oder Jugendlichen. Deswegen ist hier ein interdisziplinäres Konzept unabdingbar, das so früh wie möglich im diagnostisch-therapeutischen Prozess etabliert werden sollte. Wichtige (interdisziplinäre) Therapieziele sind:

- Vermeidung wiederholter und u. U. sogar invasiver organischer Abklärungen, die bei den Betroffenen und Angehörigen die Kausalattribution einer organischen Ursache nur weiter begünstigen würden,
- Etablierung eines therapeutischen Arbeitsbündnisses,
- Linderung der Symptome und
- Minimierung der psychosozialen Folgen der Erkrankung.

7.6.3.1 Primärversorgung

Die meisten Kinder und Jugendlichen mit körperlichen Beschwerden ohne fassbare organische Ursache tauchen in der Praxis des Allgemeinmediziners oder Pädiaters auf. Schon dort sollte früh das Vorliegen einer psychischen Störung mit in Betracht gezogen werden. Es ist grundsätzlich wichtig anzuerkennen, dass das Kind eine Störung hat und die Sorgen der Eltern berechtigt sind. Auf die Gefahren einer zu ausgedehnten (z. B. wiederholten, invasiven, ungenügend indizierten) Diagnostik mit Verfestigung der rein organisch orientierten Krankheitskonzepte wurde bereits ausführlich hingewiesen (s. Kap. 5.4 und 7.5.2). Die Qualität von Diagnostik, Überweisung und interdisziplinärer Kooperation hängt wesentlich vom primärversorgenden Arzt (Hausarzt, Kinderarzt) ab. Je größer sein Wissen im Bereich chronischer Schmerzen bei Kindern und Jugendlichen ist, umso besser kann er eine iatrogene Chronifizierung verhindern und die Familie zur Zusammenarbeit mit Psychotherapeuten oder Kinder- und Jugendpsychiatern motivieren.

7.6.3.2 Behandlungsbündnis, Krankheitskonzept

Für somatoforme Störungen sind Widerstand gegen die Beteiligung psychischer Faktoren und in der Folge Schwierigkeiten in der Beziehung zwischen Patient/Familie und Therapeut/Arzt mit häufigen Arztkontakten/-wechseln nicht nur typisch, sondern gehören sogar zu den diagnostischen Kriterien (s. Kap. 2.3). Deshalb sollte bei diesen Störungsbildern von Anfang an der therapeutischen Beziehung besondere Aufmerksamkeit gewidmet werden. Störungen der Beziehung und drohende Behandlungsabbrüche haben während der Sitzungen oberste Priorität und sollten direkt angesprochen werden! Dabei ist es wichtig, dem Patienten und der Familie zu vermitteln, dass man ihren Leidensdruck spürt und versteht. Negative organische Befunde sollten vorsichtig vermittelt werden – und immer zugleich mit der Feststellung, dass der Patient sehr krank ist und Hilfe braucht, auch wenn für rein organische Erkrankungen mithilfe verschiedener diagnostischer Verfahren kein Hinweis gefunden worden ist. Es ist hilfreich, gerade die Skepsis und die „negativen Gefühle" der Familie und des Patienten direkt anzusprechen und wertzuschätzen.

> Der zwölfjährige Philipp hat seit einigen Monaten starke Magenbeschwerden, die immer schlimmer werden. Eine organische Abklärung inklusive Magenspiegelung hat keinen pathologischen Befund ergeben. Philipp wurde vom Kinderarzt an einen Psychotherapeuten überwiesen und kommt mit beiden Eltern zum Erstgespräch. Nachdem die Eltern ausführlich geschildert haben, wie die Situation in den letzten Monaten war, sagt der Therapeut: „Ich könnte mir vorstellen, da Sie ja nun angenommen haben, dass die ständigen Magenschmerzen Ihres Sohnes eine organische Ursache haben, und Ihnen die Kinderärzte jetzt gesagt haben, dass sich bei Magenspiegelung etc. keine Hinweise auf eine solche Ursache finden ließen, dass Sie sich jetzt vielleicht fragen, ob Sie hier bei mir, einem Psychotherapeuten, überhaupt am richtigen Platz sind – wie denken Sie darüber?"
>
> Wenn Zweifel und Skepsis offen ausgesprochen werden können (und auf Verständnis stoßen), ist es viel leichter, mit ihnen umzugehen. Oft gewinnen dann auch „psychotherapiesuchende" Argumente bei der Familie (die andere Seite der meist vorhandenen Ambivalenz) wieder ein größeres Gewicht, denn schließlich sind sie ja zum ersten Kontakt gekommen.

Hilfreich ist es hier, die bestehende Ambivalenz im Auge zu haben und selbst wechselseitig die eine und die andere Seite zu betonen. Günstig ist es, die Skepsis und die abwehrende Haltung wertzuschätzen und/oder anzuerkennen, dass die Familie trotzdem gekommen ist. Dabei haben Patienten und Familien ein sehr feines Gespür, ob die Wertschätzung echt ist. Der Therapeut sollte also nur anerkennen, was er wirklich anerkennenswert findet bzw. nach dem suchen, was er auch innerlich anerkennen kann. Dabei ist es wichtig, die Anerkennung der Skepsis oder „negativer Gefühle" gegenüber der Therapie zu trennen von der Unterstützung eines rein organisch basierten Krankheitskonzepts. Auch wenn man den Inhalt des Krankheitskonzepts nicht teilt, kann man doch deutlich machen, dass die Schlussfolgerungen aus einem solchen Konzept („organische" Erkrankung erfordert „organische" Therapie) sehr nachvollziehbar sind.

Das heißt, Sätze wie „Es ist sicher gar nicht so einfach für Sie, zu mir zu kommen und darüber zu reden, ob und wie Psychotherapie für Philipp hilfreich sein kann, wenn Sie eigentlich davon ausgehen, dass er eine Infektion oder eine Geschwulst im Magen hat und wahrscheinlich Medikamente braucht. Ich finde es sehr anerkennenswert, dass Sie trotz Ihrer Skepsis einen Versuch machen – das zeigt, dass Sie alles probieren, was Philipp helfen könnte und dabei auch Wege nicht völlig ausschließen, die Ihnen auf den ersten Blick nicht so vielversprechend erscheinen" erleichtern den Aufbau eines therapeutischen Arbeitsbündnisses. Im Gegensatz dazu sollte es vermieden werden, das organische Krankheitskonzept **inhaltlich** zu bestärken: „So, wie Sie das schildern, hört sich das wirklich an, als ob Philipp ein Magengeschwür haben könnte. Es kommt immer wieder vor, dass bei Magenspiegelungen organische Befunde übersehen werden. Vielleicht sollte man noch weitere diagnostische Maßnahmen einleiten..."

Das (schrittweise) Vermitteln eines interaktiven, biopsychosozialen Krankheitskonzepts an die Eltern (und, abhängig vom Alter, auch an das Kind) ist ein wichtiger Therapieschritt (s. a. Kap. 7.4.1). Dabei hat es sich als compliancefördernd erwiesen, das von der Familie angebotene organische Krankheitskonzept nicht vollständig abzulehnen, sondern ein interaktives Erklärungsmodell der Beschwerdeentstehung anzubieten: z. B. Rückenschmerzentstehung durch anhaltende muskuläre Verspannungen aufgrund chronischer psychischer Anspannung. Dies kann die organische Kausalattribution zu einem stärker psychosomatisch orientierten Krankheitsverständnis erweitern.

Priorität therapeutischer Beziehung

Nicht nur zu Beginn, auch im Verlauf einer Psychotherapie von Patienten mit somatoformen Störungen sollte die Priorität der therapeutischen Beziehung beachtet werden: Wenn die Beziehung gestört ist oder ein Abbruch der Behandlung droht, sollten die Störungen, die Skepsis und andere „negative Gefühle" thematisiert werden. Genügt das nicht, um die Behandlung fortzusetzen, kann ein Standortbestimmungs- und Bilanzgespräch im interdisziplinären Rahmen (Patient, Eltern, Psychotherapeut und Organmediziner, s. a. „Feedbackkonferenzen", Kap. 7.1) helfen, die unterschiedlichen Sichtweisen in ein Gesamtkonzept zu integrieren. Es empfiehlt sich weiter, keine übertriebenen Hoffnungen zu wecken und darauf hinzuweisen, dass Besserungen der Schmerzsymptomatik in den meisten Fällen erzielt werden können, jedoch langwierig und manchmal mühsam zu erreichen sind. In der Tat sistieren bei somatoformen Störungen die Schmerzen oft spät (oder nehmen ab, gehen aber nicht vollständig weg). Dem geht häufig eine Verbesserung der Funktionsfähigkeit im Alltag um Wochen oder gar Monate voraus.

Eine ressourcenorientierte Grundhaltung mit Suche nach und Anerkennung von Stärken und Fähigkeiten des Patienten und der Familie erleichtert die Etablierung eines Arbeitsbündnisses und sollte selbstverständlich sein.

7.6.3.3 Weitere Besonderheiten für die Behandlung somatoformer Störungen

Für somatoforme Störungen eignen sich standardisierte Therapieprogramme (wenn überhaupt) nur als **ein** Baustein im Rahmen eines multimodalen Konzepts. Der Therapieplan sollte für jeden Patienten individuell und mit der Familie zusammen ausgearbeitet werden. Hierbei sind die Art des vorliegenden Symptoms bzw. die Symptomkombination, die Ausprägung und die eventuelle Funktionseinschränkung zu beachten.

Die Therapie verfolgt im Allgemeinen zwei verschiedene Schienen: Symptomspezifische Therapien wie Krankengymnastik, eventuell Suggestion, Biofeedback etc. erleichtern es dem Patienten, das Symptom aufzugeben. Eine psychotherapeutische Behandlung – einzeln und in der Gruppe – kann ihn hingegen bei einer altersgerechten Bewältigung von Entwicklungsaufgaben unterstützen. Stressregulierende Techniken wie z. B. das autogene Training erscheinen ebenfalls sinnvoll bei Kindern und Jugendlichen zur Symptomreduktion bei somatoformen Beschwerdebildern (Goldbeck/Schmid 2003). Oft steht eine mehr symptomzentrierte Therapie am Beginn, während stärker psychodynamisch orientierte Therapieelemente erst nach und nach (parallel zur gemeinsam erarbeiteten Offenheit für „auch psychische" Erklärungsansätze und Motivation für eine psychotherapeutische Behandlung) zunehmend an Gewicht gewinnen. Es sollte ein Ziel sein, dem Patienten und der Familie zu helfen, dass sie das Symptom als weniger bedrohlich erleben. Dadurch lässt häufig die anfangs zu beobachtende Überbesorgtheit der Eltern nach. In der Folge lassen sich vielfach auch gemeinsam Therapieziele jenseits der Schmerzsymptomatik formulieren.

Familienarbeit

Wie auch schon in Kap. 7.4.1 beschrieben, ist bei Kindern und Jugendlichen mit somatoformen Störungen die intensive Einbindung der Eltern in den Behandlungsprozess essentiell. Zu Beginn sind Krankheitskonzept und Behandlungsbündnis die zentralen Themen. Parallel kann der Umgang mit körperlichen Symptomen des Kindes zuerst besser verstanden und schließlich mit der Familie gemeinsam zunehmend so gestaltet werden, dass der sekundäre Krankheitsgewinn (z. B. die Aufmerksamkeit oder Schonung, die durch das Symptom bedingt wird) minimiert wird und möglichst viel Funktionsfähigkeit im Alltag erhalten bleibt oder wiedergewonnen wird. Konkrete Handlungsanweisungen und Tipps zum konkreten Umgang mit Schmerzsymptomen finden sich in Kap. 7.6.2.1.

Schwierigkeiten in den intrafamiliären Beziehungen werden bei Kindern und Jugendlichen mit somatoformen Störungen oft erst sehr viel später im Behandlungsverlauf überhaupt spürbar. Wenn sie schließlich thematisiert und angegangen werden können, sind meist schon viele wichtige Therapieschritte gelungen. Zu Beginn der Therapie und in der diagnostischen Phase sind Antworten auf Fragen nach familiären Beziehungen oder etwaigen Schwierigkeiten oft seltsam „einsilbig" und rufen auch beim Therapeuten kaum Assoziationen oder Phantasien hervor, es bleibt ein Gefühl von Leere zurück. Dies ist nicht allein mit der Abwehr der Existenz psychischer Einflussfaktoren zu erklären. Es liegt wahrscheinlich auch daran, dass in vielen dieser Familien das Wahrnehmen und Erkennen von Emotionen und Beziehungsmustern erschwert ist, im Sinne einer eher impliziten Emotionsverarbeitung nach dem Modell von Lane und Schwartz (1987; s. a. Kap. 4.3). Im günstigsten Fall gelingt es während der Behandlung gemeinsam mit dem Patienten und der Familie, einen „Sinn des Symptoms" wie ein Puzzle aus verschiedenen einzelnen Bausteinen zu konstruieren, die sich nach und nach aus Klärung der Anamnese, Biographie(n) und Interaktionen ergeben.

Tagebücher körperlicher Symptome

Tagebücher der körperlichen Symptome, ihrer Schwankungen über die Zeit, der resultierenden Behinderung von Alltagsaktivitäten und eventuell verbessernde oder verschlimmernde

Einflüsse sind hilfreich, sie sollten analog den Schmerztagebüchern gestaltet sein (s. Kap. 5.1.3 und 5.2.1). Die tägliche Erfassung basaler Funktionen wie Essen, Schlaf, Ruhe- und Aktivitätsphasen kann ebenfalls sinnvoll sein, um erste Therapieerfolge messen zu können. Die Tagebücher der Baseline-Phase sind die Grundlage für die Formulierung der ersten Therapieziele, die (langsam und schrittweise) eine Normalisierung von Alltagsaktivitäten, Essen, Schlafen, sozialen Aktivitäten und Schulbesuch ansteuern sollten (Garralda 1999). Symptomorientierte Therapien wie Krankengymnastik, Massagen etc. sind besonders in dieser ersten Phase wichtig. Physiotherapeuten sollten dabei über Diagnose und wahrscheinliche Genese der Störung vollständig informiert sein und eng mit dem betreuenden Psychotherapeuten zusammenarbeiten. Schlüsselfaktoren für eine Besserung sind die Steigerung von Selbstwert, Engagement und Mitarbeit des Patienten (1999).

7.6.4 Kasuistik: Lisa, zehn Jahre, somatoforme Schmerzstörung

Bei der zehnjährigen Lisa, die von ihrer Mutter in der kinder- und jugendpsychiatrischen Ambulanz vorgestellt wird, besteht eine somatoforme Kopfschmerzstörung mit zusätzlicher (schmerzbedingter) Gangstörung seit ca. sechs Monaten. Die Symptomatik hatte (typisch) mit einem Virusinfekt begonnen. Es bestehen verschiedene weitere Körpersymptome im Sinne einer Somatisierungsneigung. Die funktionelle Einschränkung ist erheblich: Lisa besucht seit dieser Zeit die Schule nicht mehr, geht überhaupt praktisch nicht mehr aus dem Haus und hat auch den Kontakt zu Freundinnen weitgehend aufgegeben. Dazu kommt in der letzten Zeit eine deutlich depressive Symptomatik mit gedrückter Stimmung, Interessenverlust und Apathie sowie sozialem Rückzug.

Zur biographischen Anamnese berichtet die Mutter, Schwangerschaft und Geburt seien medizinisch unauffällig verlaufen, sie selbst sei psychisch sehr belastet gewesen durch einen beruflich bedingten Umzug acht Wochen vor dem errechneten Termin. Lisa habe als Säugling sehr viel geschrien, unter Koliken gelitten, sie sei bis zum dritten Monat gestillt worden. Sie habe rezidivierende Otitiden bis zum Alter von zwei Jahren, mit drei Jahren Pertussis, später Mumps gehabt. Frei gelaufen sei sie mit ca. 14 Monaten, Sprechen habe sie „eher spät" angefangen, es sei aber kein genauer Zeitpunkt erinnerlich, sauber und trocken sei Lisa mit zwei Jahren gewesen. Ab vier Jahren folgte die problemlose Integration in den Kindergarten. Lisa wurde zeitgerecht eingeschult, besuchte gerne die Grundschule, habe schwer Lesen gelernt und deswegen eine Fördergruppe besucht. Bei berufsbedingtem Ortswechsel vor zwei Jahren seien erhebliche Anpassungsprobleme aufgetreten. In der vierten Klasse habe Lisa wegen einer „Blockade bei den Matheaufgaben" (Ausdruck der Mutter) massive Auseinandersetzungen mit ihr gehabt. Nach einigen Gesprächen habe Lisa dann ihren „Schuljob gut erledigt". Es folgte der Übergang auf das Gymnasium trotz Realschulempfehlung kurz vor Beginn der Symptomatik. Ab dem Alter von viereinhalb Jahren habe Lisa Reitunterricht erhalten, sie interessiere sich sehr für Pferde. Seit Beginn der Kopfschmerzen habe sie nicht mehr reiten können. Weiterhin habe Lisa mehrere Kaninchen und fahre gern Fahrrad.

Lisa wird eine Woche später stationär auf die Psychotherapiestation aufgenommen. In den ersten Wochen kommt ausschließlich die Mutter zu den Elterngesprächen, die sich große Sorgen um ihre Tochter macht. Der Vater sei geschäftlich unterwegs und beruflich so eingespannt, dass er nicht kommen könne.

Zu ihrer eigenen Biographie erzählt die Mutter, ihre Eltern hätten ein Weingut gehabt und immer hart gearbeitet. Sie sei das dritte von vier Kindern gewesen, ihre Mutter habe sie sehr auf schulischen Erfolg gedrillt, dabei auch mehrmals mit dem Kochlöffel geschlagen. Ihr Vater sei wenig zu Hause gewesen. Sie habe vor einigen Jahren den Kontakt zu ihren Eltern abgebrochen, nachdem sie das Gefühl gehabt habe, dass ihre Kinder bei Aufenthalten dort schlecht behandelt worden seien. Vor zwei Jahren sei ihr Vater gestorben, ohne dass es vorher wieder zu Kontakten gekommen sei. Sie selbst habe eine Ausbildung als pharmazeutisch-technische Assistentin in ihrer ersten Schwangerschaft abgebrochen und sei seitdem Hausfrau. Der Vater kommt nach einigen Wochen zu einem ersten Gespräch, er ist Abteilungsleiter einer Kaufhauskette. Leistung sei für ihn immer wichtig gewesen, auch seine Eltern hätten darauf geachtet. Seine Eltern sehe er gelegentlich, habe zu ihnen aber eigentlich eine, so wörtlich, „Nicht-Beziehung". Zu seiner Biographie gebe es ansonsten nichts zu berichten. Über Lisa könne seine Frau mehr berichten, die kenne sich besser aus und sei für die „Psycho"-Dinge eher zuständig.

Lisa hat zwei ältere Geschwister, die sehr erfolgreich und angeblich mit wenig Anstrengung das Gymnasium durchlaufen.

Die psychologische Testung ergibt eine durchschnittliche intellektuelle Begabung sowie eine deutliche Rechtschreibschwäche.

Arbeitshypothesen des therapeutischen Teams zu ursächlichen Faktoren fokussieren zunächst auf eine schulische Überforderung im Gymnasium (Beginn fiel auch mit Symptombeginn zusammen) bei einem hohen Leistungsanspruch in der Familie sowie ein fehlendes familiäres Modell für Ablösung und „Erwachsenwerden". Erst nach einigen Wochen deuten sich Paarkonflikte der Eltern an – der Vater hatte überlegt, sich zu trennen. Lisa war darüber sehr besorgt, und die Symptomwahl konnte auch als Versuch verstanden werden, den Vater „in der Familie zu halten". Lisa ist auf der Psychotherapiestation in ein multimodales kinder- und jugendpsychiatrisches Konzept eingebunden: Sie erhielt Einzelpsycho- und Einzelmusiktherapie sowie Krankengymnastik und Massagen, um die Gangstörung und die Kopfschmerzen symptomzentriert anzugehen. Symptomzentrierte Therapien erleichtern einen schrittweisen Rückgang der Symptomatik, auch weil sie dem Kind oder Jugendlichen einen ehrenhaften Ausgang („escape with honor") gestatten.

Anfänglich konnte Lisa aufgrund ihrer Gangstörung die Station nicht verlassen. Sie wurde jedoch ermutigt, es zu versuchen und Mitpatienten zu Aktivitäten zu begleiten. Blieb sie in der Zeit der Außenaktivität auf Station, so wurde sie nicht beschäftigt oder in angenehme Aktivitäten eingebunden. Sie äußerte bald den Wunsch, Aktivitäten mitmachen zu können und auch die – zehn Minuten entfernt liegende – Klinikschule zu besuchen. Ihr gelang täglich eine größere Laufstrecke, so dass sie nach zwei Wochen in der Lage war, an Außenaktivitäten teilzunehmen. Parallel erhielt sie die symptomzentrierten Therapien und führte ein Schmerztagebuch. Anfänglich schloss sie aus, den Schmerz beeinflussen zu können, er sei immer gleich. Nach einigen Wochen ging sie in der Besuchszeit mit ihren Eltern zum Reiten. Danach stellte sie fest, in dieser Stunde auf dem Pferd sei der Schmerz „ein ganz kleines bisschen weniger" gewesen.

Es ließ sich mit ihr ein Zusammenhang zwischen „Wohlfühlen" und Schmerzreduktion erarbeiten. Sie wurde angehalten, auf Wohlfühlen zu achten, außerdem wurden ihr Entspannungstechniken (mithilfe von Phantasiereisen) vermittelt. In der Musiktherapie begann sie, ihren Schmerz als lautes Hämmern auf den unteren Oktaven des Klaviers zu externalisieren. Tiere, besonders Pferde, waren für sie eine wichtige Ressource und konnten als „innere Helfer" ebenfalls bildnerisch und musikalisch ausgestaltet werden.

Ihre Stimmung besserte sich, auf Station konnte sie mittlerweile „normal" an allen Angeboten teilnehmen. Mit den Eltern wurde das Thema Leistung angesprochen, später auch die Möglichkeit einer „guten Art" von Selbständigwerden. Später malte Lisa in der Einzeltherapie Bilder von ihrer Angst, dass der Vater nicht wiederkommt; mit den Eltern konnten die Paarkonflikte thematisiert werden. Ein Übergang auf eine Realschule wurde gebahnt und ein Legasthenietraining eingeleitet. Ambulant erfolgte anschließend eine Einzeltherapie, die Eltern begannen eine Paartherapie. Bei Entlassung gab Lisa an, immer noch Kopfschmerzen zu haben (wenn auch weniger), und gefragt, wie lange sie glaube, dass die Kopfschmerzen noch blieben, sagte sie: „Noch so vier Monate". (Und so war es dann auch).

7.7 Prognose

Chronische und rezidivierende Schmerzen stellen kein einheitliches Krankheitsbild dar, sondern umfassen ganz unterschiedliche Krankheitsbilder wie z. B. die „unkomplizierte" Migräne oder die somatoforme Schmerzstörung. Deswegen können auch über die Prognose keine einheitlichen Aussagen gemacht werden. Ungünstige Verläufe können bedeuten, dass chronische Schmerzen bis in das Erwachsenenalter hinein bestehen oder dass psychische Störungen entweder persistieren oder neu auftreten bzw. sich aus der Schmerzerkrankung entwickeln. Sicher ist, dass psychiatrische Komorbidität einen prognostisch ungünstigen Faktor darstellt und deswegen auf jeden Fall in Diagnostik und Therapie einbezogen werden sollte.

7.7.1 Chronifizierung von Schmerz

Kinder und Jugendliche mit rezidivierenden Schmerzen haben ein erhöhtes Risiko für ein chronisches Schmerzproblem auch im Erwachsenenalter (z. B. Walker et al. 1995; Bille 1997; Brattberg 2004).

Es existieren wenige, allerdings nicht einheitliche Definitionen des **Chronifizierungsbegriffs**, die vorwiegend für das Erwachsenenalter entwickelt worden sind und am besten zu der Entwicklung chronischer Schmerzen aus einem akuten Schmerz heraus passen. Wesentlicher Faktor ist dabei die *Dauer* des Schmerzleidens: Nach Merskey (1983) werden Schmerzen über mindestens drei Monate als chronisch bezeichnet. Pinsky (Pinsky et al. 1979) spricht von einem chronischen, benignen Schmerzsyndrom bei Schmerzen über mehr als sechs Monate. Diese rein zeitliche Definition von Chronifizierung wird von verschiedenen Wissenschaftlern als artifiziell kritisiert (s. Gerbershagen 1986). Heute finden multidimensionale Konzepte Akzeptanz, die neben der zeitlichen wesentlich die psychosoziale Dimension als Chronifizierungskriterium postulieren. Hier wird der Grad der Chronifizierung nach der Stärke der Auswirkung auf das Erleben und Verhalten einer Person bestimmt. Das Chronifizierungsmodell, das Gerbershagen (1986) als Grundlage für Verlaufsdiagnostik und Therapieplanung vorschlägt, wird in Tab. 7 vorgestellt. Doch auch dieses Modell, das sich bei Erwachsenen als valide erwiesen hat (Gralow et al. 1995), berücksichtigt die Besonderheiten von Kindern und Jugendlichen nicht. Hier steht ein geeignetes Chronifizierungsmodell bisher nicht zur Verfügung.

Ebenfalls aus Studien an Erwachsenen weiß man, dass psychische Faktoren neben Beeinträchtigung durch den Schmerz, Schmerzintensität und Schmerzanamnese für die Schmerzchronifizierung eine wichtige Rolle spielen (z. B. Tait et al. 1989). Hierbei lässt sich zwischen zwei Gruppen von psychischen Faktoren unterscheiden: **psychosoziale Faktoren** (Chronifizierung als Folge sozialer Rückmeldeprozesse) und persönliche Faktoren im Sinne **psychiatrischer Komorbidität** (zu Letzterem s. Kap. 7.7.2).

Chronifizierungsfaktoren

- *Psychosoziale Faktoren:* Schmerz hat u. a. eine appellative Funktion und gestaltet soziale Interaktionen. Wichtige Chronifizierungsfaktoren sind dabei primärer, sekundärer sowie bei Kindern und Jugendlichen verstärkt auch tertiärer Krankheitsgewinn (s. a. Kap. 1.1.3). Beim **primären Krankheitsgewinn** dient das Schmerzsymptom der unbewussten Stabilisierung und vermeidet z. B., dass ein seelischer Konflikt in das Bewusstsein tritt. Als **sekundären Krankheitsgewinn** bezeichnet man soziale Verstärkung, z. B. in der Eltern-Kind-Beziehung, und die Zuwendung Dritter, z. B. Berentung. Die Symptomerhaltung wird dabei operant durch positive Verstärkung (Zuwendung und Aufmerksamkeit) und negative Bekräftigung (Vermeidung unangenehmer Tätigkeiten, „Bestrafung" von gesundem Verhalten) sowie durch Modelllernen (Lernen am familiären Vorbild, Übernahme einer Familienrolle) gefördert. Aus systemischer Sicht kommt diesen Funktionen

primärer, sekundärer und tertiärer Krankheitsgewinn

Tab. 7: Chronifizierungsmodell für Schmerzsyndrome nach Gerbershagen (1986)

Stadium	Schmerz	komplizierende Faktoren	Hilfesuchverhalten	Therapie
I: leichte Chronifizierung	Akut oder subakut, intermittierend, meist monolokulär	Wenige, vorhersagbar	Inanspruchnahme medizinischer Institutionen	Monodisziplinär, angemessene Medikation
II: mittlere Chronifizierung	Nicht akut hartnäckig, langanhaltend, seltene Intensitätswechsel, Ausdehnung auf Nachbarregionen	Vorhanden, oft mäßig ausgeprägte psychosomatische und/oder Persönlichkeitsstörungen	Häufiger Wechsel medizinischer Institutionen, oft unangemessen gesteigerte Medikation	Inter-, multidisziplinär
III: schwere Chronifizierung	Dauerschmerz, seltener Intensitätswechsel, multilokulär oder diffus wechselnd	Multipel, meist ausgeprägte psychosomatische oder Persönlichkeitsstörungen	„doctor shopping", oft langjähriger Medikamentenmißbrauch	Langfristig interdisziplinär, medizinisch und psychosomatisch, initial stationär

nicht nur Bedeutung auf Patientenseite, sondern auch auf Seite der Interaktionspartner zu, indem beispielsweise Fürsorgeverhalten eine Stabilisierung der Bindung bewirkt. Hier spricht man von **tertiärem Krankheitsgewinn**, d. h. Dritte wie z. B. Familienmitglieder haben einen Nutzen von der Symptomatik.

- *Protektive Faktoren:* Als protektive, einer Schmerzchronifizierung entgegenwirkende Faktoren konnten bei Erwachsenen mit chronischem Rückenschmerz die Fähigkeit zu direkter Kommunikation, v. a. Bitten um Hilfe und Entlastung sowie Ausdrücken von Wünschen nach Zuwendung und Zärtlichkeit, identifiziert werden (Hasenbring 1992).

▪ *Kindes- und Jugendalter:* Über Faktoren, die bei Kindern und Jugendlichen zur Schmerzchronifizierung beitragen, ist bislang leider erst wenig bekannt: In einer prospektiven epidemiologischen Studie an neun- bis zwölfjährigen Kindern mit muskuloskeletalen Schmerzen erwiesen sich weibliches Geschlecht, subjektive schmerzbedingte Beeinträchtigung und Tagesmüdigkeit als beste Prädiktoren für die Schmerzpersistenz ein Jahr nach Erstuntersuchung (Mikkelsson et al. 1998).

Eine Follow-up-Studie über 13 Jahre von 8- bis 14-Jährigen (Brattberg 2004) fand folgende Prädiktoren für eine Schmerzerkrankung im jungen Erwachsenenalter: weibliches Geschlecht, Rückenschmerzen oder mindestens wöchentliche Kopfschmerzen im Alter von 8 bis 14 Jahren sowie ein „Ja" auf die Frage „Bist du oft nervös?" im Alter von 10 bis 16 Jahren. Im Gegensatz dazu war ein „Ja" auf die Frage „Ist es für dich schwierig, deine Gefühle zu beschreiben?" prädiktiv für eine Angststörung im jungen Erwachsenenalter. Die größere Gefahr einer Schmerzchronifizierung bei Mädchen und Frauen ist epidemiologisch gut belegt (s. Berkley 1997) und hängt möglicherweise damit zusammen, dass selbst gesunde Frauen auf wiederholte schmerzhafte Reizung auch auf neurophysiologischer Ebene stärker reagieren als Männer (Sarlani/Greenspan 2002; s. Kap. 1.1.4).

Die Bedeutung von Schmerzsensibilisierungsprozessen, Schmerzbewältigungsverhalten, Lernfaktoren wie operanter Verstärkung und psychosozialen Belastungsfaktoren wurde im Kindes- und Jugendalter bislang nicht systematisch überprüft.

7.7.2 Psychiatrische Komorbidität

Psychiatrische Komorbidität von Schmerzerkrankungen ist eng mit einer schlechteren Prognose assoziiert und daher einer der wichtigsten Risikofaktoren für Schmerzchronifizierung. Psychiatrische Komorbidität ist am besten untersucht bei Kopf- und Bauchschmerzen im Kindes- und Jugendalter und zeigt dabei einen hohen Zusammenhang mit der Schmerzhäufigkeit (s. Kap. 3.1.2 und 3.1.3). Auf die Diagnostik einer möglicherweise vorhandenen Komorbidität wurde oben bereits eingegangen (s. Kap. 5.1.5).

Es gilt die Faustregel, dass bei Schmerzen, die etwa einmal wöchentlich oder öfter auftreten, ein relevantes Risiko einer psychiatrischen Komorbidität besteht.

Teufelskreis

Zwischen Schmerzen und psychiatrischer Komorbidität gibt es dabei wahrscheinlich wechselseitige Beziehungen (s. a. Kap. 3.1.3) im Sinne eines Teufelskreises: Chronische Schmerzen können zu Ängstlichkeit und Depressivität führen, diese können ihrerseits den Schmerz verstärken und über psychosomatische Mechanismen zu einer weiteren Chronifizierung beitragen. Diese führt zu einem Gefühl von Kontrollverlust und Hilflosigkeit, das seinerseits wieder mündet in Depression, Inaktivität, erhöhte Schmerzempfindlichkeit und reduzierte Schmerztoleranz. Bei erwachsenen Schmerzpatienten mit unterschiedlichen Schmerzdiagnosen korreliert das Chronifizierungsrisiko mit dem Ausmaß von Depressions- und Somatisierungssymptomen (Wurmthaler et al. 1996).

Bindeglied zwischen Schmerzchronifizierung und Komorbidität stellt möglicherweise die Art der (kognitiven und emotionalen) Schmerzverarbeitung und der Schmerzbewältigung dar. Dabei kann besonders die Tendenz, den Schmerz als bedrohlich und die eigenen Handlungsmöglichkeiten als minimal einzuschätzen, mit einem gesteigerten Maß depressiver Symptome einhergehen. Auch bei Kindern mit chronischen Schmerzen scheint die Schmerzbewältigungsstrategie eine wichtige Mediatorvariable zu sein: Bei einer Untersuchung von 148 Kindern mit chronischen Schmerzen und 253 gesunden Kindern fand sich ein deutlicher

Katastrophisieren

Zusammenhang zwischen einem **katastrophisierenden** Bewältigungsstil und erhöhten Depressivitäts- und Angstwerten sowie einer höheren Alltagsbelastung der Kinder. Katastrophisierender Bewältigungsstil scheint durch ängstliches Mütterverhalten beeinflusst zu werden (Zohsel et al. 2005). Diese Ergebnisse zeigen die Notwendigkeit auf, mit therapeutischen Interventionen hinzuwirken auf konstruktive Bewältigungsstile und die Ermutigung des Kindes zu mehr Selbständigkeit durch die Eltern.

Da psychiatrische Komorbidität für die Prognose von derart großer Bedeutung ist (und zusätzliches Leiden für Kind und Eltern bringt), sollte sie in einem individuellen Therapiekonzept immer berücksichtigt und behandelt werden (s. Kap. 7.5).

7.7.3 Kopf- und Bauchschmerzen im Kindes- und Jugendalter

Prognose von Migräne

Zur Prognose von kindlichen Kopfschmerzen gibt es bisher nur wenige Untersuchungen. Kindliche Migräne chronifiziert in etwa 60 % in das Erwachsenenalter hinein, wobei es zwischendurch häufiger zu mehrjährigen beschwerdefreien Intervallen kommt (Bille 1981). Im natürlichen Verlauf nimmt die Häufigkeit und Schwere von Migräneattacken nach dem 45. Lebensjahr bei beiden Geschlechtern langsam ab. Die Gefahr, dass sich aus einer episodischen Migräne eine chronische Migräne (mit 15 oder mehr Attacken pro Monat) entwickelt, ist nicht unerheblich: Bei 14 % der erwachsenen Migränepatienten einer Kopfschmerzambulanz passiert dies innerhalb eines Jahres. Dabei waren Risikofaktoren: Kopfschmerz an mehr als fünf Tagen pro Monat und Missbrauch von Kopfschmerzmedikamenten (Katsarava et al. 2004).

Kindlicher Kopfschmerz vom Spannungstyp scheint etwas seltener zu persistieren. Er besteht acht Jahre nach Erstauftreten immerhin noch bei 45 % der Kinder. Kopfschmerzsubtypen sind dabei nicht stabil, aus Migräne kann sich ein Kopfschmerz vom Spannungstyp entwickeln und umgekehrt. Vor der Pubertät leiden Jungen und Mädchen etwa gleich häufig an Kopfschmerzen. Nach der Pubertät sind etwa zweimal mehr Frauen als Männer betroffen, was wahrscheinlich auf hormonelle Faktoren zurückzuführen ist. Bei Jungen kommt es während der Pubertät zwei- bis dreimal häufiger als bei Mädchen zu einer spontanen Remission der Kopfschmerzen (Guidetti/Galli 1998).

Prognose von Spannungskopfschmerz

Kopfschmerzen im Kindes- und Jugendalter persistieren eher bis in das Erwachsenenalter, wenn eine psychiatrische Komorbidität besteht. Dabei steigt das Chronifizierungsrisiko mit der Anzahl der psychiatrischen Störungen. In einer größeren Untersuchung blieb bei 85 % der Kinder und Jugendlichen mit multiplen psychiatrischen Störungen der Kopfschmerz bestehen, dagegen nur bei 60 % der psychiatrisch unauffälligen Patienten. Alle Kinder, bei denen der Kopfschmerz verschwand, waren frei von psychiatrischen Störungen (Guidetti et al. 1998).

Kopfschmerz und Komorbidität

Kinder und Jugendliche mit „chronischem, täglichem Kopfschmerz" (durchschnittlich an mehr als 15 Tagen im Monat) wurden in einer Follow-up-Studie vier Jahre später untersucht (Galli et al. 2004): Zu diesem Zeitpunkt litten noch 71 % unter Kopfschmerzen, wenn auch bei über der Hälfte die Kopfschmerzhäufigkeit abgenommen hatte. Damit ist die Gefahr der Chronifizierung für chronische Kopfschmerzen höher als bei Kopfschmerzformen mit selteneren Attacken. Diese hohe Chronifizierungsrate erhält zusätzliches Gewicht durch die Tatsache, dass den Kindern und Jugendlichen und ihren Familien aus der zitierten Untersuchung in der Zwischenzeit eine abgestufte multimodale Therapie angeboten wurde, die die Komorbidität

chronischer Kopfschmerz

explizit berücksichtigte. Psychiatrische Komorbidität war bei „chronischem, täglichem Kopfschmerz" höher als in anderen Kopfschmerzgruppen. Im Gegensatz zum Erwachsenenalter, wo Medikamentenmissbrauch eine wichtige Rolle bei der Schmerzchronifizierung spielt, scheint dieser Faktor bei Kindern und Jugendlichen keine oder weniger Bedeutung zu haben (Galli et al. 2004; Bigal et al. 2005).

Die Entwicklung von „chronischem, täglichem Kopfschmerz" über die Zeit hinweg scheint typische Charakteristika aufzuweisen: Wenn sich aus einer Migräne bei Jugendlichen chronischer Kopfschmerz entwickelt, so erfüllt dieser in den ersten Jahren oft die Kriterien einer „chronischen Migräne" (also 15 oder mehr Migräneattacken pro Monat). Dahingegen treten mit längerer Erkrankungsdauer weniger typische Migräneattacken auf, so dass eher von einem „chronischen, täglichen Kopfschmerz" oder einer „transformierten Migräne" gesprochen werden kann (15 Kopfschmerzattacken pro Monat, die nicht unbedingt die Migränekriterien erfüllen müssen; Bigal et al. 2005).

Prognose kindlicher Bauchschmerzen

Auch zur Prognose rezidivierender kindlicher Bauchschmerzen lassen sich allgemein gültige Aussagen schwer treffen, weil es sich um eine heterogene Sammlung verschiedener Krankheitsbilder mit mehr oder weniger ausgeprägter Komorbidität handelt. Analog zu den Kopfschmerzen gilt, dass sich mit dem Ausmaß von Somatisierung und anderer psychiatrischer Komorbidität das Outcome verschlechtert. Die wenigen verfügbaren Studien sind widersprüchlich: In einer Follow-up-Studie hatten sich die Bauchschmerzen bei mehr als 70 % der Kinder deutlich verbessert (Croffie et al. 2000). Andere Autoren sprechen davon, dass bei etwa jedem zweiten Kind die Symptomatik über viele Jahre bis hinein in Adoleszenz oder Erwachsenenalter persistiert (Mühlig/Petermann 1997). Unumstritten ist jedoch die lebenslang höhere Inzidenz gastrointestinaler Symptome bei den erwachsen gewordenen ehemaligen „Bauchschmerzkindern". Bei einem Teil der Fälle – wahrscheinlich denen mit „abdomineller Migräne" – geht der Bauchschmerz in eine Migräne über (Christensen/Mortensen 1975).

Bevorzugte Schmerzbewältigungsstile scheinen zwischen Kindern mit Kopf- und solchen mit Bauchschmerzen zu differieren: Kinder mit Bauchschmerzen tendieren zu dem (häufig mit psychiatrischer Komorbidität assoziierten) katastrophisierenden Bewältigungsstil, während Kinder mit rezidivierenden Kopfschmerzen in Schmerzsituationen weniger positive Selbstermutigung angaben (Zohsel et al. 2005).

Um eine möglichst günstige Prognose zu erzielen, ist es dringend geboten, psychiatrische Komorbidität bei Kindern mit chronischen oder rezidivierenden Schmerzen frühzeitig zu erkennen und ausreichend zu behandeln.

7.7.4 Somatoforme Störungen

Da somatoforme Störungen im Kindes- und Jugendalter oft nicht (völlig) die diagnostischen Kriterien nach DSM oder ICD-10 erfüllen, gibt es keine Studien zum Langzeitverlauf oder der Prognose. Auch hier ist die (sehr ausgeprägte) Komorbidität mit depressiven und Angststörungen wahrscheinlich prognostisch relevant. Somatisierung im Kindes- und Jugendalter führt oft zu funktionellen Einschränkungen und massiver Inanspruchnahme medizinischer Dienste. Häufig sind Schulschwierigkeiten und Schulabwesenheit – dies führt nicht selten zu nachlassenden Schulleistungen und sogar Schulabbrüchen. Es besteht weiter die Gefahr der iatrogenen Schädigung (und der weiteren Chronifizierung) durch medizinisch unnötige Untersuchungen und Behandlungen bis hin zu chirurgischen Eingriffen. Bei bis zu 20 % der Kinder und Jugendlichen mit rezidivierenden Bauchschmerzen erfolgen invasive medizinische Interventionen von zweifelhafter Notwendigkeit (Stickler/Murphy 1979). Hohe sozioökonomische Kosten entstehen nicht nur durch die hohen Kosten für medizinische Versorgung, sondern auch durch die lange Krankheitszeit bei Chronifizierung in das Erwachsenenalter, den Ausfall des Patienten und die Verminderung der Produktivität seiner Familie.

Häufige und wechselnde Inanspruchnahme medizinischer Institutionen im Sinne eines „doctor shopping" sind dabei ein wichtiger Faktor für eine schlechte Prognose von Somatisierung oder somatoformen Störungen: Bei Kindern mit schweren funktionellen Bauchschmerzen blieben Schmerzen und psychosoziale Beeinträchtigungen (z. B. beeinträchtigter oder unmöglicher Schulbesuch) eher bestehen, wenn bisher mehr als drei Ärzte konsultiert worden waren, die Familie Kontakt zu psychotherapeutisch arbeitenden Stellen ablehnte und kein Verständnis für psychosoziale Zusammenhänge etabliert werden konnte (Lindley et al. 2005).

doctor shopping

Bei Patienten mit ausgeprägter Somatisierung oder somatoformen Störungen ist die konstruktive Einbindung der Familie in einen interdisziplinären diagnostisch-therapeutischen Prozess mit allmählichem Erarbeiten von Verständnis auch für psychosoziale Einflussfaktoren erste und unumgängliche Voraussetzung einer chancenreichen Therapie. Dafür müssen Therapeuten, die mit chronisch schmerzkranken Kindern und Jugendlichen arbeiten, wohlwollend und hartnäckig in kleinen Schritten mit dem Patienten und seiner Familie verhandeln, um ihre Ziele allmählich von „sofortiger Heilung" zu „langfristigem Selbst-Management der chronischen Symptomatik mit Schmerzen und anderen Symptomen" zu verschieben. Das ist manchmal aufreibend, oft schwierig und erfordert eine hohe Kompetenz zum immer wieder neuen Ausbalancieren der – bei diesen Störungsbildern besonders fragilen – therapeutischen Beziehung. Im günstigsten Fall gelingt jedoch eine Weichenstellung für das Kind oder den Jugendlichen und seine Familie, die einen Weg hin zu mehr Selbstbestimmung, emotionaler Achtsamkeit, klarerer Kommunikation – und weniger Schmerzen – eröffnet.

7.8 Organisatorisches, Kassenanträge

Gutachterverfahren

Seit Jahrzehnten muss entsprechend den Psychotherapie-Richtlinien und Psychotherapie-Vereinbarungen bei jedem Kassenantrag auf Psychotherapie das so genannte Gutachterverfahren eingeleitet werden. Im Gutachterverfahren überprüft ein von der Krankenkasse ausgewählter und beauftragter, für diese Aufgabe besonders qualifizierter Fachgutachter nach Aktenlage, ob eine Indikation – entsprechend der Kriterien von Notwendigkeit und Wirtschaftlichkeit – für die geplante psychotherapeutische Behandlung vorliegt.

Als Kommentar zu den Psychotherapie-Richtlinien wird empfohlen: Faber/Haarstrick (2003): Kommentar Psychotherapie-Richtlinien. Als Hilfe zur Antragsverfassung generell empfiehlt sich: Keil-Kuri (2005): Kassenanträge – Denkanstoß statt Angstpartie.

Therapiedauer

In der Kinder- und Jugendlichenpsychotherapie kann sowohl tiefenpsychologisch fundierte als auch analytische Psychotherapie durchgeführt werden. Die Begrenzung der Stundenzahlen ist für beide Verfahren gleich, da eine exakte Unterscheidung – insbesondere in der Kinderpsychotherapie – nicht begründet werden kann (Keil-Kuri 2005): Für beide Verfahren ist die normale Therapiedauer mit 90 Sitzungen à 50 Minuten festgelegt, eine Verlängerung um weitere 50 auf 140 Sitzungen ist möglich. 180 Sitzungen gelten in der Regel für beide Therapieformen als Höchstgrenze.

Für entsprechende Gruppentherapieformen beträgt die normale Dauer 40 Doppelstunden. Diese kann um 20 Doppelstunden (und in Ausnahmefällen nochmals um 30 Doppelstunden) verlängert werden.

Die Kurzzeittherapie bei Kinder- und Jugendlichen umfasst – wie in der Erwachsenentherapie – 25 Sitzungen, dazu kommen Erstgespräch und fünf probatorische Sitzungen. Wenn sich erweist, dass die Kurzzeittherapie nicht ausreicht, so ist nach höchstens 20 der 25 Sitzungen ein Umwandlungsantrag wie bei Erwachsenen erforderlich.

Bei Kindern und jüngeren Jugendlichen umfassen alle diese Therapieformen eine begleitende Therapie der Bezugspersonen (meist der Eltern oder eines Elternteils) im Verhältnis von 4:1, d. h. es finden monatliche Elternkontakte statt. Auch diese können je nach Setting einzeln oder in der Gruppe gestaltet werden.

Bezugspersonen

Eine behandlungsbedürftige seelische Krankheit im Sinne der Psychotherapie-Richtlinien kann sich äußern in (Faber/Haarstrick 2003):

- seelischen Symptomen,
- körperlichen Symptomen und
- krankhaften Verhaltensweisen.

Seelische Krankheit kann durch seelische oder durch körperliche Faktoren sowie durch eine Mischung aus beidem verursacht sein. Jeder psychotherapeutischen Behandlung muss daher zwingend eine ausreichende Diagnostik und Differentialdiagnostik mit gründlicher körperlicher und psychischer Untersuchung vorausgehen. Die Richtlinien betonen die Wichtigkeit einer ätiologischen Betrachtungsweise: Die Behandlung seelischer Krankheiten setze voraus, dass das Krankheitsgeschehen als ein ursächlich bestimmter Prozess gesehen wird. Daher wird in den Richtlinien sowohl bei psychoneurotischen als auch bei vegetativ-funktionellen und psychosomatischen Störungen eine „gesicherte psychische Ätiologie" gefordert.

Das heißt für die Therapie von chronischen oder rezidivierenden Schmerzen, dass eine wesentliche Beteiligung psychodynamischer Faktoren am Schmerzgeschehen oder/und eine nennenswerte psychiatrische Komorbidität erkennbar sein und im Kassenantrag dargelegt werden sollten. Im Kindes- und Jugendalter ist ein wesentliches Kriterium für die Behandlungsbedürftigkeit seelischer Störungen dann gegeben, wenn dem Alter entsprechende Entwicklungsaufgaben (z. B. Eingliederung in

Schule oder Peergroup im frühen Schulalter, Ablösung von den Eltern in der Adoleszenz etc.) nicht oder nur noch ungenügend erfüllt werden können.

Anträge für Kinder- und Jugendlichenpsychotherapie sind komplizierter als für Erwachsene. Die Anamnese und Vorgespräche müssen in der Regel sowohl mit dem Kind als auch mit den wichtigsten Bezugspersonen (in der Regel den Eltern) geführt werden. Ein Bericht zum Erst- oder Umwandlungsantrag sollte dabei die folgenden Punkte adressieren (Keil-Kuri 2005; dort finden sich auch ausführlichere Informationen):

1) Angaben zur spontan berichteten und erfragten Symptomatik
2) Kurze Darstellung der lebensgeschichtlichen Entwicklung
3) Krankheitsanamnese
4) Psychischer Befund zum Zeitpunkt der Antragsstellung
5) Somatischer Befund bzw. Konsiliarbericht
6) Psychodynamik der neurotischen Erkrankung
7) Schilderung der familiären Situation (Eltern/Beziehungsperson)
8) Neurosenpsychologische Diagnose zum Zeitpunkt der Antragsstellung
9) Behandlungsplan und Zielsetzung der Therapie
10) Prognose der Psychotherapie
11) Dient der Erstantrag einer Umwandlung von Kurzzeittherapie in Langzeittherapie?

Kurzzeittherapie-Anträge für Kinder und Jugendliche werden analog der Erwachsenentherapie nach folgendem Leitfaden gestellt (Keil-Kuri 2005):

1) Konkrete Beschreibung der aktuellen Symptome
2) Für die psychische Störung relevante Aspekte der Lebensgeschichte, einschließlich des Zeitpunktes der Entstehung der zu behandelnden Symptome und Angaben zur auslösenden Situation
3) Psychischer Befund, aktueller Entwicklungsstand und Beziehungsgestaltung in der Erstbegegnung
4) Beschreibung der Psychodynamik des zu behandelnden neurotischen Konfliktes und neurosenpsychologische Diagnosestellung
5) Diagnose ICD-10
6) Darlegung der Einflussbedingungen durch bedeutsame Beziehungspersonen und deren Umstellungsfähigkeit

7) Beschreibung des Behandlungsfokus
8) Falls kein fokaler Konflikt erkennbar ist, Begründung für die Indikation zur Kurzzeittherapie
9) Prognose

Der Psychotherapeut hat dazu im „Bericht an den Gutachter" diesen umfangreichen Fragenkatalog in freier Form zu beantworten. Er soll diesem ermöglichen, die Überlegungen des Therapeuten im Detail nachzuvollziehen, die in einer spezifischen Behandlungskonzeption münden. Beim Fortsetzungsantrag sollen dann Symptomveränderungen und Ergänzungen zur Anamnese, Psychodynamik und Diagnose nachgetragen und der bisherige Therapieverlauf, die eingesetzten Methoden und die damit erreichten Ergebnisse ausführlich dargelegt werden. Auch vorgenommene Änderungen des Therapieplanes und der Prognose sollen erörtert werden. Beim dritten und letzten Antrag für Ausnahmefälle muss zusätzlich noch eine ausführliche Begründung für die Notwendigkeit des Überschreitens der Regelgrenzen hinzugefügt werden.

Bei den Patienten mit chronischen und rezidivierenden Schmerzen, die eine Psychotherapie am dringendsten brauchen, ist der Widerstand (bei Kindern und Jugendlichen v. a. der der Familien) gegen psychodynamische Erklärungsfaktoren ebenso wie gegen eine Psychotherapie oft am größten. Das kann auch bei der Antragsschreibung zu Schwierigkeiten führen: Nach den ersten Gesprächen wird nämlich oft kein expliziter Konflikt fassbar, und die Beteiligung psychodynamischer Faktoren ist zwar für den Therapeuten sehr gut spürbar (u. a. eventuell durch Schwierigkeiten in der Beziehungsgestaltung), lässt sich aber schlecht explizit formulieren. Hierbei ist der Therapeut dann umso mehr, schreibt Keil-Kuri (Keil-Kuri/Görlitz 1999, 101),

> „auf seine nonverbale Wahrnehmung und Intuition als Erkenntnisinstrument angewiesen, ebenso wie auf seine Gegenübertragung, die er detailliert analysieren sollte. Er sollte sich auch Phantasien erlauben und ev. Hypothesen darüber bilden, warum der Patient so retentiv ist. Und sich durchaus trauen, dies offen im Antrag darzulegen."

Auch die Schwierigkeiten in der Beziehungsgestaltung (und die möglicherweise häufigen vorausgegangenen Beziehungsabbrüche mit anderen „Helfern") sollten im Antrag beschrieben werden.

8 Synopsis

Das vorliegende Buch soll Berufsgruppen, die therapeutisch mit unter chronischen oder rezidivierenden Schmerzen leidenden Kindern und Jugendlichen arbeiten, sowohl theoretische Grundlagen über die Hintergründe von Schmerzverarbeitung und klinische Erscheinungsformen von Schmerzsyndromen als auch praktische Anregungen zur (psycho)therapeutischen Einflussnahme vermitteln.

Anatomische, physiologische und psychologische Grundlagen von Schmerzwahrnehmung, -verarbeitung und -bewältigung werden dargestellt. Schmerz ist keine 1:1-Abbildung äußerer Reize, sondern eine konstruktive Leistung des Organismus, die in einem komplizierten Wechselspiel von äußeren Faktoren (z.B. Reiz), strukturellen Voraussetzungen (auf anatomischer und psychischer Ebene) und psychologischen Faktoren (z.B. Angst, Bewertung etc.) immer wieder neu entsteht. Nach Einführung in gängige schmerztheoretische Modelle wie z.B. die „gate-control"-Theorie, operante Modelle sowie integrative biopsychosoziale und systemtheoretische Ansätze wird besonders auf die durch die kindliche Entwicklung entstehenden Besonderheiten sowohl neurophysiologischer als auch psychischer Prozesse eingegangen: Bei Geburt ist zwar schon die neuroanatomische Grundarchitektur vorhanden, die die Empfindung von Schmerzen ermöglicht – affektiv-emotionale Schmerzwahrnehmung und -reaktion werden jedoch wahrscheinlich erst im Zusammenspiel mit Ausreifung verschiedener Systeme und Schmerzerfahrungen erlernt und unterliegen Reifungsveränderungen während der Kindheit. Dabei ist die Bewertung von Schmerz eng mit der Ausreifung psychischer Strukturen verzahnt, so verändert sich z.B. das Körperschema noch maßgeblich während der ersten Schuljahre.

Die Symptomatik von kindlichen Kopfschmerzen wird vor dem Hintergrund der diagnostischen Kriterien der Internationalen Kopfschmerzgesellschaft (IHS) beschrieben. Dabei wird auch auf die Schwierigkeiten bei der Klassifikation kindlicher Kopfschmerzen eingegangen. Rezidivierende kindliche Bauchschmerzen können ein Migräneäquivalent darstellen, auch hierzu werden diagnostische Kriterien aufgeführt. Multiple Schmerzen wechselnder Lokalisation stellen ein Somatisierungsphänomen dar, hier sind die Übergänge zu Somatisierungsstörungen oder somatoformen Schmerzstörungen fließend.

Das Phänomen „Schmerz" kann bei völlig unterschiedlichen Erkrankungen wesentliche Bedeutung erlangen. Dabei kann eine organische Genese eine entscheidende (z. B. postoperativer Schmerz, Tumorschmerz) bis nahezu keine Rolle spielen (z. B. somatoforme Schmerzstörung). Psychische Faktoren sowie psychiatrische Komorbiditäten spielen beim Symptom „Schmerz" eine wichtige modulierende Rolle. Die sich daraus ergebenden unterschiedlichen Implikationen für eine therapeutische Strategie werden berücksichtigt, wobei somatoforme Störungen einen weiteren Schwerpunkt der Darstellung bilden. Für den eigenen therapeutischen Alltag werden praxisnah immer wieder Fallvignetten eingeflochten sowie konkrete therapeutische Interventionen mit Beispielen beschrieben. Auf Fallen und vermeidbare Fehler wird hingewiesen.

Rezidivierende Schmerzen haben in den letzten Jahrzehnten bei Kindern und Jugendlichen deutlich an Häufigkeit zugenommen, in manchen Studien wird von einer Prävalenz von über 25 % gesprochen. Mädchen sind zumindest nach der Pubertät häufiger betroffen als Jungen. Bei vielen Kindern und Jugendlichen wird die Schmerzerkrankung durch psychische Probleme bis hin zu manifester psychiatrischer Komorbidität begleitet. Die beschriebenen Schmerzerkrankungen verursachen häufig nicht nur eine deutliche Verminderung der Lebensqualität, sondern auch erhebliche direkte und indirekte Kosten durch Inanspruchnahme medizinischer Leistungen, aber auch durch Arbeits- und Produktivitätsausfall der pflegenden Eltern. Vermehrte Schulfehlzeiten der betroffenen Kinder selbst können zu Folgeproblemen wie z. B. Schulstörungen, verminderte Ausbildungschancen etc. führen.

Verschiedene Modelle zur Pathophysiologie der Migräne (im Sinne einer eher neurologischen Erkrankung) werden vorgestellt und diskutiert. Somatisierungsphänomene werden durch individuelle und familiäre Faktoren begünstigt. Die Diagnostik sollte bei Schmerzsyndromen immer multidimensional erfolgen – als Instrumente stehen u. a. standardisierte Skalen zur Schmerzmessung, Schmerztagebücher und multiaxiale Klassifikationssysteme zur Verfügung. Das persönliche Gespräch mit einer gründlichen somatischen, psychischen und sozialen Anamnese bleibt jedoch unersetzlich. Die verwendete Diagnostik sollte sowohl an die klinische Symptomatik des Schmerzsyndroms sowie an das vermutete Ausmaß aufrechterhaltender psychodynamischer Faktoren angepasst sein. Psychische Probleme im Sinne einer psychiatrischen Komorbidität sollten dabei immer erfasst werden.

Therapeutische Möglichkeiten für die genannten Schmerzerkrankungen (und ihre Indikationen) werden auf der Basis neuester wissenschaftlicher Erkenntnisse zunächst grundlegend dargestellt. Die Evidenzbasierung im Bereich der Therapie chronischer und rezidivierender Schmerzen ist bei Kindern und Jugendlichen sehr schmal (viel schmaler als bei Erwachsenen), viele Leitlinien stützen sich auf Expertenempfehlungen. Die Empfehlungen für kindliche Kopf- und Bauchschmerzen sowie somatoforme Störungen werden vorgestellt, wobei eine Fülle von Therapieelementen zum Einsatz kommen kann (inkl. Medikation).

Einzelne Elemente psychotherapeutischer Interventionen werden praktisch vorgestellt, die sich untereinander zu individuellen Programmen kombinieren lassen. Die Darstellung der therapeutischen Interventionen folgt dabei dem „Bauchladenprinzip". Je nach Bedarf können sich die Leser einzelne oder mehrere therapeutische Interventionen auswählen und in ihrer Praxis umsetzen, es werden keine geschlossenen Programme angeboten. Das „Bauchladenprinzip" hat sich auch in der Arbeit mit kindlichen Schmerzpatienten als sehr hilfreich erwiesen: Lernt der Patient, für sich auszuwählen, was ihm hilft (und anderes zurückzuweisen), ist schon ein wichtiger Therapieschritt erreicht. Die therapeutischen Elemente sind in Basis- und zusätzliche Elemente unterteilt, um bei weniger stark ausgeprägten Symptomen oder bei institutionell eingeschränkten personellen und finanziellen Ressourcen hilfreiche Minimalinterventionen zu ermöglichen oder im Sinne eines „Stufenplanes" Therapieangebote individuell zuschneiden zu können.

Die Einbeziehung der Eltern und ggf. der Familieninteraktion in die Behandlung stellt dabei einen wichtigen Wirkfaktor dar. Die Prognose ist je nach Schmerzerkrankung sehr unterschiedlich, wobei psychiatrische Komorbidität einen wichtigen Risikofaktor für eine Schmerzchronifizierung darstellt und deswegen unbedingt in das Behandlungskonzept einbezogen werden sollte.

9 Ausbildung, Weiterbildung

Die Weiterbildung für Psychotherapie von chronischen und rezidivierenden Schmerzen bei Kindern und Jugendlichen ist noch nicht einheitlich und verbindlich geregelt. Für die Erwachsenentherapie gibt es mittlerweile Richtlinien für eine Zusatzausbildung in spezieller Schmerzpsychotherapie, auf die sich die **DGSS** – Schmerzgesellschaften Deutsche Gesellschaft zum Studium des Schmerzes, **DGPSF** – Deutsche Gesellschaft für Psychologische Schmerztherapie und -forschung, **DGMK** – Deutsche Migräne- und Kopfschmerzgesellschaft und das **STK** – Schmerztherapeutische Kolloquium/Deutsche Gesellschaft für Schmerztherapie geeinigt haben: Seminare, die im Rahmen der Zusatzausbildung „Spezielle Schmerzpsychotherapie" nach diesen Richtlinien verfahren, werden gegenwärtig beispielsweise in Berlin, Bad Salzuflen, Bochum, Mainz und München angeboten. Die Ausbildung ist Psycholog(inn)en vorbehalten, die sich in einer Psychotherapieausbildung befinden bzw. diese schon mit der Approbation abgeschlossen haben. 80 Theoriestunden können dabei an fünf zweitägigen Seminareinheiten absolviert werden. Weitere Informationen zum Aufbau der Zusatzausbildung, Kontakt und Anmeldung gibt es unter www.schmerzpsychotherapie.info.

spezielle Schmerzpsychotherapie

Einige Ausbildungsinstitute (z. B. für Verhaltenstherapie oder Hypnose) bieten entweder einzelne Seminare zur Psychotherapie von Schmerzen und Schmerzsyndromen an oder aber haben ein entsprechendes Modul in ihr Ausbildungscurriculum integriert. Hierzu empfiehlt es sich, bei den entsprechenden Ausbildungsinstituten direkt anzufragen.

Vom Institut für Kinderschmerztherapie und pädiatrische Palliativmedizin (IKP) der Vestischen Kinderklinik Datteln wird ein Curriculum „Zusatz-Weiterbildung Palliativversorgung von Kindern und Jugendlichen" angeboten, das sich allerdings v. a. an Kinderkrankenschwestern und -pfleger sowie Kinderärzte/-innen (ferner auch psychosoziale Mitarbeiter/-innen) wendet und vier Einheiten à einer Woche umfasst. Das Curriculum kann unter www.schmerzen-bei-kindern.de heruntergeladen werden.

Über verschiedene Internetforen (z. B. über „Schmerz-online", ein Institut mit Internetplattform für schmerztherapeutische Fort- und Weiterbildung: www.schmerz-online.de) finden sich Informationen über verschiedene Fort- und Weiterbildungsmöglichkeiten zum Thema Schmerztherapie (s. a. Internetlinks unter 11.1).

10 Literatur

Abu-Arafeh, I. (2001). Chronic tension-type headache in children and adolescents. Cephalalgia 21 (8): 830–6.
– u. G. Russell (1994). Prevalence of headache and migraine in schoolchildren. BMJ 309 (6957): 765–9.
Achenbach, T. M. (1991). Manual for the Child Behavior Checklist/4–18 and 1991 Profile. Department of Psychiatry, University of Vermont.
Afra, J., A. Ambrosini, R. Genicot, A. Albert u. J. Schoenen (2000a). Influence of Colors on Habituation of Visual Evoked Potentials in Patients With Migraine With Aura and in Healthy Volunteers. Headache 40 (1): 36–40 [Record as supplied by publisher].
–, A. P. Cecchini, V. De Pasqua, A. Albert u. J. Schoenen (1998a). Visual evoked potentials during long periods of pattern-reversal stimulation in migraine. Brain 121 (Pt 2): 233–41.
–, –, P. S. Sandor u. J. Schoenen (2000b). Comparison of visual and auditory evoked cortical potentials in migraine patients between attacks. Clin Neurophysiol 111 (6): 1124–9.
–, A. Mascia, P. Gerard, A. M. de Noordhout u. J. Schoenen (1998b). Interictal cortical excitability in migraine: a study using transcranial magnetic stimulation of motor and visual cortices. Ann Neurol 44 (2): 209–15.
Alex, M. R. u. J. A. Ritchie (1992). School-aged children's interpretation of their experience with acute surgical pain. J Pediatr Nurs 7 (3): 171–80.
Almy, T. P. (1951). Experimental studies on the irritable colon. Am J Med 10 (1): 60–7.
Ambrosiani, P. (2000). A review of pharmacotherapy of major depression in children and adolescents. Psychiatr Serv 51: 627–33.
Ambrosini, A., A. M. de Noordhout, P. S. Sandor u. J. Schoenen (2003a). Electrophysiological studies in migraine: a comprehensive review of their interest and limitations. Cephalalgia 23 (Suppl 1): 13–31.
–, P. Rossi, V. De Pasqua, F. Pierelli u. J. Schoenen (2001). Correlation between deficit of habituation and intensity dependence of auditory evoked potentials in migraine [abstract]. Cephalalgia 21: 528.
–, –, –, – u. – (2003b). Lack of habituation causes high intensity dependence of auditory evoked cortical potentials in migraine. Brain 126 (Pt 9): 2009–15.
Apley, J. (1975). The child with abdominal pain. Oxford, Blackwell.
– u. N. Naish (1958). Recurrent abdominal pains: a field survey of 1,000 school children. Arch Dis Child 33 (168): 165–70.

Bach, M. u. D. Bach (1996). Alexithymia in somatoform disorder and somatic disease: a comparative study. Psychother Psychosom 65 (3): 150–2.
Baer, U. (1999). 666 Spiele: für jede Gruppe, für alle Situationen. Seelze, Kallmeyersche Verlagsbuchhandlung GmbH.
Bauer, P. J. u. G. A. A. Dow (1994). Episodic memory in 16- and 20-month old children: Specifics are generalized, but not forgotten. Developmental Psychology 30: 403–17.
Belter, R. W., J. A. McIntosh, A. J. Finch u. C. F. Saylor (1988). Preschoolers ability to differentiate levels of pain: Relative efficacy of three self-report measures. Journal of Clinical Child Psychology 17: 329–35.

Bender, S., M. Weisbrod, U. Just, U. Pfuller, P. Parzer, F. Resch u. R. Oelkers-Ax (2002). Lack of age-dependent development of the contingent negative variation (CNV) in migraine children? Cephalalgia 22 (2): 132–6.
Bendtsen, L. (2000). Central sensitization in tension-type headache – possible pathophysiological mechanisms. Cephalalgia 20 (5): 486–508.
Benrath, J. u. J. Sandkühler (2000). Nozizeption bei Früh- und Neugeborenen. Schmerz 14 (5): 297–301.
Berkley, K. J. (1997). Sex differences in pain. Behav Brain Sci 20 (3): 371–80; discussion 435–513.
Bernstein, G. A., E. D. Massie, P. D. Thuras, A. R. Perwein, C. M. Borchardt u. R. D. Crosby (1997). Somatic symptoms in anxious-depressed school refusers. J Am Acad Child Adolesc Psychiatry 36: 661–8.
Besken, E. u. U. Mohn (1994). Verhaltensmedizinische Behandlung chronischer Kopfschmerzen. In: Petermann/Wiedebusch/Kroll (1994): 191–211.
Bigal, M., F. Sheftell, S. Tepper, A. Rapoport u. R. Lipton (2005). Migraine days decline with duration of illness in adolescents with transformed migraine. Cephalalgia 25 (7): 482–7.
Bille, B. (1962). Migraine in School Children. Acta Paediatrica 51 (Suppl 136): 1–51.
– (1981). Migraine in childhood and its prognosis. Cephalalgia 1 (2): 71–5.
– (1997). A 40-year follow-up of school children with migraine. Cephalalgia 17: 488–91.
Boey, C. C., A. Omar u. J. Arul Phillips (2003). Correlation among academic performance, recurrent abdominal pain and other factors in year-6 urban primary-school children in Malaysia. J Paediatr Child Health 39 (5): 352–7.
Bohotin, V., A. Fumal, M. Vandenheede, P. Gerard, C. Bohotin, A. M. de Noordhout u. J. Schoenen (2002). Effects of repetitive transcranial magnetic stimulation on visual evoked potentials in migraine. Brain 125 (Pt 4): 912–22.
Bolay, H. u. M. A. Moskowitz (2002). Mechanisms of pain modulation in chronic syndromes. Neurology 59 (5, Suppl 2): S2–7.
Bomholt, S. F., J. D. Mikkelsen u. G. Blackburn-Munro (2005). Antinociceptive effects of the antidepressants amitriptyline, duloxetine, mirtazapine and citalopram in animal models of acute, persistent and neuropathic pain. Neuropharmacology 48 (2): 252–63.
Bonica, J. J. (1990). The management of pain. Philadelphia, Lea and Febinger.
Brähler, E. (1992). Gießener Beschwerdebogen für Kinder und Jugendliche (GBB-KJ). Bern/Göttingen/Toronto, Huber.
– u. J. W. Scheer (1995). Gießener Beschwerdebogen (GBB). Bern/Göttingen/Toronto/ Seattle, Huber.
Branson, S. M. u. K. D. Craig (1988). Children's spontaneous strategies for coping with pain: A review of the literature. Canadian Journal of Behavioral Science 20: 402–12.
–, P. J. McGrath, K. D. Craig, S. Z. Rubin u. C. Vair (1990). Spontaneous strategies for coping with pain and their origins in adolescents who undergo surgery. Advances in Pain Research and Therapy 15: 237–45.
Brattberg, G. (2004). Do pain problems in young school children persist into early adulthood? A 13-year follow-up. Eur J Pain 8 (3): 187–99.
Bremerich, d. h., G. Neidhart, B. Roth, P. Kessler u. M. Behne (2001). *Postoperative Schmerztherapie im Kindesalter. Ergebnisse einer repräsentativen Umfrage in Deutschland*. Anaesthesist 50 (2): 102–12.
Breslau, N. u. G. C. Davis (1993). Migraine, physical health and psychiatric disorder: a prospective epidemiologic study in young adults. J Psychiatr Res 27: 211–21.

Bruni, O., F. Galli u. V. Guidetti (1999). Sleep hygiene and migraine in children and adolescents. Cephalalgia 19 (Suppl 25): 57–9.
Brunner, R., and F. Resch (2003). *Dissoziative und somatoforme Störungen. Entwicklungspsychiatrie. Biopsychologische Grundlagen und die Entwicklung psychischer Störungen. B. Herpertz-Dahlmann, F. Resch, M. Schulte-Markwort and A. Warnke. Stuttgart, New York, Schattauer: 727–753.*
Bush, J. P. u. H. Bush (Hrsg.) (1991). Children in Pain: Clinical and research issues from a developmental perspective. New York, Springer.

Campo, J. V., J. Bridge, M. Ehmann, S. Altman, A. Lucas, B. Birmaher, C. Di Lorenzo, S. Iyengar u. D. A. Brent (2004). Recurrent abdominal pain, anxiety, and depression in primary care. Pediatrics 113 (4): 817–24.
–, C. Di Lorenzo, L. Chiappetta, J. Bridge, D. K. Colborn, J. C. Gartner, Jr., P. Gaffney, S. Kocoshis u. D. Brent (2001). Adult outcomes of pediatric recurrent abdominal pain: do they just grow out of it? Pediatrics 108 (1): E1.
– u. S. L. Fritsch (1994). Somatization in children and adolescents. J Am Acad Child Adolesc Psychiatry 33 (9): 1223–35.
Carlson, J. u. E. Hatfield (1992). Psychology of Emotion. Fort Worth, Harcourt Brave Jovanovich College Publishers.
Christensen, M. B., L. Bendtsen, M. Ashina u. R. Jensen (2005). Experimental induction of muscle tenderness and headache in tension-type headache patients. Cephalalgia 25 (11): 1061–7.
Christensen, M. F. u. O. Mortensen (1975). Long-term prognosis in children with recurrent abdominal pain. Arch Dis Child 50 (2): 110–4.
Coleston, D. M., E. Chronicle, K. H. Ruddock u. C. Kennard (1994). Precortical dysfunction of spatial and temporal visual processing in migraine. J Neurol Neurosurg Psychiatry 57: 1208–11.
– u. C. Kennard (1993). Visual changes in migraine: indications of cortical dysfunction. Cephalalgia 13 (Suppl 13): 11.
Coutinho, S. V., P. M. Plotsky, M. Sablad, J. C. Miller, H. Zhou, A. I. Bayati, J. A. McRoberts u. E. A. Mayer (2002). Neonatal maternal separation alters stress-induced responses to viscerosomatic nociceptive stimuli in rat. Am J Physiol Gastrointest Liver Physiol 282 (2): G307–16.
Cox, B. J., K. Kuch, J. D. Parker, I. D. Shulman u. R. J. Evans (1994). Alexithymia in somatoform disorder patients with chronic pain. J Psychosom Res 38 (6): 523–7.
Craig, K. D., R. J. McMahon, et al. (1984). „Developmental changes in infant pain expression during immunization injections." Soc Sci Med 19(12): 1331–7.
Croffie, J. M., J. F. Fitzgerald u. S. K. Chong (2000). Recurrent abdominal pain in children – a retrospective study of outcome in a group referred to a pediatric gastroenterology practice. Clin Pediatr (Phila) 39 (5): 267–74.
de Lima, J., A. R. Lloyd-Thomas, R. F. Howard, E. Sumner u. T. M. Quinn (1996). Infant and neonatal pain: anaesthetists' perceptions and prescribing patterns. Bmj 313 (7060): 787.
de Shazer, S. (1992). Das Spiel mit Unterschieden. Wie therapeutische Lösungen lösen. Heidelberg, Carl Auer.
Denecke, H. u. B. Kröner-Herwig (2000). Kopfschmerz-Therapie mit Kindern und Jugendlichen – Ein Trainingsprogramm. Göttingen, Hogrefe.
Diener, H. C. (1997). Positron emission tomography studies in headache. Headache 37 (10): 622–5.
–, K. Brune, W. D. Gerber, H. Göbel u. V. Pfaffenrath (1997). Behandlung der Migräneattacke und Migräneprophylaxe. Dt Ärzteblatt 94 (46): A3092–102.

–, V. Pfaffenrath, L. Pageler, H. Peil u. B. Aicher (2005). The fixed combination of acetylsalicylic acid, paracetamol and caffeine is more effective than single substances and dual combination for the treatment of headache: a multicentre, randomized, double-blind, single-dose, placebo-controlled parallel group study. Cephalalgia 25 (10): 776–87.

–, V. W. Rahlfs u. U. Danesch (2004). The first placebo-controlled trial of a special butterbur root extract for the prevention of migraine: reanalysis of efficacy criteria. Eur Neurol 51 (2): 89–97.

–, E. Scholz, J. Dichgans, W. D. Gerber, A. Jack, A. Bille u. U. Niederberger (1989). Central effects of drugs used in migraine prophylaxis evaluated by visual evoked potentials. Ann Neurol 25 (2): 125–30.

Dilling, H., W. Mombour u. M. H. Schmidt (Hrsg.) (1993). Internationale Klassifikation psychischer Störungen: ICD-10, Kapitel V (F); Klinisch-diagnostische Leitlinien der WHO. Bern, Huber.

Doepfner, M., J. Plueck, S. Boelte, K. Lenz, P. Melchers u. K. Heim (1998). Elternfragebogen über das Verhalten von Kindern und Jugendlichen, Deutsche Bearbeitung der Child Behavior Checklist (CBCL/4–18), Einführung und Anleitung zur Handauswertung. Köln, KJFD, Arbeitsgruppe Kinder-, Jugend- und Familiendiagnostik.

Dorn, L. D., J. C. Campo, S. Thato, R. E. Dahl, D. Lewin, R. Chandra u. C. Di Lorenzo (2003). Psychological comorbidity and stress reactivity in children and adolescents with recurrent abdominal pain and anxiety disorders. J Am Acad Child Adolesc Psychiatry 42 (1): 66–75.

Dornes, M. (1993). Der kompetente Säugling. Frankfurt a. M., Fischer.

Dunkel, M. (2005). Tiefenpsychologische Schmerztherapie. Psychotherapie im Dialog 6 (1): 27–33.

Ebell, H. (2001). Psychotherapeutische Aspekte. In: K. Brune, A. Beyer u. M. Schäfer (Hrsg.). Schmerz: Pathophysiologie, Pharmakologie, Therapie. Berlin/Heidelberg, Springer: 162–8.

Eccleston, C., P. N. Malleson, J. Clinch, H. Connell u. C. Sourbut (2003a). Chronic pain in adolescents: evaluation of a programme of interdisciplinary cognitive behaviour therapy. Arch Dis Child 88 (10): 881–5.

–, L. Yorke, S. Morley, A. C. Williams u. K. Mastroyannopoulou (2003b). Psychological therapies for the management of chronic and recurrent pain in children and adolescents. Cochrane Database Syst Rev (1): CD003968.

Eckermann, J. P. (1836). Gespräche mit Goethe in den letzten Jahren seines Lebens. 1823–1832. 1. Teil. Leipzig, Brockhaus.

Egger, J., C. M. Carter, J. Wilson, M. W. Turner u. J. F. Soothill (1983). Is migraine food allergy? A double-blind controlled trial of oligoantigenic diet treatment. Lancet 2 (8355): 865–9.

Egger, H. L., A. Angold u. E. J. Costello (1998). Headaches and psychopathology in children and adolescents. J Am Acad Child Adolesc Psychiatry 37 (9): 951–8.

–, E. J. Costello, A. Erkanli u. a. Angold (1999). Somatic complaints and psychopathology in children and adolescents: stomach aches, musculoskeletal pains, and headaches. J Am Acad Child Adolesc Psychiatry 38 (7): 852–60.

Ehde, D. M., J. E. Holm u. D. L. Metzger (1991). The role of family structure, functioning, and pain modeling in headache. Headache 31 (1): 35–40.

Eisenberger, N. I., M. D. Lieberman u. K. D. Williams (2003). Does rejection hurt? An FMRI study of social exclusion. Science 302 (5643): 290–2.

Ellis, G. L., J. Delaney, D. A. DeHart u. a. Owens (1993). The efficacy of metoclopramide in the treatment of migraine headache. Ann Emerg Med 22 (2): 191–5.

Eminson, D. M. (2001). Somatising in children and adolescents. 2. Management and outcomes. Advances in Psychiatric Treatment 7: 388–98.
Engel, G. L. (1977). The need for a new medical model: a challenge for biomedicine. Science 196 (4286): 129–36.
Erskine, A., S. Morley u. S. Pearce (1990). Memory for pain: a review. Pain 41 (3): 255–65.
Esposito, S. B. u. J. L. Gherpelli (2004). Chronic daily headaches in children and adolescents: a study of clinical characteristics. Cephalalgia 24 (6): 476–82.
Evers, S., B. Bauer, K. H. Grotemeyer, G. Kurlemann u. I. W. Husstedt (1998). Event-related potentials (P300) in primary headache in childhood and adolescence. J Child Neurol 13 (7): 322–6.
–, I. Gralow, B. Bauer, B. Suhr, A. Buchheister, I. W. Husstedt u. E. B. Ringelstein (1999). Sumatriptan and ergotamine overuse and drug-induced headache: a clinicoepidemiologic study. Clin Neuropharmacol 22 (4): 201–6.
–, R. Pothmann, M. Überall, E. Naumann u. W. D. Gerber (2002). *Therapie idiopathischer Kopfschmerzen im Kindesalter. Empfehlungen der Deutschen Migräne- und Kopfschmerzgesellschaft (DMKG)*. Schmerz 16 (1): 48–56.
–, –, –, – u. – (2005): Therapie idiopathischer Kopfschmerzen im Kindesalter. www.dmkg.org (last update: Juli 2001)

Faber, F. R. u. R. Haarstrick (2003). Kommentar Psychotherapie-Richtlinien. Hrsg. v. U. Rüger, A. Dahm u. D. Kallinke. 6. Aufl. München/Jena, Urban und Fischer.
Faull, C. u. a. R. Nicol (1986). Abdominal pain in six-year-olds: an epidemiological study in a new town. J Child Psychol Psychiatry 27 (2): 251–60.
Fernandez, E. u. D. C. Turk (1992). Sensory and affective components of pain: separation and synthesis. Psychol Bull 112 (2): 205–17.
Fischer, K. W., P. R. Shaver u. P. Carnochan (1990). How emotion develop and how they organize development. Cognition and Emotion 4: 81–127.
Flor, H. (1991). Psychobiologie des Schmerzes. Berlin, Huber.
– (2005). Verhaltenstherapie bei chronischen Schmerzen. Psychotherapie im Dialog 6 (1): 11–8.
–, *N. Birbaumer, et al. (1992). "Symptom-specific psychophysiological responses in chronic pain patients." Psychophysiology 29 (4): 452–60.*
–, T. Fydrich u. D. C. Turk (1992). Efficacy of multidisciplinary pain treatment centers: a meta-analytic review. Pain 49 (2): 221–30.
–, R. D. Kerns u. D. C. Turk (1987). The role of spouse reinforcement, perceived pain, and activity levels of chronic pain patients. J Psychosom Res 31 (2): 251–9.
–, T. E. Rudy, N. Birbaumer, B. Streit u. M. M. Schugens (1990). Zur Anwendbarkeit des West Haven-Yale Multidimensional Pain Inventory im deutschen Sprachraum. Der Schmerz 4: 82–7.
Fradet, C., P. J. McGrath, J. Kay, S. Adams u. B. Luke (1990). A prospective survey of reactions to blood tests by children and adolescents. Pain 40 (1): 53–60.
Frank, R. (2002). Chronische Bauchschmerzen – Kinder- und Jugendpsychiatrische Sicht: Somatisierungsstörung. In: R. Frank (Hrsg.). Chronischer Schmerz bei Kindern und Jugendlichen. München, Hans Marseille Verlag: 71–80.
Frankenberg, S. v. u. R. Pothmann (1999). Kopfschmerzen bei Schulkindern. In: H. W. Höfert u. B. Kröner-Herwig (Hrsg.). Schmerzbehandlung – Psychologische und medikamentöse Interventionen. München, Ernst Reinhardt: 125–36.
Friedrich, S. (1998). Ruhig und entspannt: Körperübungen, Entspannungstechniken, Meditation und Fantasiereisen für Kinder. Reinbek b. Hamburg, Rowohlt.
Fritz, G. K., S. Fritsch u. O. Hagino (1997). Somatoform disorders in children and adolescents: a review of the past 10 years. J Am Acad Child Adolesc Psychiatry 36: 1329–38.

Gaffney, A. u. E. A. Dunne (1987). Children's understanding of the causality of pain. Pain 29 (1): 91–104.
Galli, F., L. Patron, P. M. Russo, O. Bruni, L. Ferini-Strambi u. V. Guidetti (2004). Chronic daily headache in childhood and adolescence: clinical aspects and a 4-year follow-up. Cephalalgia 24 (10): 850–8.
Garralda, M. E. (1996). Somatisation in children. Journal of Child Psychology and Psychiatry and Allied Disciplines 37: 13–33.
– (1999). Practitioner review: Assessment and management of somatisation in childhood and adolescence: a practical perspective. J Child Psychol Psychiatry 40 (8): 1159–67.
Garrick, T., E. Ostrov u. D. Offer (1988). Physical symptoms and self-image in a group of normal adolescents. Psychosomatics 29 (1): 73–80.
Gascon, G. G. (1984). Chronic and recurrent headaches in children and adolescents. Pediatr Clin North Am 31 (5): 1027–51.
Gerber, W. D. (1998). Kopfschmerz-Migräne. München, Mosaik-Verlag.
– u. G. Gerber-von-Müller (2003). Kopf- und Bauchweh bei Kindern – Ein Elternratgeber. Bergisch Gladbach, Ehrenwirth.
– u. – (2005). Verhaltensmedizinische Aspekte chronischer Kopfschmerzen. Psychotherapie im Dialog 6 (1): 46–51.
– u. P. Kropp (1999). Verhaltensmedizin der Migräne – eine interdisziplinäre Aufgabe. In: H. W. Höfert u. B. Kröner-Herwig (Hrsg.). Schmerzbehandlung. Psychologische und medikamentöse Interventionen. München, Ernst Reinhardt: 101–24.
– u. J. Schoenen (1998). Biobehavioral correlates in migraine: the role of hypersensitivity and information-processing dysfunction. Cephalalgia 18 (Suppl 21): 5–11.
Gerbershagen, U. (1986). Organisierte Schmerzbehandlung. Eine Standortbestimmung. Der Internist 27: 459–69.
Glover, V., J. Jarman u. M. Sandler (1993). Migraine and depression. J Psychiatr Res 2: 223–31.
Goadsby, P., R. Lipton u. M. Ferrari (2002). Migraine – current understanding and treatment. NEJM 346 (4): 257–70.
Göbel, H., M. Dworschak, P. Kropp, A. Heinze u. D. Heuss (1996). Exteroceptive suppression of activity of the temporal muscle in analysis of pain mechanisms. Der Schmerz 10: 121–9.
–, K. M. Einhäupl, N. Offenhauser u. R. B. Lipton (2001). Spezialextrakt aus Petasitesrhizom ist wirksam in der Migräneprophylaxe: Eine randomisierte, multizentrische, doppelblinde, placebokontrollierte Parallelgruppenstudie. Der Schmerz 15 (Suppl 1).
–, G. Schmidt u. D. Soyka (1994). Effect of peppermint and eucalyptus oil preparations on neurophysiological and experimental algesimetric headache parameters. Cephalgia 14 (3): 228–34; discussion 182.
Gold, C., M. Voracek u. T. Wigram (2004). Effects of music therapy for children and adolescents with psychopathology: a meta-analysis. J Child Psychol Psychiatry 45 (6): 1054–63.
Goldbeck, L. u. K. Schmid (2003). Effectiveness of autogenic relaxation training on children and adolescents with behavioral and emotional problems. J Am Acad Child Adolesc Psychiatry 42 (9): 1046–54.
Goodman, J. E. u. P. J. McGrath (1991). The epidemiology of pain in children and adolescents: a review. Pain 46 (3): 247–64.
Gordon, K. E., J. M. Dooley u. E. P. Wood (2004). Self-reported headache frequency and features associated with frequent headaches in Canadian young adolescents. Headache 44 (6): 555–61.
Gralow, I., C. Schwerdt, H. J. Hannich, B. Meyer, A. Hürter u. C. Witte (1995). Das Klinische Bild des chronifizierten Schmerzpatienten. Schmerz 9: 198–205.

Guidetti, V. u. F. Galli (1998). Evolution of headache in childhood and adolescence: an 8-year follow-up. Cephalalgia 18 (7): 449–54.
–, –, P. Fabrizi, A. S. Giannantoni, L. Napoli, O. Bruni u. S. Trillo (1998). Headache and psychiatric comorbidity: clinical aspects and outcome in an 8-year follow-up study. Cephalalgia 18 (7): 455–62.
–, S. Ottaviano u. M. Pagliarini (1984). Childhood headache risk: warning signs and symptoms present during the first six months of life. Cephalalgia 4 (4): 236–42.
–, M. Pagliarini, F. Cortesi, R. Formisano, R. Cerbo, M. G. Buzzi, M. D'Angelo, A. Fioravanti u. a. Agnoli (1987). Mother and children with primary headache. A psychometric and psychological study. Minerva Med 78 (14): 1023–6.
Gundel, H., A. O. Ceballos-Baumann u. M. v. Rad (2000). [Current perspectives of alexithymia]. Nervenarzt 71 (3): 151–63.
Gunnar, M. R., S. Mangelsdorf, R. Kestenbaum, S. Lang, M. Larson u. D. Andreas (1989). Stress and coping in early development. In: D. Cicchetti (Hrsg.). The emergence of a discipline: Rochester Symposium on Developmental Psychopathology. Hillsdale, Erlbaum.

Haag, G., S. Evers, A. May, I. S. Neu, W. Vivell u. a. Ziegler (2004). Selbstmedikation bei Migräne und Kopfschmerz vom Spannungstyp – Evidenz-basierte Empfehlungen der Deutschen Migräne- und Kopfschmerzgesellschaft (DMKG). Nervenheilkunde 23: 415–30.
Haan, J., G. M. Terwindt u. M. D. Ferrari (1997). Genetics of migraine. Neurol Clin 15 (1): 43–60.
Hadjikhani, N., M. Sanchez Del Rio, O. Wu, D. Schwartz, D. Bakker, B. Fischl, K. K. Kwong, F. M. Cutrer, B. R. Rosen, R. B. Tootell, A. G. Sorensen u. M. A. Moskowitz (2001). Mechanisms of migraine aura revealed by functional MRI in human visual cortex. Proc Natl Acad Sci U S A 98 (8): 4687–92.
Haffner, J., C. Esther, H. Münch, P. Parzer, B. Raue, R. Steen, M. Klett u. F. Resch (1998). Veränderte Kindheit – Neue Wirklichkeiten. Verhaltensauffälligkeiten im Einschulungsalter. Ergebnisse einer epidemiologischen Studie. Heidelberg, Gesundheitsamt Rhein-Neckar-Kreis.
–, P. Parzer, B. Raue, R. Steen, H. Münch, S. Giovannini, C. Esther, M. Klett u. F. Resch (2001). Lebenssituation und Verhalten von Kindern im zeitlichen Wandel. Ergebnisse einer epidemiologischen Verlaufsstudie zu Lebensbedingungen, Verhalten und Problemen von Kindern zu Beginn und Ende der Grundschulzeit. Heidelberg, Beiträge zur regionalen Gesundheitsberichterstattung Rhein-Neckar Kreis.
Harbeck, C. u. L. Peterson (1992). Elephants dancing in my head: a developmental approach to children's concepts of specific pains. Child Dev 63 (1): 138–49.
Hasenbring, M. (1992). Chronifizierung bandscheibenbedingter Schmerzen. Stuttgart, Schattauer.
Havanka-Kanniainen, H. (1989). Treatment of acute migraine attack: ibuprofen and placebo compared. Headache 29 (8): 507–9.
Hermann, C., J. Hohmeister, K. Zohsel, R. Oelkers-Ax u. H. Flor (2005a). The assessment of pain-related cognitions in children and adolescents: Preliminary validation of a German questionnaire. Eur J Pain (submitted for publication).
–, M. Kim u. E. B. Blanchard (1995). Behavioral and prophylactic pharmacological intervention studies of pediatric migraine: an exploratory meta-analysis. Pain 60 (3): 239–55.
–, K. Zohsel, J. Hohmeister, U. Just u. H. Flor (2005b). Pain-related impairment in children and adolescents: Preliminary validation of a child and parent version of the Multidimensional Pain Inventory (Part A). Pain (submitted for publication).

Hershey, A. D. (2003). Chronic daily headaches in children. Expert Opin Pharmacother 4 (4): 485–91.
Hillecke, T. u. H. V. Bolay (2000). *Musiktherapie bei chronischen Schmerzen – theoretische Grundlagen – das Heidelberger Modell.* Anasthesiol Intensivmed Notfallmed Schmerzther 35 (6): 394–400.
Hockaday, J. (1988). Migraine in childhood and other non-epileptic paroxysmal disorders. London, Butterworth.
Honkasalo, M. L., J. Kaprio, T. Winter, K. Heikkila, M. Sillanpää u. M. Koskenvuo (1995). Migraine and concomitant symptoms among 8.167 adult twin pairs. Headache 35 (2): 70–8.
Hotz, J., P. Enck, H. Goebell, I. Heymann-Monnikes, G. Holtmann u. P. Layer (1999). Consensus report: irritable bowel syndrome – definition, differential diagnosis, pathophysiology and therapeutic possibilities. Consensus of the German Society of Digestive and Metabolic Diseases. Z Gastroenterol 37 (8): 685–700.
Hyams, J. S., G. Burke, P. M. Davis, B. Rzepski u. P. A. Andrulonis (1996). Abdominal pain and irritable bowel syndrome in adolescents: a community-based study. J Pediatr 129 (2): 220–6.

IASP – International Association for the Study of Pain (1979). Pain terms: A list with definitions and notes on usage recommended by the IASP Subcommitee on Taxonomy. Pain 6: 249–52.
– (1986). Classification of chronic pain. Descriptions of chronic pain syndromes and definitions of pain terms. Prepared by the International Association for the Study of Pain, Subcommittee on Taxonomy. Pain (Suppl 3): S1–226.
IHS (2004). The International Classification of Headache Disorders. 2. Aufl. Cephalalgia 24 (Suppl 1): 8–160.

Janicke, D. M. u. J. W. Finnev (1999). Empirically supported treatments in pediatric psychology: recurrent abdominal pain. J Pediatr Psychol 24 (2): 115–27.
Jänig, W. (1993). Biologie und Pathobiologie der Schmerzmechanismen. In: M. Zenz u. I. Jurna (Hrsg.). Lehrbuch der Schmerztherapie. Stuttgart, Wiss. Verlagsgesellschaft: 17–33.
Jeans, M. E. (1983). The measurement of pain in children. In: R. Melzack (Hrsg.). Pain Measurement and Assessment. New York, Raven Press: 183–9.
Johnston, C. C., B. Stevens, K. D. Craig u. R. V. Grunau (1993). Developmental changes in pain expression in premature, full-term, two- and four-month-old infants. Pain 52 (2): 201–8.
Juang, K. D., S. J. Wang, J. L. Fuh, S. R. Lu u. Y. S. Chen (2004). Association between adolescent chronic daily headache and childhood adversity: a community-based study. Cephalalgia 24 (1): 54–9.
Just, U., R. Oelkers, S. Bender, P. Parzer, F. Ebinger, M. Weisbrod u. F. Resch (2003). Emotional and behavioural problems in children and adolescents with primary headache. Cephalalgia 23 (3): 206–13.

Kandel, E. R. (1992). Cellular mechanisms of learning and biological basis of individuality. In: E. C. Kandel, J. H. Schwartz u. T. M. Jesell (Hrsg.). Principles of Neural Science. New York, Elsevier: 1009–31.
Karling, M., M. Renstrom u. G. Ljungman (2002). Acute and postoperative pain in children: a Swedish nationwide survey. Acta Paediatr 91 (6): 660–6.
Karwautz, A., C. Wober, T. Lang, A. Bock, C. Wagner-Ennsgraber, C. Vesely, C. Kienbacher u. C. Wöber-Bingöl (1999). Psychosocial factors in children and adolescents

with migraine and tension-type headache: a controlled study and review of the literature. Cephalalgia 19 (1): 32–43.
Katsarava, Z., S. Schneeweiss, T. Kurth, U. Kroener, G. Fritsche, A. Eikermann, H. C. Diener u. V. Limmroth (2004). Incidence and predictors for chronicity of headache in patients with episodic migraine. Neurology 62 (5): 788–90.
Katz, E. R., J. Kellerman u. S. E. Siegel (1980). Behavioral distress in children with cancer undergoing medical procedures: developmental considerations. J Consult Clin Psychol 48 (3): 356–65.
Kavuk, I., A. Yavuz, U. Cetindere, M. W. Agelink u. H. C. Diener (2003). Epidemiology of chronic daily headache. Eur J Med Res 8 (6): 236–40.
Keil-Kuri, E. (2005). Kassenanträge – Denkanstoß statt Angstpartie. Stuttgart, Schattauer.
– u. G. Görlitz (1999). Vom Erstinterview zum Kassenantrag. Ulm/Stuttgart/Jena/Lübeck, Urban und Fischer.
Kerbeck, K. u. U. Luka-Krausgrill (1999). „Help Yourself". Ein Selbsthilfetraining für Jugendliche mit chronischen Kopfschmerzen. In: H. W. Höfert u. B. Kröner-Herwig (Hrsg.). Schmerzbehandlung. Psychologische und medikamentöse Interventionen. München, Ernst Reinhardt: 261–271.
Koletzko, S. (2002). Chronisch rezidivierende Bauchschmerzen im Kindes- und Jugendalter. In: R. Frank (Hrsg.). Chronischer Schmerz bei Kindern und Jugendlichen. München, Hans Marseille Verlag: 55–65.
Kristjansdottir, G. u. V. Wahlberg (1993). Sociodemographic differences in the prevalence of self-reported headache in Icelandic school-children. Headache 33 (7): 376–80.
Kroll, T. (1994). Schmerzmessung und Schmerzdiagnostik. In: Petermann/Wiedebusch/Kroll (1994): 157–78.
Kröner-Herwig, B. (1992). Kopfschmerz bei Kindern und Jugendlichen. Kindheit und Entwicklung 1 (1): 19–26.
– u. U. Ehlert (1992). Relaxation und Biofeedback in der Behandlung von chronischem Kopfschmerz bei Kindern und Jugendlichen: Ein Überblick. Der Schmerz 6: 171–81.
–, U. Mohn u. R. Pothmann (1998). Comparison of biofeedback and relaxation in the treatment of pediatric headache and the influence of parent involvement on outcome. Appl Psychophysiol Biofeedback 23 (3): 143–57.
Kropp, P. (2004). *Psychologische Schmerzdiagnostik bei Kindern*. Schmerz 18 (1): 61–74.
– u. W. D. Gerber (1993a). Contingent negative variation–findings and perspectives in migraine. Cephalalgia 13 (1): 33–6.
– u. – (1993b). Is increased amplitude of contingent negative variation in migraine due to cortical hyperactivity or to reduced habituation? Cephalalgia 13 (1): 37–41.
– u. – (1995). Contingent negative variation during migraine attack and interval: evidence for normalization of slow cortical potentials during the attack. Cephalalgia 15 (2): 123–8; discussion 78–9.
– u. – (1998). Prediction of migraine attacks using a slow cortical potential, the contingent negative variation. Neurosci Lett 257 (2): 73–6.
–, M. Siniatchkin, U. Stephani u. W. D. Gerber (1999). Migraine – evidence for a disturbance of cerebral maturation in man? Neurosci Lett 276 (3): 181–4.

Ladd, C. O., R. L. Huot, K. V. Thrivikraman, C. B. Nemeroff, M. J. Meaney u. P. M. Plotsky (2000). Long-term behavioral and neuroendocrine adaptations to adverse early experience. Prog Brain Res 122: 81–103.
Lance, J. W. (2000). Headache and face pain. Med J Aust 172 (9): 450–5.
Lander, J., M. Hodgins u. S. Fowler-Kerry (1992). Children's pain predictions and memories. Behav Res Ther 30 (2): 117–24.

Lane, R. D. u. G. E. Schwartz (1987). Levels of emotional awareness: a cognitive-developmental theory and its application to psychopathology. Am J Psychiatry 144 (2): 133–43.
Larsson, B. S. (1991). Somatic complaints and their relationship to depressive symptoms in Swedish adolescents. J Child Psychol Psychiatry 32 (5): 821–32.
Lau, J. (1983). Children with recurrent abdominal pain. The Hong Kong Practitioner May: 560–2.
Launer, L. J., G. M. Terwindt u. M. D. Ferrari (1999). The prevalence and characteristics of migraine in a population-based cohort: the GEM study. Neurology 53 (3): 537–42.
Laurell, K., B. Larsson u. O. Eeg-Olofsson (2004). Prevalence of headache in Swedish schoolchildren, with a focus on tension-type headache. Cephalalgia 24 (5): 380–8.
Lauritzen, M. (2001). Cortical spreading depression in migraine. Cephalalgia 21 (7): 757–60.
Lavigne, J. V., M. J. Schulein u. Y. S. Hahn (1986a). Psychological aspects of painful medical conditions in children. I. Developmental aspects and assessment. Pain 27 (2): 133–46.
–, – u. Y. S. Hahn (1986b). Psychological aspects of painful medical conditions in children. II. Personality factors, family characteristics and treatment. Pain 27 (2): 147–69.
Leao, A. (1944). Spreading depression of activity in the cerebral cortex. J Neurophysiol 7: 359–90.
Lehmkuhl, G., B. Blanz, U. Lehmkuhl u. H. Braun-Scharm (1989). Conversion disorder (DSM-III 300.11): symptomatology and course in childhood and adolescence. Eur Arch Psychiatry Neurol Sci 238 (3): 155–60.
Lehn, B. M. (1994). Psychologische Techniken beim postoperativen Schmerz: Schmerzreduktion durch Selbstkontrolle. In: Petermann/Wiedebusch/Kroll (1994): 313–25.
Lewis, D. W. (2004). Toward the definition of childhood migraine. Curr Opin Pediatr 16 (6): 628–36.
–, S. Diamond, D. Scott u. V. Jones (2004). Prophylactic treatment of pediatric migraine. Headache 44 (3): 230–7.
–, M. T. Middlebrook, L. Mehallick, T. M. Rauch, C. Deline u. E. F. Thomas (1996). Pediatric headaches: what do the children want? Headache 36 (4): 224–30.
Liakopoulou-Kairis, M., T. Alifieraki, D. Protagora, T. Korpa, K. Kondyli, E. Dimosthenous, G. Christopoulos u. T. Kovanis (2002). Recurrent abdominal pain and headache – psychopathology, life events and family functioning. Eur Child Adolesc Psychiatry 11 (3): 115–22.
Lidow, M. S. (2002). Long-term effects of neonatal pain on nociceptive systems. Pain 99 (3): 377–83.
Lieb, R., M. Mastaler u. H.-U. Wittchen (1998). Gibt es somatoforme Störungen bei Jugendlichen und jungen Erwachsenen? Erste epidemiologische Befunde der Untersuchung einer bevölkerungsrepräsentativen Stichprobe. Verhaltenstherapie 8: 81–93.
Limmroth, V., Z. Kazarawa, G. Fritsche u. H. C. Diener (1999). Headache after frequent use of serotonin agonists zolmitriptan and naratriptan. Lancet 353 (9150): 378.
Lindley, K. J., D. Glaser u. P. J. Milla (2005). Consumerism in healthcare can be detrimental to child health: lessons from children with functional abdominal pain. Arch Dis Child 90 (4): 335–7.
Lipton, R. B., S. D. Silberstein, et al. (1994). An update on the epidemiology of migraine. Headache 34 (6): 319–28.
–, H. Gobel, K. M. Einhaupl, K. Wilks u. a. Mauskop (2004). Petasites hybridus root (butterbur) is an effective preventive treatment for migraine. Neurology 63 (12): 2240–4.
Livingston, R., J. L. Taylor u. S. L. Crawford (1988). A study of somatic complaints and psychiatric diagnosis in children. J Am Acad Child Adolesc Psychiatry 27 (2): 185–7.

Lueger, R. J. (1995). Ein Phasenmodell der Veränderung in der Psychotherapie. Psychotherapeut 40: 267–78.
Luka-Krausgrill, U. (1998). Kognitive Verhaltenstherapie bei Kopfschmerzen im Kindes- und Jugendalter. In: M. Hautzinger (Hrsg.). Kognitive Verhaltenstherapie bei psychischen Störungen. Weinheim, Beltz: 477–516.
Lumley, M. A., J. Tomakowsky u. T. Torosian (1997). The relationship of alexithymia to subjective and biomedical measures of disease. Psychosomatics 38 (5): 497–502.
Luna, B., K. E. Garver, T. A. Urban, N. A. Lazar u. J. A. Sweeney (2004). Maturation of cognitive processes from late childhood to adulthood. Child Dev 75 (5): 1357–72.

Macarthur, C., N. Saunders u. W. Feldman (1995). Helicobacter pylori, gastroduodenal disease, and recurrent abdominal pain in children. Jama 273 (9): 729–34.
Maisami, M. u. J. M. Freeman (1987). Conversion reactions in children as body language: a combined child psychiatry/neurology team approach to the management of functional neurologic disorders in children. Pediatrics 80 (1): 46–52.
Mangelsdorf, S., M. Gunnar, et al. (1990). „Infant proneness-to-distress temperament, maternal personality, and mother-infant attachment: associations and goodness of fit." Child Dev 61 (3): 820–31.
Mangold, B. u. I. Gomig (2002). Chronische Schmerzen bei Kindern und Jugendlichen: Ein systemisches „psychosomatisches" Modell von Diagnostik und Therapie. In: R. Frank (Hrsg.). Chronischer Schmerz bei Kindern und Jugendlichen. München, Hans Marseille Verlag: 81–100.
Marcus, D. A. u. M. J. Soso (1989). Migraine and stripe-induced visual discomfort. Arch Neurol 46 (10): 1129–32.
Masi, G., L. Favilla, S. Millepiedi u. M. Mucci (2000). Somatic symptoms in children and adolescents referred for emotional and behavioral disorders. Psychiatry 63 (2): 140–9.
Mather, L. u. J. Mackie (1983). The incidence of postoperative pain in children. Pain 15 (3): 271–82.
Maytal, J., M. Young, A. Shechter u. R. B. Lipton (1997). Pediatric migraine and the International Headache Society (IHS) criteria. Neurology 48 (3): 602–7.
McGrath, P., S. J. Cunningham, M. A. Lascelles u. P. Humphreys (1990). Help yourself: A treatment for migraine headaches. Ottawa, University of Ottawa Press.
–, u. B. Larsson (1997). Headache in children and adolescents. Child and Adolescent Psychiatric Clinics of North America 6 (4): 843–61.
McGrath, P. A. (1990). Pain in children. Nature, assessment, and treatment. New York, Guilford Press.
–, L. L. deVeber u. M. T. Hearn (1985). Multidimensional pain assessment in children. In: H. L. Fields, R. Dubner u. F. Cervero (Hrsg.). Advances in pain research and therapy. New York, Raven, 9: 387–93.
McGrath, P. J. u. K. D. Craig (1989). Developmental and psychological factors in children's pain. Pediatr Clin North Am 36 (4): 823–36.
–, P. Humphreys, D. Keene, J. T. Goodman, M. A. Lascelles, S. J. Cunningham u. P. Firestone (1992). The efficacy and efficiency of a self-administered treatment for adolescent migraine. Pain 49 (3): 321–4.
Melchart, D., K. Linde, P. Fischer, A. White, G. Allais, A. Vickers u. B. Berman (1999). Acupuncture for recurrent headaches: a systematic review of randomized controlled trials. Cephalalgia 19 (9): 779–86; discussion 765.
Melzack, R. u. P. D. Wall (1965). Pain mechanisms: a new theory. Science 150 (699): 971–9.
Menken, M., T. L. Munsat u. J. F. Toole (2000). The global burden of disease study: implications for neurology. Arch Neurol 57 (3): 418–20.

Merikangas, K. R. (1996). Genetics of migraine and other headache. Curr Opin Neurol 9 (3): 202–5.
Merskey, H. (1983). Development of a universal language of pain syndromes. In: J. J. Bonica (Hrsg.). Advances in pain research and therapy. New York, Raven Press, 5: 37.
Metsahonkala, L., M. Sillanpää u. J. Tuominen (1998). Social environment and headache in 8- to 9-year-old children: a follow-up study. Headache 38 (3): 222–8.
Mietzel, G. (2002). Wege in die Entwicklungspsychologie – Kindheit und Jugend. Weinheim, Beltz.
Mikkelsson, M., J. J. Salminen, A. Sourander u. H. Kautiainen (1998). Contributing factors to the persistence of musculoskeletal pain in preadolescents: a prospective 1-year follow-up study. Pain 77 (1): 67–72.
Millichap, J. G. u. M. M. Yee (2003). The diet factor in pediatric and adolescent migraine. Pediatr Neurol 28 (1): 9–15.
Mogil, J. S., E. J. Chesler, S. G. Wilson, J. M. Juraska u. W. F. Sternberg (2000a). Sex differences in thermal nociception and morphine antinociception in rodents depend on genotype. Neurosci Biobehav Rev 24 (3): 375–89.
–, L. Yu u. a. I. Basbaum (2000b). Pain genes?: natural variation and transgenic mutants. Annu Rev Neurosci 23: 777–811.
Montgomery, G. H., K. N. DuHamel u. W. H. Redd (2000). A meta-analysis of hypnotically induced analgesia: how effective is hypnosis? Int J Clin Exp Hypn 48 (2): 138–53.
Moore, A. J. u. M. Shevell (2004). Chronic daily headaches in pediatric neurology practice. J Child Neurol 19 (12): 925–9.
Moskowitz, M. A. (1991). The visceral organ brain: implications for the pathophysiology of vascular head pain. Neurology 41 (2, Pt 1): 182–6.
Mühlig, S. (1997). Schmerz und Schmerzbehandlung bei Kindern und Jugendlichen. Weinheim, Beltz.
– u. F. Petermann (1997). Idiopathischer Bauchschmerz im Kindesalter. Ergebnisse, Defizite und Perspektiven empirischer Forschung. Der Schmerz 11 (3): 148–157.
Mullins, L. L. u. R. A. Olson (1990). Familial factors in the etiology, maintenance, and treatment of somatoform disorders in children. Family Systems Medicine 8: 159–75.

Nebe, J., M. Heier u. H. C. Diener (1995). Low-dose ibuprofen in self-medication of mild to moderate headache: a comparison with acetylsalicylic acid and placebo. Cephalalgia 15 (6): 531–5.
Nelson, C. A., M. Henschel u. P. F. Collins (1993). Neural correlates of cross-modal recognition memory by 8-months-old human infants. Developmental Psychology 29: 411–20.
Nelson, K. (1986). Event knowledge: Structure and function in development. Hillsdale, Erlbaum.
Neubauer, G. u. R. Ujlaky (2002). Migräne – eine Volkskrankheit und ihre Kosten. Pharmazie in unserer Zeit 31 (5): 494–7.
Nickel, A. K. (2004): Effektivität von Musiktherapie bei Kindern mit Migräne. Thesis. Medizinische Fakultät. Heidelberg, Ruprecht-Karls-Universität.
–, T. K. Hillecke, R. Oelkers, F. Resch u. H. V. Bolay (2002). Musiktherapie bei Kindern mit Migräne. Psychotherapeut 47: 285–90.
–, –, –, – u. (2003a). Heidelberger Musiktherapiemanual für Kindermigräne – Aus dem Projekt „KiM" – Therapievergleichsstudie zur Effektivität von Musiktherapie bei Kindern mit Migräne. Musiktherapeutische Umschau 24 (3): 227–39.
–, –, F. Resch u. H. V. Bolay (2003b). Music Therapy in the treatment of children with migraine. Music Therapy Today 4 (4): http://musictherapyworld.net.

Ochs, M. (2004): Kindliche Kopfschmerzen im Familienerleben. Eine Überblicksarbeit und fünf empirische Studien zur systemische Familienmedizin. Thesis. Medizinische Fakultät. Heidelberg, Rupprecht-Karls-Universität.
- u. J. Schweitzer (2005). Systemische Familientherapie bei kindlichen Kopfschmerzen. Psychotherapie im Dialog 6 (1): 19–26.
-, H. Seemann, U. Bader, A. Miksch, G. Franck, R. Verres u. J. Schweitzer (2002). *Primäre Kopfschmerzen im Kindes- und Jugendalter – Die Veränderung familiärer Beziehungsmuster als Korrelat des Therapieerfolgs*. Schmerz 16 (3): 179–85.
Oelkers-Ax, R., S. Bender, U. Just, U. Pfüller, P. Parzer, F. Resch u. M. Weisbrod (2004). Pattern-reversal visual-evoked potentials in children with migraine and other primary headache: evidence for maturation disorder? Pain 108 (3): 267–75.
-, A. K. Nickel, P. Parzer, T. Hillecke, H. V. Bolay, J. Fischer, S. Bender, U. Hermanns u. F. Resch (2006). Petadolex® and music therapy in the prophylaxis of childhood migraine – an explorative study. Eur J Pain (under review).
-, P. Parzer, F. Resch u. M. Weisbrod (2005b). Maturation of early visual processing investigated by a pattern-reversal habituation paradigm is altered in migraine. Cephalalgia 25: 280–9.
Offord, D. R., M. H. Boyle u. P. Szatmari (1987). Ontario Child Health Study: II. Six-months prevalence of disorder and rates of service utilization. Archives of General Psychiatry 44: 832–6.
Ohm, D. (2000). Progressive Relaxation für Kids: die praktische Anleitung. Stuttgart, TRIAS.
Ophoff, R. A., G. M. Terwindt, M. N. Vergouwe, R. R. Frants u. M. D. Ferrari (1997). Familial hemiplegic migraine: involvement of a calcium neuronal channel. Neurologia 12 (Suppl 5): 31–7.
Ozkul, Y. u. S. Bozlar (2002). Effects of fluoxetine on habituation of pattern reversal visually evoked potentials in migraine prophylaxis. Headache 42 (7): 582–7.
- u. a. Uckardes (2002). Median nerve somatosensory evoked potentials in migraine. Eur J Neurol 9 (3): 227–32.

Persson, B. (1997). Growth environment and personality in adult migraineurs and their migraine-free siblings. Headache 37 (3): 159–68.
Peter, B. (2005). Hypnose und Hypnotherapie. Psychotherapie im Dialog 6 (1): 34–9.
Petermann, F., S. Mühlig u. D. Breuker (1994). Verhaltensmedizinische Grundlagen der pädiatrischen Schmerzbehandlung. In: Petermann/Wiedebusch/Kroll (1994): 61–110.
- u. U. Petermann (2003). Materialien für die klinische Praxis – Training mit sozial unsicheren Kindern: Einzeltraining, Kindergruppen, Elternberatung. Weinheim, Beltz.
-, S. Wiedebusch u. T. Kroll (Hrsg.) (1994). Schmerz im Kindesalter. Göttingen, Hogrefe.
Petermann, U. (2001). Die Kapitän-Nemo-Geschichten. Freiburg, Herder.
- u. F. Petermann (1996). Training mit Jugendlichen; Förderung von Arbeits- und Sozialverhalten. Weinheim, Beltz.
Peterson, L., C. Harbeck, J. Farmer u. M. Zink (1991). Developmental contributions to the assessment of children's pain: Conceptual and methodological implications. In: J. P. Bush u. S. W. Harkins (Hrsg.). Children in pain. New York, Springer: 33–58.
Pfefferbaum, B. u. C. A. Hagberg (1993). Pharmacological management of pain in children. J Am Acad Child Adolesc Psychiatry 32 (2): 235–42.
Piaget, J. (1969). Das Erwachen der Intelligenz beim Kinde. Stuttgart, Klett.
Pietrobon, D. u. J. Striessnig (2003). Neurobiology of migraine. Nat Rev Neurosci 4 (5): 386–98.

Pilguj, S. (2002). Yoga mit Kindern: Übungen und Fantasiereisen zu Hause erleben. Berlin, Urania-Ravensburger.
Pinsky, J. J., S. E. Griffin, D. C. Agnew, M. D. Kamdar, B. L. Crue u. L. H. Pinsky (1979). Aspects of long-term evaluation of pain unit treatment program for patients with chronic intractable benign pain syndrome: treatment outcome. Bull Los Angeles Neurol Soc 44 (1-4): 53–69.
Pinsky, P. F., E. S. Hurwitz, L. B. Schonberger u. W. J. Gunn (1988). Reye's syndrome and aspirin. Evidence for a dose-response effect. Jama 260 (5): 657–61.
Pothmann, R. (1990). Transkutane elektrische Nervenstimulation zur Schmerztherapie. Kinderarzt 21: 706–12.
– (1993). Migräne im Kindesalter. Erläuterungen zum „Migränetagebuch für Kinder" für die Handhabung in der Praxis. München, Arcis Verlag.
– (1999). Kopfschmerz im Kindesalter. Stuttgart, Hippokrates.
– (2000). Akutbehandlung des episodischen kindlichen Spannungskopfschmerzes mit Flupirtin und Paracetamol. Schmerz 14: 1–4.
– u. U. Danesch (2005). Migraine prevention in children and adolescents: results of an open study with a special butterbur root extract. Headache 45 (3): 196–203.
–, S. v. Frankenberg, B. Müller, G. Sartory u. W. Hellmeier (1994). Epidemiology of Headache in children and Adolescents: Evidence of High Prevalence of Migraine Among Girls Under 10. International Journal of Behavioral Medicine 1 (1): 76–89.
–, U. Plump, G. Maibach, S. v. Frankenberg, E. Besken u. B. Kröner-Herwig (1991). Migränetagebuch für Kinder. München, Arcis Verlag.
Powers, S. W., M. J. Mitchell, K. C. Byars, A. L. Bentti, S. L. LeCates u. a. D. Hershey (2001). A pilot study of one-session biofeedback training in pediatric headache. Neurology 56 (1): 133.
–, S. R. Patton, K. A. Hommel u. a. D. Hershey (2003). Quality of life in childhood migraines: clinical impact and comparison to other chronic illnesses. Pediatrics 112 (1, Pt 1): e1–5.
Prehler, M., J. Kupfer u. E. Brähler (1992). The Gießen Symptom Questionnaire for children and adolescents. Psychother Psychosom Med Psychol 42 (2): 71–7.
Psychotherapie, D. G. f. K.- u. J. u. (2003). Leitlinien zur Diagnostik und Therapie von psychischen Störungen im Säuglings-, Kindes- und Jugendalter. Köln, Deutscher Ärzte Verlag.

Radat, F. u. J. Swendsen (2005). Psychiatric comorbidity in migraine: a review. Cephalalgia 25 (3): 165–78.
Rainville, P., G. H. Duncan, D. D. Price, B. Carrier u. M. C. Bushnell (1997). Pain affect encoded in human anterior cingulate but not somatosensory cortex. Science 277 (5328): 968–71.
Rasquin-Weber, A., P. E. Hyman, S. Cucchiara, D. R. Fleisher, J. S. Hyams, P. J. Milla u. a. Staiano (1999). Childhood functional gastrointestinal disorders. Gut 45 (Suppl 2): II60–8.
Reid, G. J., C. A. Gilbert u. P. J. McGrath (1998). The Pain Coping Questionnaire: preliminary validation. Pain 76 (1-2): 83–96.
Reid, S., S. Wessely, T. Crayford u. M. Hotopf (2002). Frequent attenders with medically unexplained symptoms: service use and costs in secondary care. Br J Psychiatry 180: 248–53.
Remschmidt, H., M. H. Schmidt u. F. Poustka (2001). Multiaxiales Klassifikationsschema für psychische Störungen des Kindes- und Jugendalters nach ICD-10 der WHO. Bern/Göttingen/Toronto/Seattle, Huber.

Resch, F. (1996). Entwicklungspsychopathologie des Kindes- und Jugendalters. Weinheim, Beltz.
- (1999). Entwicklungspsychopathologie des Kindes- und Jugendalters. Weinheim, Beltz.
Risch, M., H. Scherg u. R. Verres (2001). Musiktherapie bei chronischen Kopfschmerzen – Evaluation musiktherapeutischer Gruppen für Kopfschmerzpatienten. Schmerz 15 (2): 116–25.
Rossmann, P. (1993). DTK, Depressionstest für Kinder. Bern, Huber.
Rowan, A. B. u. F. Andrasik (1996). Efficacy of cost-effectiveness of minimal therapist contact treatments of chronic headaches: A review. Behavior therapy 27 (2): 207–34.
Russell, M. B. (1997). Genetic epidemiology of migraine and cluster headache. Cephalalgia 17 (6): 683–701.
-, L. Iselius u. J. Olesen (1996). Migraine without aura and migraine with aura are inherited disorders. Cephalalgia 16 (5): 305–9.

Sanders, M. R., M. Rebgetz, M. Morrison, W. Bor, A. Gordon, M. Dadds u. R. Shepherd (1989). Cognitive-behavioral treatment of recurrent nonspecific abdominal pain in children: an analysis of generalization, maintenance, and side effects. J Consult Clin Psychol 57 (2): 294–300.
Sandkühler, J. (2000). Learning and memory in pain pathways. Pain 88 (2): 113–8.
Sappey-Marinier, D., G. Calabrese, G. Fein, J. W. Hugg, C. Biggins u. M. W. Weiner (1992). Effect of photic stimulation on human visual cortex lactate and phosphates using 1H and 31P magnetic resonance spectroscopy. J Cereb Blood Flow Metab 12 (4): 584–92.
Sarlani, E. u. J. D. Greenspan (2002). Gender differences in temporal summation of mechanically evoked pain. Pain 97 (1-2): 163–9.
Sartory, G., B. Muller, J. Metsch u. R. Pothmann (1998). A comparison of psychological and pharmacological treatment of pediatric migraine. Behav Res Ther 36 (12): 1155–70.
Savedra, M., P. Gibbons, M. Tesler, J. Ward u. C. Wegner (1982). How do children describe pain? A tentative assessment. Pain 14 (2): 95–104.
Schade, A. J. (1997). Quantitative assessment of the tension-type headache and migraine severity continuum. Headache 37 (10): 646–53.
Schmid, I. (2002). Schmerzbehandlung bei krebskranken Kindern. In: R. Frank (Hrsg.). Chronischer Schmerz bei Kindern und Jugendlichen. München, Hans Marseille Verlag: 35–43.
Schoenen, J. u. M. Timsit-Berthier (1993). Contingent negative variation: methods and potential interest in headache. Cephalalgia 13 (1): 28–32.
-, W. Wang, A. Albert u. P. J. Delwaide (1995). Potentiation instead of habituation characterizes visual evoked potentials in migraine patients between attacks. Eur J Neurol 2 (2): 115–122.
Seemann, H. (1998). Freundschaft mit dem eigenen Körper schließen. Über den Umgang mit psychosomatischen Schmerzen. Stuttgart, Pfeiffer b. Klett-Cotta.
- (2002). Kopfschmerzkinder. Migräne und Spannungskopfschmerz verstehen und psychotherapeutisch behandeln. Stuttgart, Pfeiffer b. Klett-Cotta.
-, J. Schultis u. B. Englert (2001). Gruppenhypnotherapie bei Spannungskopfschmerzen und Migräne im Kindes- und Jugendalter. Stuttgart, Pfeiffer b. Klett-Cotta.
- u. M. Zimmermann (1996). Regulationsmodell des Schmerzes aus systemtheoretischer Sicht – Eine Standortbestimmung. In: H. D. Basler, C. Franz, B. Kröner-Herwig, H. P. Rehfisch u. H. Seemann (Hrsg.). Psychologische Schmerztherapie. Berlin, Springer: 23–59.

Sicuteri, F. u. M. Nicolodi (1995). Perfection craving: instability of modulation as a ground for spontaneous (migraine) or pharmacological (addiction) diseases. Cephalalgia 15 (Suppl 14): 191.
Silberstein, S. D., R. B. Lipton u. M. Sliwinski (1996). Classification of daily and near-daily headaches: field trial of revised IHS criteria. Neurology 47 (4): 871–5.
Sillanpää, M. (1976). Prevalence of migraine and other headache in Finnish children starting school. Headache 15: 288–90.
– u. P. Anttila (1996). Increasing prevalence of headache in 7-year-old schoolchildren. Headache 36 (8): 466–70.
Siniatchkin, M. u. W. D. Gerber (2002). *Die Rolle der Familie in der Entstehung neurophysiologischer Auffälligkeiten bei Kindern mit Migräne*. Prax Kinderpsychol Kinderpsychiatr 51 (3): 194–208.
–, –, P. Kropp u. a. Vein (1999). How the brain anticipates an attack: a study of neurophysiological periodicity in migraine. Funct Neurol 14 (2): 69–77.
–, –, –, T. Voznesenskaya u. a. M. Vein (2000a). Are the periodic changes of neurophysiological parameters during the pain-free interval in migraine related to abnormal orienting activity? Cephalalgia 20 (1): 20–9.
–, A. Hierundar, P. Kropp, R. Kuhnert, W. D. Gerber u. U. Stephani (2000b). Self-regulation of slow cortical potentials in children with migraine: an exploratory study. Appl Psychophysiol Biofeedback 25 (1): 13–32.
–, E. Kirsch, S. Arslan, S. Stegemann, W. D. Gerber u. U. Stephani (2003). Migraine and asthma in childhood: evidence for specific asymmetric parent-child interactions in migraine and asthma families. Cephalalgia 23 (8): 790–802.
–, P. Kropp, W. D. Gerber u. U. Stephani (2000c). Migraine in childhood – are periodically occurring migraine attacks related to dynamic changes of cortical information processing? Neurosci Lett 279 (1): 1–4.
Stafstrom, C. E., K. Rostasy u. a. Minster (2002). The usefulness of children's drawings in the diagnosis of headache. Pediatrics 109 (3): 460–72.
Steinhausen, H. C., M. v. Aster, E. Pfeiffer u. D. Gobel (1989). Comparative studies of conversion disorders in childhood and adolescence. J Child Psychol Psychiatry 30 (4): 615–21.
Stickler, G. B. u. D. B. Murphy (1979). Recurrent abdominal pain. Am J Dis Child 133 (5): 486–9.
Stiensmeier-Pelster, J., M. Schürmann u. K. Duda (2000). Depressionsinventar für Kinder und Jugendliche (DIKJ). Göttingen, Hogrefe.
Subic-Wrana, C., S. Bruder, W. Thomas, R. D. Lane u. K. Kohle (2005). Emotional awareness deficits in inpatients of a psychosomatic ward: a comparison of two different measures of alexithymia. Psychosom Med 67 (3): 483–9.
Symon, D. N. u. G. Russell (1986). Abdominal migraine: a childhood syndrome defined. Cephalalgia 6 (4): 223–8.

Tait, R. C., J. T. Chibnall, P. N. Duckro u. T. L. Deshields (1989). Stable factors in chronic pain. Clin J Pain 5 (4): 323–8.
Torgersen, S. (1986). Genetics of somatoform disorders. Arch Gen Psychiatry 43 (5): 502–5.
Truckenbrodt, H. u. C. von Altenbockum (1994). Schmerzen bei juveniler chronischer Arthritis: Auswirkungen auf den Bewegungsapparat. In: Petermann/Wiedebusch/Kroll (1994): 301–12.

Überall, M. A. u. D. Wenzel (1999). Intranasal sumatriptan for the acute treatment of migraine in children. Neurology 52 (7): 1507–10.

Unnewehr, S., S. Schneider u. J. Margraf (1995). Kinder-DIPS: diagnostisches Interview bei psychischen Störungen von Kindern und Jugendlichen. Berlin, Springer.

Victor, S. u. S. W. Ryan (2004). Drugs for preventing migraine headaches in children. The Cochrane Library (2): 1–43.
Viswanathan, V., S. J. Bridges, W. Whitehouse u. R. W. Newton (1998). Childhood headaches: discrete entities or continuum? Dev Med Child Neurol 40 (8): 544–50.
Volans, G. N. (1975). The effect of metoclopramide on the absorption of effervescent aspirin in migraine. Br J Clin Pharmacol 2 (1): 57–63.

Waldie, K. E. (2001). Childhood headache, stress in adolescence, and primary headache in young adulthood: a longitudinal cohort study. Headache 41 (1): 1–10.
Walker, C. D., K. Kudreikis, A. Sherrard u. C. C. Johnston (2003). Repeated neonatal pain influences maternal behavior, but not stress responsiveness in rat offspring. Brain Res Dev Brain Res 140 (2): 253–61.
Walker, L. S., J. Garber, D. A. Van Slyke u. J. W. Greene (1995). Long-term health outcomes in patients with recurrent abdominal pain. J Pediatr Psychol 20 (2): 233–45.
Wall, D. P. (1996). The mechanisms by which tissue damage and pain are related. In: J. N. Campbell (Hrsg.). Pain 1996 – An Updated Review. Seattle, IASP press: 123–6.
Walter, R. u. H. Remschmidt (1994). The need for psychotherapy in school-age children. Prax Kinderpsychol Kinderpsychiatr 43 (6): 223–9.
Wang, W. u. J. Schoenen (1998). Interictal potentiation of passive „oddball" auditory event-related potentials in migraine. Cephalalgia 18 (5): 261–5; discussion 241.
–, M. Timsit-Berthier u. J. Schoenen (1996). Intensity dependence of auditory evoked potentials is pronounced in migraine: An indication of cortical potentiation and low serotonergic neurotransmission. Neurology 46: 1404–9.
–, G. P. Wang, X. L. Ding u. Y. H. Wang (1999). Personality and response to repeated visual stimulation in migraine and tension-type headaches. Cephalalgia 19 (8): 718–24; discussion 697–8.
Wasserman, A. L., P. F. Whitington u. F. P. Rivara (1988). Psychogenic basis for abdominal pain in children and adolescents. J Am Acad Child Adolesc Psychiatry 27 (2): 179–84.
Weekes, D. P. u. M. C. Savedra (1988). Adolescent cancer: coping with treatment-related pain. J Pediatr Nurs 3 (5): 318–28.
Welsh, M., B. Pennington u. D. Groisser (1991). A normative-developmental study of executive function: A window of prefrontal function in children. Developmental Neuropsychology 7 (2): 131–49.
Weydert, J. A., T. M. Ball u. M. F. Davis (2003). Systematic review of treatments for recurrent abdominal pain. Pediatrics 111 (1): e1–11.
Whitehead, W. E. u. O. S. Palsson (1998). Is rectal pain sensitivity a biological marker for irritable bowel syndrome: psychological influences on pain perception. Gastroenterology 115 (5): 1263–71.
Wieczerkowski, W., H. Nickel, A. Janowski, B. Fittkau u. W. Rauer (1981). Angstfragebogen für Schüler. 6.Aufl. Testzentrale Göttingen, Hogrefe.
Wilkins, A., I. Nimmo-Smith, A. Tait, C. McManus, S. Della Sala, A. Tilley, K. Arnold, M. Barrie u. S. Scott (1984). A neurological basis for visual discomfort. Brain 107 (Pt 4): 989–1017.
Winner, P., J. Saper, R. Nett, M. Asfharnejad, A. Laurenza u. M. Peykamian (1999). Sumatriptan nasal spray in the acute treatment of migraine in adolescent migraineurs. Pediatrics 194: 694–5.
Wittrock, D. A. u. S. L. Foraker (2001). Tension-type headache and stressful events: the role of selective memory in the reporting of stressors. Headache 41 (5): 482–93.

Wöber-Bingöl, C., C. Wober, A. Karwautz, A. Auterith, M. Serim, K. Zebenholzer, K. Aydinkoc, C. Kienbacher, C. Wanner u. P. Wessely (2004). Clinical features of migraine: a cross-sectional study in patients aged three to sixty-nine. Cephalalgia 24 (1): 12–7.

–, –, –, C. Vesely, C. Wagner-Ennsgraber, G. P. Amminger, K. Zebenholzer, J. Geldner, W. Baischer u. B. Schuch (1995). Diagnosis of headache in childhood and adolescence: a study in 437 patients. Cephalalgia 15 (1): 13–21; discussion 4.

–, – u. C. Wagner-Ensgraber (1996). IHS criteria for migraine and tension-type headache in children and adolescents. Headache 36 (4): 231–8.

–, –, K. Zeiler, K. Heimberger, C. Baumgartner, P. Samec u. P. Wessely (1992). Tension headache and the cervical spine – plain X-ray findings. Cephalalgia 12 (3): 152–4; discussion 127.

Wolff, H. G. (1963). Headache and other head-pain. New York, Oxford University Press.

Woolf, C. J. u. M. W. Salter (2000). Neuronal plasticity: increasing the gain in pain. Science 288 (5472): 1765–9.

Wurmthaler, C., H. U. Gerbershagen, G. Dietz, J. Korb, P. Nilges u. S. Schilig (1996). Chronifizierung und psychologische Merkmale – Die Beziehung zwischen Chronifizierungsstadien bei Schmerz und psychologischem Befinden, Behinderung und familiären Merkmalen. Zeitschrift für Gesundheitspsychologie 4 (2): 136–113.

Zebenholzer, K., C. Wober, C. Kienbacher u. C. Wöber-Bingöl (2000). Migrainous disorder and headache of the tension-type not fulfilling the criteria: a follow-up study in children and adolescents. Cephalalgia 20 (7): 611–6.

Zernikow, B. (2001). Schmerztherapie bei Kindern. Berlin/Heidelberg/New York, Springer.

Zimmermann, M. (1991). Zur Frage der Schmerzempfindlichkeit des Fetus: Neuro-, psycho- und verhaltensphysiologische Aspekte. Der Schmerz 5: 122–30.

– (1994). Physiologische und pathophysiologische Mechanismen chronischer Schmerzen. In: R. Wahl u. M. Hautzinger (Hrsg.). Psychotherapeutische Medizin bei chronischem Schmerz – Psychologische Behandlungsverfahren zur Schmerzkontrolle. Köln, Deutscher Ärzte Verlag: 23–32.

Zohsel, K., J. Hohmeister u. C. Hermann (2005). Schmerzbewältigung und emotionale Probleme bei Kindern mit rezidivierenden Schmerzen. XXIX. Kongress der Deutschen Gesellschaft für Kinder- und Jugendpsychiatrie, Psychosomatik und Psychotherapie. Heidelberg, Vandenhoek und Ruprecht.

11 Anhang

11.1 Adressen, Links

11.1.1 Spezielle Fachgesellschaften und Vereinigungen

1) Deutsche Schmerzgesellschaft e. V.
www.schmerzgesellschaft.de
Informationen (v. a. für Betroffene) über Kopfschmerzen bei Kindern und Jugendlichen (Erscheinungsbild, Häufigkeit, Besonderheiten, Diagnose, Ursachen, Auslöser, Zusammenhang zu Stress, Therapiemaßnahmen inkl. medikamentöser Behandlung, Selbsthilfemöglichkeiten, Elternempfehlungen), außerdem eine Sammlung von anderen Internetadressen zum Thema Schmerz. Ein Migränetagebuch für Kinder ist im Onlineshop bestellbar.

2) Deutsche Gesellschaft zum Studium des Schmerzes e. V. (DGSS)
www.medizin.uni-koeln.de/projekte/dgss
Links zu anderen Adressen zum Thema Schmerz.

3) Deutsche Migräne- und Kopfschmerzgesellschaft (DMKG)
www.dmkg.org
Therapieempfehlungen für unterschiedliche Kopfschmerzformen – auch für idiopathische Kopfschmerzen im Kindesalter, Ärzte- und Patientenservice mit weiteren Informationen zu Medikamenten etc., Buchtipps, ausführliche Listen von Kopfschmerzexperten, Kinderkopfschmerzexperten und Kopfschmerzkliniken.

4) Deutsche Gesellschaft für Schmerztherapie e. V.
www.stk-ev.de
Deutschlandweite Suche nach Schmerzzentren, Akutschmerzfragebogen für Erwachsene, verschiedene Informationen zu Schmerz.

5) Deutsche Schmerzhilfe e.V.
www.kopfschmerz-infos.de/index.php
Ausführliche Informationen zu Kopfschmerzen und Therapie, auch bei Kindern, Kopfschmerztagebuch und Kopfschmerzkalender für Kinder im Onlineshop bestellbar, interaktive Angebote: Fragebogen (MIDAS) zur Einschränkung durch Kopfschmerzen (wird sofort online ausgewertet und gibt einen Grad der Beeinträchtigung an), Schmerzfragebogen, anhand dessen ein geeigneter Therapeut ausgewählt werden soll, verschiedene Informationsbroschüren zum Thema Schmerz zum Downloaden, Foren für Mitglieder, Selbsthilfegruppen.

6) Deutsche Gesellschaft für psychologische Schmerztherapie und -forschung
http://dgpsf.de
Informationen über akuten und chronischen Schmerz, Weiterleitung zu einer Liste von

anerkannten psychologischen Schmerzpsychotherapeuten, Links zu anderen Schmerzgesellschaften.

7) Deutsche Interdisziplinäre Vereinigung für Schmerztherapie
www.divs-ev.de
Leitlinien für Ärzte und Patienten, Links zu Zeitschriften für Schmerztherapie.

8) Deutsche Schmerzliga e. V.
www.schmerzliga.de
Adressen von Selbsthilfegruppen und schmerztherapeutischen Einrichtungen, Schmerztelefon, Internet-Diskussionsforum, Informationen zu Schmerz und Schmerztherapie.

9) Forum Schmerz
www.forum-schmerz.de
Informationen für Patienten zu verschiedenen Schmerzarten und Therapien, Schmerztelefon, Adressen von spezialisierten Ärzten und Selbsthilfegruppen.
Kopfschmerztest zur „Diagnose" online, Kopfschmerztagebuch für Erwachsene und Kinder sowie aktuelle Pressemitteilungen und Ankündigungen.

10) Schweizerische Gesellschaft zum Studium des Schmerzes
www.dolor.ch
Informationen zu Migränetherapie, Bauchschmerzen bei Kindern, Schmerzerfassung bei Kindern mit Schmerzerfassungsskalen (KUSS- und Smiley-Skala).

11) Arbeitskreis „Schmerztherapie bei Kindern"
www.medizin.uni-koeln.de/projekte/dgss/AKKinder.html
Informationen über Aktivitäten des Arbeitskreises, Kongressberichte, Empfehlungen zur Therapie des kindlichen Kopfschmerzes.

11.1.2 Fachzeitschriften zum Thema Schmerz

12) Der Schmerz
http://springeronline.com

13) Pain reviews
www.arnoldpublishers.com/journals/pages/pai_rev/

14) Ärzte Zeitung online
www.aerztezeitung.de/medizin/schmerz/kopfschmerzen
Beiträge zum Thema Kopfschmerzen.

11.1.3 Medizinische Institutionen

In vielen deutschen Städten gibt es mittlerweile interdisziplinäre Schmerzambulanzen. Diese sind allerdings vorwiegend für erwachsene Patienten ausgelegt. An der Vestischen Kinder- und Jugendklinik Datteln der Universität Witten/Herdecke gibt es seit einigen Jahren die erste Kinderschmerzambulanz Deutschlands (Internetadresse s. u.) unter Leitung von Dr. B. Zernikow. Am Klinikum Heidberg in Hamburg ist ein weiteres Zentrum für Kinderschmerztherapie unter Leitung von Dr. R. Pothmann entstanden (bisher noch keine Internetadresse):

Zentrum für Kinderschmerztherapie (Dr. Raymund Pothmann)
Klinikum Heidberg
Tangstedter Landstr. 400
22417 Hamburg

15) Institut für Kinderschmerztherapie und Pädiatrische Palliativmedizin, Vestische Kinderklinik Datteln
www.schmerzen-bei-kindern.de
Ausführliche Informationen über Schmerzen bei Kindern, Dattelner Schmerzfragebögen (Eltern-, Jugend-, Kinderversion), Elternhandbuch, Schmerztagebuch. Erstes Kinderschmerzzentrum in Deutschland: Klinische Versorgung, Forschung, Weiterbildung.

16) Schmerzklinik Kiel
www.schmerzklinik.de
Klinik für neurologisch-verhaltensmedizinische Schmerztherapie (besonders Kopfschmerzen), Schwerpunkt: Erwachsene, Link u. a. zu Migräne-Schule online.

17) Klinik für Anästhesiologie der Universität Lübeck
www.kinderschmerz.de
Informationen zu einer durchgeführten Studie zu Schmerzen bei Kindern und Jugendlichen.

11.1.4 Sonstiges

18) Bundesministerium für Bildung und Forschung
www.bmbf.de/pub/chronischer_schmerz.pdf
Informationen zu Entstehung, Diagnose, Therapie etc. von Kopfschmerzen, Rückenschmerzen, neuropathischem Schmerz und Tumorschmerz, Liste von Adressen und Ansprechpartnern.

19) SchmerzLos von medizininfo – Migräne und Kopfschmerz
www.medizinfo.de/schmerz/migraene/migraene.htm
Ausführliche Informationen für Patienten zu Kopfschmerzen, Diagnose (mit Checkliste: „Habe ich Migräne?") Ursachen, Behandlung etc., Kongressberichte, Büchertipps.

20) Ärztliches Zentrum für Qualität in der Medizin
www.leitlinien.de/leitlinienthemen/index/view?show=14
Internationale Linksammlung zu Leitlinien verschiedener Fachgesellschaften zum Thema „Kopfschmerzen".

21) Boehringer Ingelheim Pharma
www.kopfschmerzen.de
Empfehlungen zur Selbstmedikation bei Kopfschmerzen, Diskussionsforen (Migräne, Spannungskopfschmerz, Kopfschmerz).

22) Deutsches Medizin Forum
www.medizin-forum.de/diagnosen/kopfschmerz.htm
Informationen zu Kopfschmerzen, kurzer Kopfschmerzkalender direkt online.

23) Therapieempfehlungen: Tumorschmerzen
www.akdae.de/35/93_Tumorschmerzen_2000_2Auflage.pdf
Therapieempfehlungen der deutschen Arzneimittelkommission der deutschen Ärzteschaft zu Tumorschmerzen.

24) Schmerztherapeutisches ambulantes Netzwerk Köln
www.medizin.uni-koeln.de/stan/Schmerzmanual/index.html
Manuale zu Kopfschmerz und Tumorschmerzen, Kölner Schmerztagebuch, Kieler Kopfschmerztagebuch.

25) Schmerz-online: Institut und Internetplattform für schmerztherapeutische Fort- und Weiterbildung
www.schmerz-online.de
Angabe verschiedener Fortbildungsmöglichkeiten, v. a. Kongresse, Download-Möglichkeit von Schmerzfragebögen und -tagebüchern, Elternratgeber des „Help-yourself"-Programms gegen Kopfschmerzen bei Kindern zum Downloaden.

26) Schmerzpraxis Dr. Neubauer
www.schmerzhypnose.de
Informationen und Links zum Thema Schmerztherapie und Hypnose, Schmerzkliniken und -therapeuten, die mit Hypnose arbeiten.

27) Qualimedic
http://ruecken.qualimedic.de/Forum-9500.html
Schmerzsprechstunde: Forum, in dem immer montags Patientenfragen online beantwortet werden.

11.2 Arbeitsmaterialien

11.2.1 Kopfschmerzfragebögen

Die erforderlichen Fragen für eine Kopfschmerzdiagnostik bei Kindern und Jugendlichen sind in Kap. 5.2 angegeben. Standardisierte Kopfschmerzfragebögen für Kinder und Jugendliche sind in Schriftform und elektronisch veröffentlicht (z.B. in Pothmann 1999, 21–25).

Auf der Internetseite der Deutschen Schmerzhilfe e. V. (www.kopfschmerz-infos.de/index.php) findet sich ein Fragebogen (MIDAS) zum Ausmaß der Einschränkung durch Kopfschmerzen. Dieser Fragebogen wird sofort online ausgewertet und gibt einen Grad der Beeinträchtigung an.

11.2.2 Kopfschmerztagebücher

Ebenso sind verschiedene Kopfschmerztagebücher veröffentlicht, die teilweise gegen eine kleine Gebühr bestellt werden können, z. B. über

- Deutsche Schmerzgesellschaft e. V. (www.schmerzgesellschaft.de)
- Forum Schmerz (www.forum-schmerz.de)
- Deutsche Migräne- und Kopfschmerzgesellschaft (www.dmkg.org)
- Deutsche Schmerzhilfe e. V. (www.kopfschmerz-infos.de/index.php)

11.2.3 Minimalinterventionen: Leitfaden zur Beratung bei kindlichen Kopfschmerzen

Dieser Leitfaden wurde bei uns im Rahmen von Kurzzeitberatungen für Kinder mit Kopfschmerzen eingesetzt. Bei einer „unkomplizierten", nicht häufiger als etwa dreimal pro Monat auftretenden kindlichen Migräne oder kindlichen Spannungskopfschmerzen ohne relevante psychiatrische Komorbidität oder ausgeprägt schwierige Familieninteraktion führen oft wenige Beratungssitzungen zu einer deutlichen Verminderung der Kopfschmerzfrequenz. Im Allgemeinen reichen zwei bis fünf Sitzungen aus. Die einzelnen Elemente der Beratung werden in Kap. 7 näher erläutert und sind daher hier nur stichwortartig aufgeführt. Anregungen zur Formulierung sind als Beispiele in Stichworten angegeben. Der Leitfaden ist als Anregung und Arbeitspapier zu verstehen und enthält daher keine ausführlichen Formulierungen.

Erste Beratung

Auftragsklärung:
- Was erhoffen sich Eltern und Kind von Beratung? Welche Aspekte sind noch problematisch, welche Fragen noch offen? Was haben sie selbst schon gut im Griff, was nicht?

Aufklärung bezüglich Diagnose:
- „Ihr Kind hat Migräne mit bzw. ohne Aura ..." (jeweils anpassen, Aura ggf. erklären), „Das kennen Sie/Ihr Mann u. U. selbst" (wenn zutreffend).
- „Für eine bedrohliche zugrunde liegende Erkrankung gibt es keinerlei Anhaltspunkt"; „Migräne ist harmlos, aber lästig."
- „Wie die Erkrankung zustande kommt, weiß man noch nicht ganz genau. Die Bereitschaft/Empfindlichkeit dafür erbt man wahrscheinlich (das ist dann ein ‚empfindlicher Punkt', so wie ‚schwacher Magen'), es spielen aber noch weitere Faktoren eine Rolle (z. B. Hormone)."
- Migräne geht mit einer zeitweiligen Überempfindlichkeit des ZNS einher, schlechte Möglichkeit, sich gegen Reize abzuschirmen, deswegen oft auch sonst neutrale Reize (Licht, Geräusche, Gerüche) im Anfall unangenehm.
- Es entstehen keine bleibenden Schäden, auch nicht bei Aura.
- Prognose: bei Jungen große Chance, dass Migräne während Pubertät verschwindet, bei Mädchen bleibt sie eher als bei Jungs bestehen, aber auch nicht immer.
- „Mit diesem ‚empfindlichen Punkt' kann man umgehen lernen; selbst Strategien entwickeln, dass Migräne seltener kommt/besser beherrschbar ist. Dabei wollen wir Sie während der nächsten Monate gerne unterstützen. Wichtig dafür sind folgende Punkte: Akutmaßnahmen während der Attacke, Auslösefaktoren vermeiden (falls möglich), Raum für Entspannung, allgemeine Haltung – wo liegt Ihr größtes Interesse?"

Akutmaßnahmen während der Attacke:
- „Was hilft bisher? Was könnte aus Ihrer Sicht besser werden?"

Nichtmedikamentös:
- Rückzug, Schlaf, verdunkeltes Zimmer, kein Lärm, Kopf kühlen, eventuell Pfefferminzöl auf die Stirn.
- Bei jüngeren Kindern, die Attacken „wegschlafen" können, ist das oft ausreichend. Wenn es gut funktioniert, Eltern und Kind dabei lassen < zwölf Jahre. Trotzdem auf medikamentöse Alternative hinweisen, auch für den Fall, dass Schlafen schlechter möglich ist in Zukunft oder Kinder an Aktivitäten weiter teilnehmen wollen.

Medikamentös acht bis zwölf Jahre:
- Unter 14 Jahren klassische Kombination von Metoclopramid mit Schmerzmittel wegen Metoclopramid-Anwendungsbeschränkung nicht zu empfehlen.
    1. Wahl: Ben-U-ron supp. 500 mg (nicht weniger, im Einzelfall bis 1.000 mg), wenn Paracetamol hilft und Zäpfchen toleriert werden.
    2. Wahl: Ibuprofen 200 mg oder ASS 500 mg (am besten Brausetabletten) – kein ASS bei v. a. fieberhaftem Infekt (cave: Reye-Syndrom!) – Eltern unbedingt darauf hinweisen. Bei Migräne ohne fieberhaften Infekt darf ASS gegeben werden!
- Grundregel: Medikamente möglichst früh und in ausreichender Dosierung geben! Nicht sparen! Keine Angst vor Schmerzmittelabusus bei seltenen Attacken! Bei Kindern werden eher zu wenige Medikamente eingesetzt.
- Cave ab > achtmal pro Monat Schmerzmittel! Hier droht medikamenteninduzierter Kopfschmerz! Hier eher entgegengesetzte Schiene fahren: versuchen, „triage" zu besprechen – bei welchen Anfällen sollen Schmerzmittel gegeben werden, bei welchen nicht –, Verbrauch insgesamt eher senken.
- Weitere Optionen für spätere Beratungen bei Therapieversagen:
    1. Wechsel der Monosubstanz, andere beiden Monosubstanzen ausprobieren. Kombination ASS, Paracetamol + Koffein (bei älteren Kindern und Jugendlichen – hat bei Erwachsenen gute Erfolge gezeigt).
    2. Kombination mit Motilium (Einzeldosis 10 mg) vorweg – Anwendungsbeschränkung für Kinder – Eltern müssen aufgeklärt und einverstanden sein.
    3. Kombination mit Metoclopramid 0,1 mg/kg vorweg (20 Minuten vor Schmerzmittel) – Anwendungsbeschränkung unter 14 Jahren – Eltern müssen aufgeklärt und einverstanden sein.
    4. Imigran nasal (Sumatriptan) – mittlerweile zugelassen für Kinder.
- Jeweils nur eine neue Option mit Eltern besprechen und beim nächsten Termin nach Gelingen fragen!
- Empfehlung für Eltern, die selbst Migräne haben: Standard: 30 Tr. Paspertin, 20 Minuten später 1.000 mg ASS oder Paracetamol, Alternative 400 mg Ibuprofen oder ASS + Paracetamol + Koffein (z. B. Thomapyrin®). Unbedingt Paspertin vorher! Wirkt nicht nur gegen Übelkeit, sondern auch schon analgetisch und normalisiert Motilität des Gastrointestinal-Trakts – schafft daher also die Chance, dass Schmerzmittel überhaupt aufgenommen werden kann! Hier gilt wieder: Wenn eine Monosubstanz nicht hilft, die nächste (oder die Kombination) ausprobieren. Bei Symptombeginn medizieren!

Auslösefaktoren vermeiden:
- Auslöser sind keine Ursachen! Darüber aufklären.
- Auslöser erfragen, dazu typische Auslöser beispielhaft nennen.
- Im Kopfschmerztagebuch prospektiv vermutete Auslöser und Zusammenhang zu Attacke beobachten lassen.
- Sind Auslöser vermeidbar? (z. B. wenig trinken, zu wenig/zu viel Schlaf – gleiche Aufsteh- und Bettgehzeiten auch am Wochenende empfehlen, helles Licht – Schatten, Sonnenbrille etc.) Stress ist im Leben nicht wirklich vermeidbar, Umgang ist erlernbar.

Allgemeine Haltung/Raum für Entspannung:
- „Unserer Erfahrung nach hat Migräne bei vielen Kindern und Erwachsenen damit zu tun, dass sie sehr bereit sind, Anforderungen zu erfüllen und dabei über ihre eigenen Grenzen gehen – sie sind eher nicht die, die behaupten, sie hätten Kopfschmerzen, um nicht in die Schule gehen zu müssen. Sie machen oft eher mehr, als ihnen selbst gut tut, hören wenig auf sich selbst. Manchmal setzt dann Kopfschmerz die Grenze und zwingt zur Ruhe."
- Tipp: Entspannungszeiten fest einplanen: Entspannungsgeschichten oder -kassetten (Buchhandel) oder Lieblingsmusik oder etwas Ruhiges, was das Kind gern tut – selbst mit ihm über Entspannungszeiten sprechen – was macht es gerne? Was hat es selbst für Vorschläge?
- Freizeitkalender: Wie verplant ist die Freizeit? Wie viel unverplante Zeit gibt es einfach zum Spielen, auch jenseits der Hausaufgaben? (Sollten täglich mind. 1,5 Stunden sein ...)
- Sport: etwas, was das Kind gerne tut. Gut, wo Entspannung und körperliche Bewegung/Selbstwahrnehmung verbunden wird (Yoga für Kinder – VHS, Yogaschulen, Tai Chi, andere japanische Kampfsportarten)
- Öfter mal „Nein!" sagen. Ein Schild malen und an die Tür hängen: Bitte nicht stören! Sagen, wenn man wütend ist, einen etwas stört, man nicht mehr will.

Folgeberatungen:

Auftragsklärung
- Was hat seit dem letzten Mal gut funktioniert (Empfohlenes oder selbst Ausgedachtes)? Welche Aspekte sind noch problematisch, welche Fragen noch offen? Was haben Patienten und Eltern selbst mittlerweile gut im Griff, was nicht?
- Tagebuch einbeziehen! Nach Mustern suchen (immer am Wochenende, bei Klassenarbeiten etc.), noch nicht erkannten Triggerfaktoren, Medikation während Attacke.

Akutmaßnahmen während der Attacke
- S. o.; was gut geholfen hat – weitermachen; wo noch kein Erfolg, eine gezielte neue Empfehlung zum Ausprobieren für die nächsten vier Wochen. Ebenso mit Punkten 3. bis 5.

Sachregister

Acetylsalicylsäure 148f
Affect attunement 34
Akupunktur 20, 67, 153f
Akuttherapie 146f, 149, 155, 172
–, Migräneattacke 48, 56, 83ff, 88, 96, 100, 146ff, 150, 185, 187, 189f, 221f
Alexithymie 106ff, 122, 142
Allodynie 17
Amitriptylin 149f, 157
Analgetika 73, 147f, 155, 158f
Anamnese 51, 67 112, 114, 120, 123ff, 128, 130f, 168, 170f, 176, 212f, 226f, 229
–, Familienanamnese 96, 114, 188
–, Fremdanamnese 130
–, Schmerzanamnese 41, 111f, 119, 121, 128, 140, 217
Angst 13, 25, 30, 33ff, 40f, 49, 51ff, 62, 64, 69, 73ff, 78, 86, 104f, 113, 122f, 126f, 132, 134, 142, 181, 189, 201, 205, 216, 219, 223, 228
„Ankern" 182, 188
Antidepressiva 155ff
–, SSRI 149, 157
–, trizyklisch 157
Antiemetikum 147ff
Antikonvulsivum 157
Arbeitsbündnis 160, 176, 179, 208, 210f
Arthritis 68f, 80
Arousal 19
Arzt-Patient-Beziehung 78
Ataxie 52, 83
Ätiologie 103, 225
Attackenablauf 85, 88
Auftrag 175, 177f, 194
Auftragsklärung 175
Aura 46f, 49ff, 56, 72f, 83ff, 96, 100, 116, 126, 188, 191

Bauchschmerz, akut 129
–, chronisch 129
–, rezidivierend 59, 75ff 103, 128, 228
–, funktioneller 59f

behavioral distress 33
„belle indifference" 131
Beziehung, therapeutische 43, 112, 194, 208, 210, 224
„big brain" 104
Bildgebende Verfahren 126
Biofeedback 102, 141, 151ff, 157, 211
Body Mass Index (BMI) 128
Brandverletzungen 70

Calcitonin-gene-related peptide (CGRP) 88
Checklisten 206
Child Behavior Check List (CBCL) 122
Chronifizierung 22, 27, 63, 80, 98, 105, 145, 154, 208, 216ff, 220f, 223
Compliance 139, 160, 174, 178, 198, 210
Computertomographie (CT) 125
Contingente negative Varition (CNV) 92ff, 98, 152
cortical spreading depression 85f, 100
Craving 96, 100, 102
CSD (siehe cortical spreading depression) 85f, 100

„Daily hazzles" 103
Depolarisation 84f
Depression 25, 36, 46, 62, 64, 73ff, 85f, 100, 113, 122f, 132, 134, 137, 142, 149, 157, 213, 220
Desomatisierung 36, 64, 108, 142
Diagnostik 78, 111f, 118, 121ff, 125f,128ff, 136, 138, 140, 208, 216, 219, 225, 229
Diathese-Stress-Modell 23
Differentialdiagnose 51, 57, 114, 125ff, 132, 136
Diskonnektionssyndrom 108
Dissoziative Störung 131
„doctor shopping" 22, 132, 162, 223
Dyspepsie 158
–, funktionelle 60, 129

Sachregister

Egozentrismus 37, 39, 41, 44
Elektroenzephalographie (EEG) 66, 88, 90f, 93f, 125ff
Elternberatung 206
Entspannung 44, 119, 135, 141, 144, 151f, 161, 168ff, 172ff, 181, 184ff, 190, 196f, 207
–, Autogenes Training 151f, 174
–, progressive Muskelrelaxation 151, 169f, 174, 186
Ernährung 153, 157
–, oligoantigene 153
Externalisierung 116, 142f, 172, 184, 198, 200f

Familienanamnese 96, 114, 188
Familienstil 76, 114
Fasern, A-Delta 17, 20
–, C 17
Feedbackkonferenz 131, 136, 139f
Fet 16, 26, 29, 69, 111
Flunarizin 150
Flupirtin 155

„gate control" 18f 21f, 24, 228
Gedächtnis 29f
–, deklaratives 30
–, episodisches 30
–, explizites 30, 38
–, implizites 30, 38
–, prozedurales 30
Genetik 82f
Genetische Faktoren 94, 99
Genogramm 114f
Gutachterverfahren 224

Habituation 90ff, 98
Habituationsstörung 91ff
Habituationstraining 172
Hinterhorn des Rückenmarks 17, 19, 21
Hirntumor 57
Homöopathie 153f
Homöostase 96
Hyperalgesie 17
Hypersensitivität 89, 94, 98, 105
–, visuelle 94
–, viszerale 104
Hypnotherapie 142f
Hysterie 106
Hypochondrische Störung 64, 133

Ibuprofen 148, 155, 158, 190f
Indikation 11, 135ff, 150, 155, 224, 227
Informationsverarbeitung 88
–, emotionale 108
Informationsverarbeitungsstörung 88, 90, 95, 99, 172
Interaktion 24, 34, 97ff, 104f, 130, 134, 185
International Headache Society (IHS) 46ff, 58, 60f, 71ff, 83, 88, 125f, 228

Kassenanträge 224ff
Katastrophisieren 220f
Kernspinresonanztomographie (MRT) 66, 125
Kognition 16, 21, 25, 30, 120
–, dysfunktionale 168, 170, 198f
Kognitiv-behaviorale Therapie 157f
Komorbidität 74, 76
–, Diagnostik 121
–, psychiatrische 13, 56, 72ff, 111, 122, 136ff, 149, 155, 165ff, 175, 180, 203, 207, 216, 219ff, 225, 229f
Konditionierung 24, 33, 36, 105f, 141
–, klassische 33, 106
–, respondente 36
Kontakt 112, 140, 177, 192, 209, 213f, 223, 231
Kontextklärung 175
Kontrollverlust 74, 220
Konversion 106, 134, 142
Kopfschmerz 36, 41, 46ff, 53, 57f, 65, 71ff, 80, 82f, 116, 124ff, 155, 166, 178, 199, 203, 221f
–, chronischer 48, 53f, 72ff, 166, 221f
–, Cluster 57
–, episodischer 48
–, medikamenteninduzierter 49, 155
–, primärer 56ff, 82
–, rekurrierender 76
–, Spannungstyp 54ff, 72
–, symptomatischer 57
Kopfschmerzhäufigkeit 56
Körperwahrnehmung 169, 172, 192
Krankheitsgewinn, primärer 132, 217
–, sekundärer 22, 25, 43, 106, 132, 217
–, tertiärer 217f
Krankheitskonzept 138f, 179, 208, 210, 212
Krankheitsmodell 162
Kurztherapie, systemische 161, 173

Lebensführung 180
Lebensqualität 79f, 229
Lernen 23
–, klassisches 23
–, operantes 23
–, soziales 106
„little brain" 104
limbisches System 19f
„long term potentiation" 18

Manifestationsalter 72
Metamizol 157f
Migräne 71f, 74, 80ff
–, abdominelle 53, 60f, 90, 158, 222
–, Attackenablauf 85, 88
–, Basilaristyp 52, 83
–, chronische 49, 53f, 56, 72, 75, 221
–, hemiplegische 51f, 83
–, migränefreies Intervall 82, 88
–, mit Aura 46, 50ff, 86
–, ohne Aura 46ff, 87
–, retinale 52
–, transformierte 53f, 222
–, wahrscheinliche 48
Migränedisposition 99
Migränepathophysiologie, integratives Modell 98ff, 185
–, neurogenes Modell 84
–, trigeminovaskuläres Modell 85
–, vaskuläres Modell 84
„Minientspannung" 188, 197
Modelllernen 97
Motilität 104
Münchhausen by proxy-Syndrom 132
Multikomponenten-Programme 142f, 151f
Musiktherapie 143f, 171, 204, 215
Muskelverspannung 102

Nebenwirkungen 150
Nervenstimulation, transkutane elektrische (TENS) 20, 153, 156
Nervensystem 17, 25, 104, 110
–, enterisches 104
–, motorisches 25
–, sensorisches 25
Nervus trigeminus 87
Neuroplastizität 24
Nozizeption 14, 17
Nozizeptoren 17
Noxe 14f, 18, 21, 27, 32

Onkologie 68
Operation 40
Opioide 19f, 26, 157f

Paracetamol 49, 67, 148f, 155, 158, 189
Pathophysiologie 82, 102, 189, 229
Periodizität 96
Pestwurzextrakt 151
Pfefferminzöl 155, 157f, 183
Phantasiereisen 151
Piaget 31f, 35, 39f, 42, 107
–, Phasenmodell 31
–, formal-operationale Phase 42
–, konkret-operationale Phase 32, 40
–, präoperationale Phase 32, 35, 39
–, sensomotorische Phase 32
Pizotifen 150, 157f
Plastizität, neuronale 26, 29
Pleozytose 83
„Posttraumatic Stress Disorder" (PTSD) 132
Potentiale, evozierte 88, 90ff, 94f
–, ereigniskorrelierte 88, 90ff, 95
Problemlösekompetenz 167f, 171, 205
Prodromalphase 46
Prophylaxe, medikamentöse 55, 149f, 154f
–, nichtmedikamentöse 151, 156
Propranolol 150

Rating, Selbstrating 118f, 122f
–, Fremdrating 119, 122
Reifung 27
Reifungsstörung 95
Reizdarmsyndrom 60, 77, 129, 158
Reizüberempfindlichkeit 88ff, 99, 182
Reizverarbeitungstraining 151, 153, 162, 172
Resomatisierung 64
Ressourcen 114, 161, 167, 180, 191, 195, 200, 202, 230
Rom-Kriterien 59f

Säugling 25, 32ff, 90, 213
Scham 40
Schema 33, 37
Schlaf 86, 146, 182, 185f, 189, 213
Schlafstörung 75
Schmerz, chronischer 28, 74, 80, 121, 138, 141f, 145, 157, 159, 179, 184, 208, 216
–, Definition 13

Sachregister

–, neuropathischer 15
–, nozizeptiver 16
–, postoperativer 69f, 158, 229
–, psychogener 15
–, rezidivierender 79f, 138, 141f, 145, 159, 179, 184, 230
–, zentraler 15
Schmerzambulanz 139
Schmerzanamnese 41, 111ff, 119, 121, 128, 140, 217
Schmerzausdruck 33
Schmerzbewältigung 44
Schmerzdiagnostik 69, 111, 120, 141
–, Dattelner Schmerzfragebogen 120
–, Fragebogen zu elterlichen Reaktionen in Schmerzsituationen ihres Kinder, Kinder- (FESK-K) und Elternversion (FESK-E) 121
–, Fragebogen zur Schmerzbewältigung bei Kindern (FBSK) 120f
–, multiaxial 120, 229
–, Multidimensionaler Schmerzfragebogen für Eltern (MPI-E) 121
–, Multidimensionaler Schmerzfragebogen für Kinder (MPI-K) 121
Schmerz-Engramm 27
Schmerzgedächtnis 27ff
Schmerzkonferenz 139
Schmerzkonzept 24, 31f, 36
–, kybernetisch 24
Schmerzmessung 69, 111, 116f, 229
Schmerzmittel 73, 111, 148, 150
Schmerzmodell, operantes 22f
Schmerzerfassungsskalen 39, 116
–, Kategorialskala 117
–, Visuelle Analogskala (VAS) 117
Schmerzstörung, somatoforme 64ff, 78, 127, 130, 134f, 138, 157, 165, 177, 216
Schmerztagebuch 118ff, 140, 174, 185, 196, 215
–, Kopfschmerztagebuch 51, 56, 118f, 124, 127, 153f, 160, 168ff, 189ff, 204
Schmerztoleranz 33, 220
Schmerztor 185, 199
Schulausfall 80
Schulphobie 62, 75
Schulvermeidung 62, 75, 80, 163
Schulverweigerung 75
Selbstsicherheit 153, 167f, 170, 205

Selbstwirksamkeit 31, 41, 118, 127, 185, 198
Sensitivierung 17f, 27f, 88, 103
Serotonin 17, 19, 88, 149, 157
Simulation 132
Skalen 116
–, Schätzskalen 116f
–, Kategorialskalen 117
–, visuelle Analogskalen 117
Skript 32, 37f, 39
Somatisierer 79
Somatisierung 56, 61ff, 76, 105f, 108, 113f, 123, 137, 156, 159, 163f, 222f
Somatisierungsstörung 15, 36, 61f, 64ff, 78f, 130f, 229
–, undifferenzierte 66
Somatoforme autonome Funktionsstörung 64, 130
Somatoforme Beschwerden 63, 75, 78
Somatoforme Störung 61, 63ff, 76, 78f, 130f, 136, 138f, 156, 173, 198, 207f, 211, 223, 229f
Somatotopie 18
Sozioökonomische Folgen 79
Spannungskopfschmerz 46, 54ff, 58, 71ff, 76, 82, 97, 102f, 124f, 146, 149f, 155ff, 162, 167, 173, 185, 221
–, chronischer 55
Stressanzeichen 170, 195f, 200
Stressauslöser 195f
Stressmanagement 167f, 170, 186
Stressoren, psychosoziale 73
Sumatriptan 149
Systemische Therapie 143

Thalamus 19f, 26
Tiefenpsychologie 142
Tractus spinoreticularis 19
Tractus spinothalamicus 18
Trauma 16, 110, 126
Traumatisierung 30, 131
Trennungsangst 62, 76, 105, 113, 204
Trigger 85f
Triptane 88, 149, 155

Überbehütung 97

Valproat 150
Verhaltenstherapie 141, 149, 151, 231
–, operante Ansätze 141

–, kognitive Ansätze 141
–, respondente Ansätze 141
Verstärker 119f, 178
Verstärkung 22f
Vulnerabilität 65, 83, 99, 162, 207

WHO-Stufenschema 158
„wind-up" 18, 27
„Wunderfrage" 178

Zolmitriptan 149

Manfred Endres | Gerd Biermann (Hg.)
Traumatisierung in Kindheit und Jugend

(Beiträge zur Kinderpsychotherapie; 32)
2. Auflage 2002. 260 Seiten. 5 Abb.
(978-3-497-01585-6) gb

Kinder sind besonders verletzlich: Schrecklichen Erlebnissen haben sie noch wenig entgegenzusetzen. Seelische Verletzungen können die Entwicklung des Kindes behindern, ja zusammenbrechen lassen, können aber auch entwicklungsfördernde Impulse wachrufen.

Heute wird zur Traumatisierung im Kindesalter vor allem sexueller Missbrauch assoziiert. Dieses Buch greift jedoch eine Vielfalt von weiteren Aspekten auf: den Verlust von Bezugspersonen durch Tod oder Scheidung; schwere Erkrankungen im Kindesalter; Kriegsereignisse, Flucht, Vertreibung; politische Verfolgung und Fremdenfeindlichkeit.

Pressestimme

„Zusammenfassend stellt das vorliegende Buch eine gelungene Mischung verschiedener Aspekte zum Thema Traumatisierung in Kindheit und Jugend dar und wird durch zahlreiche Fallvignetten lebendig und anschaulich." *Selbstpsychologie*

ᛇV reinhardt
www.reinhardt-verlag.de

P. Barrett | H. Webster
C. Turner
FREUNDE für Kinder

Trainingsprogramm zur Prävention von
Angst und Depression
A. d. Australischen Engl. übersetzt und
bearbeitet von C. A. Essau u. J. Conradt

Gruppenleitermanual
2003. DIN A4. 236 Seiten.
Mit Kopiervorlagen.
(978-3-497-01640-2) kt

Arbeitsbuch für Kinder
2003. DIN A4. 82 Seiten. (978-3-497-01641-9) geh

FREUNDE ist ein kognitiv-verhaltenstherapeutisches Programm zur Vorbeugung und Intervention bei Angst und Depression bei Kindern im Alter von 7 bis 12 Jahren. Das Programm

- zeigt, wie Kinder mit Angst erzeugenden Situationen umgehen und Probleme lösen können,
- baut emotionale Widerstandsfähigkeit auf,
- fördert das Lernen mit Gleichaltrigen,
- schafft Netzwerke gegenseitiger Unterstützung,
- stärkt Selbstvertrauen,
- beugt Angst und Depression bei Kindern vor.

Das Gruppenleitermanual (mit Kopiervorlagen) führt in den theoretischen Hintergrund und die Durchführung des Programms ein. Anschaulich erklärt es die Struktur der Sitzungen und zeigt, an welcher Stelle Übungen mit dem Kind erforderlich sind.

Das Arbeitsbuch für die Hand der Kinder enthält Übungsblätter mit vielen lustigen Zeichnungen, die gemeinsam in der Gruppe oder auch zu Hause bearbeitet werden.

ℝ/ reinhardt
www.reinhardt-verlag.de

Cecilia A. Essau
Angst bei Kindern und Jugendlichen

2003. 303 Seiten. 32 Abb. 35 Tab.
97 Übungsaufgaben.
UTB-M (978-3-8252-2398-4) kt

Angststörungen gehören zu den häufigsten psychischen Störungen bei Kindern und Jugendlichen. Neuere Studien ergaben, dass ca. 10% aller Kinder und Jugendlichen davon betroffen sind. Durch die Einführung neuer Diagnose- und Interviewschemata hat die Erforschung der Angst bei Kindern und Jugendlichen in den letzten zehn Jahren große Fortschritte gemacht, die bislang noch kaum systematisch dargestellt wurden.

Mit diesem Buch erhalten angehende Diplom-Psychologen, Psychotherapeuten, aber auch Pädagogen, Lehrer, Sozialpädagogen und Mediziner in psychiatrischer Fachausbildung einen hervorragenden Überblick über das psychologische Basiswissen zur Angst bei Kindern und Jugendlichen, zur Symptomatologie und zu den Möglichkeiten therapeutischer Prävention und Intervention. Für den angehenden Praktiker besonders wichtig: Die gängigen Therapie-Manuale werden anschaulich erklärt und kritisch eingeordnet.

ʀ/ reinhardt
www.reinhardt-verlag.de

Cecilia A. Essau
Depression bei Kindern und Jugendlichen

Psychologisches Grundlagenwissen
2002. 224 Seiten. 21 Abb. 41 Tab.
UTB-M (978-3-8252-2294-9) kt

Neue Untersuchungen zeigen, dass Depression bei Kindern und Jugendlichen nicht nur zunimmt, sondern dass sie auch früher einsetzt. Früh beginnende Depressionen können chronisch werden und mit langfristigen psychosozialen Beeinträchtigungen verbunden sein.

Dieses Lehrbuch gibt einen systematischen Überblick über den aktuellen Forschungs- und Erkenntnisstand zur Depression im Kindes- und Jugendalter. Es führt systematisch in Klassifikation, Diagnose, Prävention und Psychotherapie der Störung ein. Es schildert theoretische Erklärungsmodelle zur Entstehung von Depression und gibt einen Überblick über die wichtigsten Forschungsergebnisse zu den vielfältigen Risikofaktoren. Gezeigt wird außerdem, wie man depressive Kinder und Jugendliche wirkungsvoll therapieren und der Entstehung von Depression vorbeugen kann.

ℝ⁄ reinhardt
www.reinhardt-verlag.de

Cecilia A. Essau
Judith Conradt
Aggression bei Kindern und Jugendlichen

2004. 202 Seiten. 21 Abb. 11 Tab.
88 Übungsfragen.
UTB-M (978-3-8252-2602-2) kt

Gewaltexzesse bei Schülern kommen schnell in die Schlagzeilen. Doch was weiß man eigentlich über Ursachen und Entstehungsbedingungen aggressiven Verhaltens bei Kindern und Jugendlichen?

Mit dem vorliegenden Buch erhalten angehende Diplom-Psychologen, Psychotherapeuten, aber auch Pädagogen, Lehrer, Sozialpädagogen und Mediziner in psychiatrischer Fachausbildung einen hervorragenden Überblick über den Stand der psychologischen Forschung. Die Autorinnen führen in Diagnostik und Erhebungsmethoden ein und informieren über Häufigkeit und den Zusammenhang mit Alter und Geschlecht. Dargestellt werden psychologische Entstehungsmodelle und soziale, biologische und kognitive Risikofaktoren. Abschließend werden Möglichkeiten therapeutischer Prävention und Intervention geschildert.

ℰⱽ reinhardt
www.reinhardt-verlag.de

Virginia M. Axline
Kinder-Spieltherapie im nicht-direktiven Verfahren

Mit einem Geleitwort von Reinhard Tausch
Aus dem Amerikanischen von Ruth Bang
(Beiträge zur Kinderpsychotherapie; 11)
10. Auflage 2002. 344 Seiten.
(978-3-497-01623-5) gb

Dieser Klassiker der Kinderpsychotherapie ist allen zu empfehlen, die mit der Erziehung und Therapie von Kindern zu tun haben und die an einer humaneren Gestaltung der Beziehung zwischen Kindern und Erwachsenen interessiert sind. In der nicht-direktiven Spieltherapie überlässt der Therapeut ohne diagnostische Voruntersuchung Verantwortung und Führung dem Kind. Die Autorin stellt neben den Grundprinzipien nicht-direktiver Spieltherapie auch eine Menge konkreter Anleitungen für die Behandlung dar, veranschaulicht durch eine Vielzahl von Interviews aus Einzel- und Gruppentherapien. Virginia Axline setzte mit dieser Therapie die klientenzentrierte Psychotherapie nach Carl Rogers um, die insbesondere auf Wertschätzung, positiver Zuwendung, emotionaler Wärme und verständnisvollem Eingehen auf die Gefühle des Anderen basiert.

reinhardt
www.reinhardt-verlag.de

Edith Kramer
Kunst als Therapie mit Kindern

Mit Geleitworten von Laurie Wilson und Muriel M. Gardiner
Aus dem Englischen von Hanna Gunther
(Beiträge zur Kinderpsychotherapie; 15)
5. Auflage 2004. 216 Seiten.
66 teils farbige Abb.
ISBN (978-3-497-01704-1) kt

Edith Kramer
Kunst als Therapie mit Kindern
5. Auflage

Edith Kramer ist Pionierin auf dem Gebiet der Kunsttherapie. Schon seit den 40er Jahren arbeitet sie in den USA kunsttherapeutisch mit Kindern. Dieses Buch, das jahrzehntelange Erfahrung widerspiegelt, ist inzwischen ein Klassiker der Kunsttherapie. Das Hauptgewicht der Arbeit Edith Kramers liegt auf der heilenden Wirkung der Kunst bzw. des Kunstschaffens – im Unterschied zu jener Kunsttherapie, bei der die bildnerischen Produkte des Patienten in erster Linie als Hilfsmittel in der Psychotherapie dienen. Bewusst tritt Kramer als Kunsttherapeutin auf, nicht als Psychotherapeutin. Grundlagen und Methode ihrer Arbeit werden klar beschrieben und anhand von Fallbeispielen und 65 z.T. farbigen Abbildungen veranschaulicht.

ℝ/ **reinhardt**
www.reinhardt-verlag.de

Rüdiger Lorenz
Salutogenese

Grundwissen für Psychologen, Mediziner,
Gesundheits- und Pflegewissenschaftler
Mit einem Geleitwort von H. G. Petzold
2., durchges. Auflage 2005
208 Seiten. 14 Abb.
(978-3-497-01790-4) kt

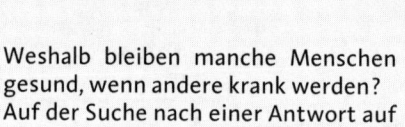

Weshalb bleiben manche Menschen gesund, wenn andere krank werden? Auf der Suche nach einer Antwort auf diese Frage entwickelte Aaron Antonovsky das Konzept der „Salutogenese". Lange Zeit hatte sich die Medizin vorwiegend mit der „Pathogenese", also dem, was krank macht, beschäftigt. Antonovsky untersuchte stattdessen, was den Menschen selbst unter widrigen Bedingungen gesund hält – mit weitreichenden Konsequenzen für die medizinische Forschung und Praxis.

Anschaulich stellt der Autor die theoretischen Bausteine des Salutogenese-Konzeptes dar und ordnet sie kritisch ein. Er gibt einen Überblick über den Stand der Forschung und zeigt, welche Bedeutung das Konzept für andere aktuelle Forschungsgebiete (Säuglingsforschung, Entwicklungspsychologie, Emotionsregulation) hat.

Als Konzept der Gesundheitsförderung und Prävention ist Salutogenese vor allem für die Praxis relevant, insbesondere für die Psychotherapie. Zahlreiche Fallbeispiele illustrieren, wie man das Salutogenese-Konzept in der Psychotherapie fruchtbar machen, Ressourcen nutzen und Selbstheilungskräfte fördern kann.

ℛ reinhardt
www.reinhardt-verlag.de

R. Mathias Dunkel
Das Kreuz mit dem Kreuz

Rückenschmerzen psychosomatisch
verstehen und behandeln
2004. 138 Seiten. 9 Abb.
(978-3-497-01696-9) kt

Volkskrankheit Rückenschmerzen: Sie machen die zweitgrößte Gruppe aller chronischen Schmerzleiden aus. Die Behandlungskosten sind enorm – und nicht immer führt die Behandlung zum gewünschten Erfolg. Denn oft wird übersehen, dass die Psyche bei Schmerzerkrankungen eine entscheidende Rolle spielt. Die rein körperliche Behandlung von Muskeln, Wirbeln und Bandscheiben greift meist zu kurz. Linderung oder gar Heilung auf Dauer sind oft nur möglich, wenn man die Psychosomatik von Rückenschmerzen berücksichtigt.

Wissenschaftlich fundiert und verständlich erklärt der Autor das Phänomen Rückenschmerz aus bio-psycho-sozialer Sicht: Welche biologischen, psychologischen und soziologischen Funktionen haben Schmerzen? Wie erleben wir sie? Wie wirkt sich Stress aus? Welche Rolle spielen Gefühle und innere Spannungen? Was ist ein „Schmerzgedächtnis"? Der Autor gibt einen Überblick über die verschiedenen Behandlungsmöglichkeiten und zeigt anhand von Fallbeispielen, wie psychosomatische Therapie wirken und helfen kann. So lässt sich der Rückenschmerz als Chance zum Innehalten und zur Veränderung nutzen.

reinhardt
www.reinhardt-verlag.de